AF393441

Les Cahiers de Chantilly

Études d'histoire et d'art du sud de l'Oise
N° 17 - 2024

Une publication du Département d'Histoire Locale
du Centre Culturel Marguerite Dembreville de Chantilly

34, rue d'Aumale - 60500 CHANTILLY
www.cahiersdechantilly.com
lescahiersdechantilly@gmail.com

FSC
www.fsc.org
MIXTE
Papier issu
de sources
responsables
Paper from
responsible sources
FSC® C105338

Sommaire

Éditorial

C'est une publication très riche que nous offre cette année encore le Département d'Histoire Locale du Centre Culturel Marguerite Dembreville avec le numéro 17 des *Cahiers de Chantilly*.

Sept auteurs, habitués de ces pages ou nouvellement associés, livrent à notre curiosité un lieu, un objet, un événement, un personnage ou un édifice qui chacun à sa manière recèle une histoire étonnante et inédite. Au-delà de sa rigueur scientifique, l'intérêt de cette publication réside dans la grande diversité des sujets abordés mais aussi la variété des axes choisis pour les traiter : archéologie du bâti, étude de destins individuels, analyse d'archives et même utilisation des nouvelles technologies.

Je félicite le comité de rédaction et les auteurs pour ce travail minutieux et leur contribution à la recherche historique locale. Ce nouveau numéro des *Cahiers de Chantilly* contribue une nouvelle fois à notre connaissance du territoire et à la fierté qui l'accompagne devant tant d'Histoire(s).

Bonne lecture à tous !

Isabelle Wojtowiez
Maire de Chantilly

Avant-Propos

Le Département d'Histoire Locale du Centre Culturel Marguerite Dembreville de Chantilly accueille, cette année encore, un nouvel auteur : nous sommes heureux que des érudits de notre région viennent à nous pour nous proposer un article. Et nous accueillons avec plaisir dans nos rangs Jean-Claude Bocquillon qui, passionné d'entomologie, est passé pour *Les Cahiers* de l'insecte au cabinet de curiosités des Condé, cabinet où il y avait bien plus que des insectes...

À ses côtés vous retrouverez Nicolas Bilot, François-Xavier Bridoux, Yves Bück, Sylvine Cros et Mathilde Marguerit-Houte qui nous avait rejoints en 2023.

Nous nous efforçons, à chaque édition, de vous offrir des articles toujours très documentés et abordant des thèmes variés. Dans ce numéro 17, de l'étude de la Tour de Morancy, dont l'origine remonte aux Capétiens, à la forêt de Chantilly, l'archéologie est à l'honneur avec des techniques bien différentes : d'un côté nous suivons le raisonnement et les découvertes d'un archéologue du bâti, de l'autre c'est avec la technologie du LIDAR que nous découvrons quelques secrets enfouis au cœur de la forêt. Les autres articles nous parlent de Chantilly et, comme l'histoire locale et la « grande » Histoire s'enrichissent et s'éclairent l'une l'autre, nos articles, à partir d'un thème local, nous racontent aussi les grands événements de notre histoire : la Révolution de 1789 avec le meuble minéralogique des Condé, la Révolution de 1848 avec les vins du duc d'Aumale, la Seconde Guerre mondiale vue côté courses avec les chevaux volés par l'Occupant... Enfin, au milieu du XIXe siècle, l'immigration de l'Europe vers l'Amérique, avec le parcours de la famille Rosenthal, a sans doute plus à voir avec les problèmes économiques qu'à l'attirance de la vieille Europe pour un monde neuf. Notre rubrique *Collection* reste très cantilienne en nous révélant les vitraux détruits de l'église Notre-Dame.

Cet avant-propos se veut une « mise en bouche » qui vous donnerait l'envie d'aller plus loin dans ce numéro 17... Commençons dans l'ordre de nos articles qui, comme nous en avons l'habitude, suivent un ordre chronologique.

La Tour de Morancy, massive et solitaire en surplomb de la route reliant Précy-sur-Oise et Boran-sur-Oise, intrigue bien des promeneurs. En voiture, on la perçoit plus qu'on ne la voit. L'article de Nicolas Bilot, *La Tour de Morancy à Boran-sur-Oise : un édifice remarquable du XIIIe siècle,* lève enfin le mystère ou du moins pose le cadre historique de sa construction et de sa place dans le très complexe système de pouvoir et de représentation de l'abbaye de Saint-Denis dont elle dépend. Il le fait en s'appuyant d'abord sur les documents d'archives mais leur apport reste assez maigre. C'est pierre à pierre que l'archéologue trouve dans l'analyse du bâti, comparé à d'autres mieux documentés, éclairé par la connaissance approfondie du système féodal, les raisons de cette construction si menaçante et pourtant inefficace en tant que moyen de défense. En suivant pas à pas l'archéologue au travail, en prenant conscience des indices cachés dans la position d'une fenêtre, la quantité d'escaliers et de portes, l'existence de meurtrières d'où il est impossible de tirer, on découvre non seulement la tour de Morancy, son histoire et sa raison d'être mais aussi la démarche scientifique de l'archéologue du bâti qui, sans pioche ni laser, fait parler les murs ! Il nous démontre que le bâti parle, par ses caractéristiques les plus conventionnelles, de l'époque de sa construction et, par ses incohérences ou ses spécificités, d'une histoire particulière : celle de ses bâtisseurs. Cette tour de Morancy dont Nicolas Bilot souligne le grand intérêt est aujourd'hui menacée par le manque d'entretien et surtout par des actes de vandalisme. Espérons que cet article, en attirant l'attention sur la qualité d'une construction remontant au XIIIe siècle et sur sa signification à cette époque, puisse participer à sa sauvegarde : une urgence si on ne veut pas envisager sa disparition prochaine.

Avec *Rôle du cabinet d'histoire naturelle des princes de Condé dans la création du Muséum National d'Histoire Naturelle de Paris*, Jean-Claude Bocquillon multiplie les points de vue puisqu'il s'intéresse à l'histoire, non seulement du fameux meuble minéralogique offert au duc de Bourbon par le roi de Suède Gustave III, meuble aujourd'hui au château de Chantilly, mais aussi à celle du Cabinet d'histoire naturelle des Condé. L'histoire commence avec un cadeau de Louis XIV à son petit-fils le duc de Bourbon et elle trouve son apogée avec le fils de celui-ci, Louis Joseph, lorsqu'il reçoit le meuble minéralogique. Cette charmante société de princes échangeant de coûteuses civilités s'écroule à la Révolution : les Condé émigrent très rapidement. Ils abandonnent, entre autres biens, leur château de Chantilly et tous ses trésors ; en 1792, dans un contexte chaotique, avènement de la Première République, Terreur, guerres... la confiscation des biens des Condé est décidée pendant qu'au Jardin du Roi, les savants s'inquiètent pour leurs collections. Ils vont devoir y accueillir, au prix de mille difficultés logistiques, financières et politiques, celles du cabinet d'histoire naturelle de Chantilly. Sont concernés par ce défi, des savants, de Bernardin de Saint-Pierre à Daubenton, confrontés à la Convention, dont ils sont parfois les acteurs, et à la Terreur. L'assassinat de Marat jouant un rôle inattendu dans cette histoire.

Et ces savants réussiront en posant les bases de notre Muséum d'Histoire Naturelle. Le Jardin du Roi deviendra Jardin des Plantes, les noms des savants, de Tournefort à Daubenton, deviendront noms de rues ou de lycées, le meuble minéralogique de retour au château de Chantilly, bien installé parmi tant de trésors princiers, oubliera ses tribulations révolutionnaires. Et le lecteur reprendra son souffle : Jean-Claude Bocquillon l'aura entraîné en quelques pages dans une véritable épopée.

La révolution de 1848 n'a pas seulement poussé Louis-Philippe à l'exil et mis en place la Deuxième République, elle a aussi vidé les caves de la famille d'Orléans des Tuileries au château de Chantilly en passant par le château de Neuilly qui sera, une fois ses tonneaux percés et bus, incendié comme son voisin de Villiers. Le duc rejoint son père en exil et met en vente meubles et bouteilles restés à Chantilly… Le coup d'état qui installe Napoléon III empereur, oblige le duc d'Aumale à vendre tous ses biens : il reste encore de belles bouteilles qui sont à nouveau mises aux enchères. Après la guerre de 1870 et la construction du nouveau « Grand château », les caves se rempliront à nouveau… Ainsi dans son article *Foires aux vins pas banales chez les Orléans à Paris, Villiers, Neuilly et Chantilly*, Yves Bück nous brosse-t-il le tableau de cette très courte révolution vue par le petit bout de la bouteille ! Et des bouteilles, et des grands crus, il n'en manque pas dans les caves de la famille royale.

L'ayant lu, vous aurez peut-être soif et vous serez alors tenté de lever votre verre, à la santé du duc d'Aumale, des riches acheteurs de ses belles bouteilles ou… des « émeutiers », qui sachant que rien ne leur serait offert, se sont servis eux-mêmes.

Dans son article *De la Pologne à Chantilly, du 5 place de l'Hôpital à la Louisiane : le parcours de la famille Rosenthal,* Mathilde Marguerit-Houte nous invite à deux voyages : celui (ou plus précisément ceux) de la famille Rosenthal, famille cantilienne durant quelques années et, avec elle, le voyage de tant de migrants qui, à toutes les époques, fuyant les persécutions ou la misère, sont attirés par des eldorados, l'Amérique, pays de la Liberté, de la ruée vers l'or, puissance commerciale et politique ou la France, patrie des droits de l'homme et de la culture. Le voyage, intérieur celui-là, est celui de Mathilde Marguerit-Houte qui, après son travail sur une première famille cantilienne, les Smolenski tragiquement exterminés pendant la Seconde Guerre mondiale, a cherché à connaître leurs prédécesseurs place de l'Hôpital (actuelle place Omer Vallon) à Chantilly sans lien apparent avec la « grande » Histoire. Ce parcours de l'historien qui ne se détache pas facilement de son sujet est lui aussi intéressant et émouvant. Reconstituer le parcours de la famille Rosenthal a été un travail plus proche de celui du généalogiste que de l'historien. S'il n'est pas aussi dramatique que celui des Smolenski, ce parcours n'est pas un long fleuve tranquille… L'histoire commence avec un champion d'échecs, un homme évidemment, le patriarche, et c'est son fils qui s'installera vendeur de chapeaux à Chantilly. Mais c'est avant tout une histoire de femmes. Et de femmes plutôt aventureuses, qui feront souche aux États-Unis. Dans la famille Rosenthal, la première génération réussit une immigration contrainte grâce au talent exceptionnel de Samuel, les générations suivantes une immigration choisie mais à la réussite moins éclatante.

Si l'histoire se déroule du XIXe siècle au début du XXe siècle, elle nous permet de réfléchir aux mouvements de population d'aujourd'hui. On peut aussi penser à tous les anonymes dont l'histoire mériterait d'être racontée.

L'article de Sylvine Cros, *Histoire des pur-sang cantiliens volés par l'Allemagne nazie durant la Seconde Guerre mondiale*, nous introduit dans le monde des courses : en pleine gloire en 1939, dans la tourmente de la guerre puis de l'Occupation, ce monde va se relever dès la fin de la guerre. Propriétaires et entraîneurs vont se trouver confrontés, pour les juifs, à la politique raciale de Vichy et des nazis, et pour tous, à la volonté allemande de reconstituer son capital chevaux de course. L'élevage français à cette époque faisait depuis longtemps jeu égal avec celui des Anglais.

Bien renseignés, les Allemands vont « acheter » de force et à bas prix les meilleurs de nos chevaux et de nos poulinières ; s'ils ne les « achètent » pas, ils les volent. Peu évoqué à propos de la mise en coupe réglée de l'économie de la France, cet intérêt pour les chevaux de course a concerné plus de 800 chevaux dont beaucoup ne sont pas revenus. À ces « chevaux volés » il faut ajouter les chevaux tués pendant la bataille de France et ensuite pendant la bataille de Normandie, la terre par excellence de nos haras privés ou d'État. La Société d'Encouragement a tenté, parfois avec succès, de défendre l'économie des courses. À la fin de la guerre, en 1945, le retour des rescapés a tenu plus du film d'espionnage ou du western qu'à un rapatriement organisé. Avec cet article, Sylvine Cros apporte un éclairage encore inédit sur le monde hippique, essentiellement autour de Chantilly, pendant la Seconde Guerre mondiale.

Le Parc naturel régional Oise – Pays de France s'intéresse naturellement à la forêt qui constitue une grande part de son territoire. La forêt, espace de beauté, de paix, de biodiversité est aussi un espace économique important et, pour ce qui nous concerne avec l'article de François-Xavier Bridoux *Nouvelles informations historiques sur la forêt de Chantilly, révélées par le LIDAR et les prospections archéologiques pédestres,* un espace historique : histoire visible puisque en elle-même la forêt est une construction de l'Ancien Régime, histoire visible aussi par toutes les constructions, châteaux, chemins, qui bordent ou traversent la forêt, et histoire invisible, cachée dans les fourrés, enfouie dans le sol, connue plus par des sources iconographiques que par le regard du promeneur...

« Un mal pour un bien » : le dicton populaire trouve ici une confirmation. Une étude « LIDAR » (vous trouverez toutes les explications dans l'article) a été lancée pour comprendre les causes du dépérissement de la forêt. Étude coûteuse que seule une grande inquiétude pour notre forêt a permis de financer. Voici le « mal ». Mais étude qui permet de belles découvertes archéologiques et historiques quand on s'intéresse aux résultats qu'elle fournit au niveau du sol. Voilà le « bien » et le sujet développé par François-Xavier Bridoux. Les résultats fournis par la « campagne LIDAR » permettent de cibler les lieux de prospection. C'est important au regard de la surface concernée ! Ont été identifiés des habitations gallo-romaines donc antérieures à la forêt, d'anciens chemins, des très nombreuses charbonnières, des trous de bombes et... des milliers de souches ! Ces premières découvertes vont susciter des travaux approfondis et occuperont les chercheurs pour longtemps. François-Xavier Bridoux nous permet d'approcher par quelques exemples la puissance de l'outil « LIDAR » et la richesse de notre patrimoine le plus caché.

Sarah Gillois, dans la rubrique Collection, mène l'enquête sur un trésor perdu de Chantillly : son article *Les vitraux détruits de Gaspard Gsell à l'église Notre-Dame de l'Assomption de Chantilly* s'appuie sur un mystère ancien et une résurgence récente de documents. Le mystère, c'est celui qui entoure des vitraux de l'église Notre-Dame de l'Assomption soufflés lors d'un bombardement allié sur Chantilly en 1944. Ils ont été remplacés en s'inspirant d'une description très succincte de leur contenu. Seul fait avéré : ces vitraux perdus ont été réalisés par le maître verrier Gsell-Laurent en 1864. La résurgence, nous la devons au musée Carnavalet qui, ayant reçu en donation le fonds d'atelier de la maison Gsell-Laurent, a mis récemment en ligne, avec d'autres documents, quatre dessins préparatoires du maître verrier pour ces vitraux. Avec ces documents comme point de départ, Sarah Gillois nous fait « voir » ces vitraux détruits. Elle ouvre aussi le champ sur l'ensemble des vitraux de l'église Notre-Dame, parcourant grâce à eux l'histoire du vitrail du XVIIIe au XXe siècle.

Ce *Cahier de Chantilly* vous apportera, nous l'espérons, le plaisir de partager en quelques pages le travail des archéologues alliant observation directe et technologies d'avant-garde et de découvrir des histoires très diverses centrées sur notre territoire mais au cœur des soubresauts de notre histoire nationale.

Nous vous rappelons que *Les Cahiers de Chantilly* accueillent avec plaisir les propositions d'articles et leurs auteurs ; ce numéro continue une tradition qui est essentielle pour la vitalité de notre publication : n'hésitez pas à nous contacter sur [lescahiersdechantilly@gmail.com] ! Nous vous souhaitons une très agréable lecture de ce dix-septième numéro des *Cahiers de Chantilly* : vous pouvez laisser vos impressions sur notre site (cahiersdechantilly.com/Editions dans « tribune libre ») ou sur Facebook Cahiers de Chantilly.

Et s'il vous a plu, pourquoi ne pas en faire un cadeau de Noël ?

Le Comité de rédaction
lescahiersdechantilly@gmail.com

Vous trouverez aussi, à la fin de ce *Cahier de Chantilly,* un erratum demandé par Nicolas Bilot et concernant l'article *Les sires de Lamorlaye du XVe au XVIIIe siècle,* qu'il a publié en 2019 avec Morgan Hinard dans le N° 12 des Cahiers de Chantilly : c'est le partage d'informations avec un lecteur attentif et érudit qui permet (ou justifie ?) cette mise au point.

Fig. 1 : Vue aérienne (géoportail 2021) et vue du site vers 1900 (A.D. Oise, 5 num 1/50).

LA TOUR DE MORANCY À BORAN-SUR-OISE : UN ÉDIFICE REMARQUABLE DU XIIIe SIÈCLE

par Nicolas BILOT

Alain Erlande-Brandenburg écrivait dans un article qui a fait date qu'il avait, à La Ferté-Milon, découvert un site d'une qualité unique. C'est l'impression que nous a laissée également le site de Morancy, du moins la partie la plus ancienne du site, la tour du temps des derniers rois capétiens **(fig. 1)**.

Cette modeste contribution vise avant tout à faire prendre conscience aux lecteurs de l'existence d'un fait architectural rare, presque un *unicum*, à quelques encablures de sites restés ou devenus beaucoup plus célèbres que lui. Durant nos études en castellologie, nous avions découvert Morancy par quelques publications où le lieu est allusivement mentionné, au mieux brièvement décrit. Nous ne nous sommes penchés sur la question qu'en juillet 2021, à l'occasion de la demande par les propriétaires actuels du lieu qui souhaitaient un avis archéologique complémentaire. Nous avons effectué une visite en leur compagnie puis produit une notice transmise au service des Monuments Historiques et au Service Régional d'Archéologie, deux départements de la D.R.A.C. Hauts-de-France. Nous reprenons partiellement celle-ci, augmentée de quelques remarques historiques.

CARTOGRAPHIE ANCIENNE

En première approche, signalons que le site apparaît sur plusieurs cartes dès le XVIIe siècle mais il est simplement pointé. La représentation est plus précise sur la série des cartes de la capitainerie d'Halatte dressées en 1711-1728 mais elle reste sommaire et l'on devine plusieurs bâtiments, peut-être une cour enclose, peut-être deux, et une église non loin, le tout près d'un carrefour de voies et en rebord du coteau de l'Oise **(fig. 2)**. Sur la carte de 1723, le lieu est mentionné « Morency la Ville » et la tour paraît indiquée par un symbole carré. Nos prédécesseurs, particulièrement l'éminent Joseph Depoin qui a coécrit un article avec Jean Vergnet, ont trouvé des mentions explicites de « Morancy-la-Tour » ou « Morancy-la-Ville » à partir

Fig. 2 : L'évolution du bâti de Morancy depuis trois siècles. En haut : I.G.N. et cadastre actuel (géoportail) ; Au milieu : Extrait de la carte d'État-Major vers 1825 (géoportail) ; En bas : Extrait de la carte topographique de la capitainerie royale d'Halatte par Jacques Dubois en 1723 (B.N.F., GE A-849 (RES)).

du XIVe siècle[1]. Ces deux toponymes renvoient à la même chose, en l'occurrence l'occupation voisine de notre tour, en rupture de plateau. Elle s'oppose à « Morancy-la-Petite » qui était la partie basse du village, dans le coteau, et que les cartographes ne livrent jamais.

La carte de Cassini (1756) indique « Morancy » mais la localisation est incertaine et l'icône indicative peu claire, comme souvent sur cette source pour les petits sites[2]. Sur le plan d'intendance (1784), la représentation est simple car ce n'est pas l'objet de la carte, qui est d'abord un document de gestion des terroirs[3]. De même pour le cadastre figuré par masses de culture (1805)[4]. Sur la carte d'État-major dite « des environs de Paris » (1818-1824) et sur celle, plus générale, de la France (c.1825-1830), le site se lit bien et prend pour la première fois le nom de « ferme de Morancy »[5]. Cette source est cependant plus utile au chercheur qui fait l'histoire du territoire et du terroir qu'à celui qui étudie le bâti (on constate notamment beaucoup de vignes et un réseau de voies assez complexe). Il faut recourir à d'autres outils.

HISTORIOGRAPHIE ET HISTOIRE

Morancy est d'abord une localité. Louis Graves témoigne qu'il restait encore six maisons au début du XIXe siècle[6] et la cartographie ancienne en fait foi puisqu'on perçoit bien, à l'est et au sud-est de l'enclos qui nous intéresse, des bâtiments alignés le long de la route descendant à l'Oise, dans un district appelé « les Courtilles ». Pour autant, on a pu constater, par les mêmes sources, une rétractation de l'habitat constante tout au long du XVIIIe siècle. Le démographe Robert Lemaire la confirme avec 13 à 22 feux entre 1709 et 1768 puis seulement 8 en 1788[7]. Depoin et Vergnet confirment les chiffres de Lemaire et en proposent un plus intéressant encore, car beaucoup plus rare : 30 feux en 1331, soit peut-être 130 à 140 habitants.

Impacts additionnés de la désertion et de la Révolution, l'église disparaît entre 1795 et 1800. Elle était dédiée à Saint-Pierre (ou Saint-Pierre et Saint-Paul peut-être) et le curateur était l'abbé de Saint-Denis. À la même période, Morancy est rattaché à la commune de Boran, en tant que hameau.

---

1 DEPOIN, VERGNET 1924 ; il s'agit de la plus importante publication historique sur le secteur, qu'il ne faut pas hésiter à parcourir entièrement.

2 Consultable sur geoportail.gouv.fr

3 A.D. Oise, 1 Cp251/1.

4 A.D. Oise, Pp5013/1.

5 geoportail.gouv.fr

6 GRAVES 1842, p. 48.

7 LEMAIRE 1976, p. 160 ; si on applique le coefficient acceptable de 4,5 habitants par feux, le village compte approximativement soixante à cent habitants au milieu du XVIIIe siècle mais environ 35 à la veille de la Révolution.

La puissante abbaye dyonisienne n'avait pas que la présentation à l'autel, elle était seigneur de Morancy. Les premières mentions de Boran remontent au VIIe siècle et celles de Morancy au IXe siècle (844 ou 845)[8]. Une charte de Charles le Chauve confirme la donation à l'abbaye Saint-Denis de « *Maurinciagi curtis* », traduisible par la cour de Morancy, c'est-à-dire une *villa*, au sens d'un centre d'exploitation agricole à cette période. Ladite cour a deux annexes mentionnées « *villulas* » : Morancy au Haut Moyen Âge est donc déjà une bourgade, un hameau plus qu'un écart, mais peut-être pas encore une paroisse.

Trois siècles plus tard, en 1153, Morancy, « *Morenciacum villam* », est toujours dans la main de Saint-Denis mais on ne sait pas si le site est déjà le siège d'un hôtel seigneurial[9]. En revanche, l'église existe. En 1259, plus de doute, il existe une résidence noble puisqu'est mentionné « *villam et manerium de Morenciaco* » dans une charte du pape Alexandre IV rédigée pour l'abbaye afin de confirmer aux moines leurs possessions[10]. On pourrait nous objecter que l'interprétation n'est pas certaine puisque *manerium* pourrait aussi se traduire par domaine, mais l'association avec le terme *villam* et le fait que les autres localités citées dans le document ne sont pas l'objet d'une telle précision, alors qu'elles sont aussi des propriétés abbatiales peuplées et encadrées, nous encourage à suivre ce postulat. La mention explicite d'un manoir est rare dans notre documentation au XIIIe siècle, plus encore dans un document de la chancellerie papale, et il est tentant de le mettre en lien avec la qualité de l'architecture ; nous y reviendrons.

On trouve beaucoup de personnages mentionnés dans lesdites chartes ou par Depoin et Vergnet, le premier étant un Josselin ou Giraud « de Morancy » au XIIe siècle. On tient ici à rappeler qu'un anthroponyme ne signifie pas que l'individu est maître du lieu, ni même seigneur et moins encore qu'il en est suzerain. Un document d'autre nature cite d'ailleurs un Mahieu de Morency, possessionné entre Goussainville et Villiers-le-Bel, à Bouqueval, sans qu'il soit certain que ce dernier personnage soit seigneur ou propriétaire à Morancy[11]. On trouve en revanche mentionné un maire, Richard, qui doit représenter les intérêts de l'abbaye. Un maire, dans notre cas, doit se comprendre comme une fonction auxiliaire de celle de prévôt : là où le prévôt représente, comme un inspecteur ou un contrôleur, l'abbaye en différents lieux sans être nécessairement attaché géographiquement à ceux-ci, le maire est plutôt un officier local sédentaire qui encadre l'administration quotidienne d'un des lieux dont le prévôt a la charge. En bref, lorsque le prévôt fait sa tournée et

---

8 Voir surtout à ce propos ROBLIN 1978, p. 305, qui édite l'acte qu'il date de 845.
9 Une série de 16 chartes concernant Morancy sont éditées dans l'inventaire des titres de l'abbaye de Saint-Denis mis en ligne par l'École des Chartes : http://saint-denis.enc.sorbonne.fr/les-textes/inventaire/introduction.html ; y sont cités un pressoir, un four, une grange, etc. ; une de ces chartes était citée dans CIVEL 2006, p. 307, qui s'appuie sur un acte des A.N. J 168, n°1 et sa copie dans LL 1157, p. 385 ; Douet d'Arcq en fait aussi une transcription dans DOUET D'ARCQ p. 18-21.
10 DUBLET 1625, p. 597.
11 WYSS 1996, p. 379.

qu'il arrive à Morancy, il prend certainement ses informations en priorité du maire, qui lui présente peut-être une recette et/ou un registre qui résume son activité depuis la dernière inspection. Mais quels liens le maire entretient-il alors avec les seigneurs cités ? La documentation ne nous renseigne pas. Quoi qu'il en soit, le fief a vraisemblablement toujours été sous l'autorité de l'abbaye royale et les personnages mentionnés sont des officiers ou, le plus souvent ici, des chevaliers nommés comme seigneurs-vassaux, détenteurs donc de l'autorité à titre de fief et temporairement (ce qui n'empêche pas l'hérédité).

Signalons par ailleurs les liens durant tout le Moyen Âge entre la terre de Morancy et les sires de Précy-sur-Oise, les barons de Montmorency et les comtes de Beaumont-sur-Oise. Ceux-ci sont mentionnés dès le XIIe siècle. Louis de Précy, sire de Boran au début du XVe siècle, est aussi seigneur de Morancy ; Vergnet et Depoin disent de lui qu'il vit dans un « haut donjon » mais, bien que chercheurs sérieux, ils ne citent pas leur source. Si, datant du XIIIe siècle, la tour plaît encore à un seigneur du début du XVe siècle, c'est que le site est qualitatif et fonctionnel. Louis de Précy, sans héritier, transmet à son neveu Gilles de Rouvroy de Saint-Simon, chambellan du roi en 1424 et bailli de Senlis en 1430 ; c'est à ce monsieur que l'on doit la construction de la chapelle dite « du bailli » de la cathédrale de Senlis. Si la tour lui est antérieure et qu'il ne l'a pas modifiée, c'est qu'il n'est pas venu sur le site ou qu'elle était jugée encore si qualitative qu'elle ne méritait aucuns travaux de la part d'un homme qui fut pourtant un bâtisseur. Au terme du Moyen Âge enfin, en 1451, une ferme de Morancy – qui n'est pas nécessairement celle du château – est baillée par l'abbaye Saint-Denis pour 20 ans à 8 livres annuels[12].

Le site passe de main en main au début de l'Ancien Régime et l'état de la recherche au début de notre travail ne nous permettait pas de comprendre si l'abbaye s'en était séparée ou si elle le déléguait à des laïcs avec quasi-suzeraineté et contre revenu. Une rapide visite aux archives du château de Chantilly nous a renseigné. Le 1er avril 1666, le Grand Condé obtient la terre contre sa part de la seigneurie du Tremblay-en-France (au même moment, le sire d'Ormesson récupère un hôtel parisien contre la seconde part)[13]. Ainsi donc Saint-Denis en a fini avec sa suzeraineté sur Morancy. Dès le 22 septembre, le duc revend la seigneurie à Mme Claude Barbe d'Ernecourt. Elle-même la transmet à sa fille, Mme de Châtre, et par elle les seigneuries de Morancy et Boran sont systématiquement associées jusqu'à la Révolution française[14]. Cette situation peut expliquer la dépopulation et le rattachement communal précoces. Nous pouvons légitimement nous demander pourquoi le Grand Condé fait de si rapides transactions en 1666 ? Il est possible que cela se rattache à sa politique d'extension de la forêt de Chantilly autour du Lys

---

12 FOURQUIN 1964, p. 476.

13 A.M.C., 1-B-56.

14 VERGNET & DEPOIN 1924 ainsi que SEYDOUX 2008 sont relativement précis sur la transmission sous l'Ancien Régime.

et qu'il ait été intéressé par les terres de Morancy situées proches de l'Oise. Il ne se souciait pas du titre ou des droits de la seigneurie, mais plutôt des biens fonciers spécifiques qui s'y trouvaient[15].

La Révolution est évidemment une rupture et, au XIXe siècle, les héritiers des derniers seigneurs, la famille de Baudéan, transmettent au comte de Reiset, propriétaire jusque dans l'entre-deux guerres.

Terminons par la tradition historiographique, déjà rapportée comme telle par Louis Graves et qui date sûrement de l'Ancien Régime, qui veut que le roi de France Louis XI ait détruit le site. C'est une tradition française à rattacher au mythe du roi-diplomate et à sa légende noire. Elle est parfois absurde, mais le plus souvent fondée, car Louis XI fit détruire beaucoup de sites, du moins dans les terres qu'il avait annexées. Rien d'étayé ne le confirme cependant concernant Morancy. Cette coutume pourrait renvoyer maladroitement aux nombreuses destructions volontaires (ordre royal, parfois sur requête des habitants) ou militaires (guerre des partis armagnac et bourguignon et guerre franco-anglaise) observées sous le règne de Charles VII dans le pays de Senlis et alentour. Charles VII étant le père de Louis XI, le glissement d'attribution a pu être facile. Il n'y a pour autant pas davantage d'éléments documentaires pour le confirmer à cette date. Le plus étonnant est surtout, nous allons le voir, que la tour est pour ainsi dire complète : en l'état, au plan archéologique, rien ne confirme un quelconque démantèlement du site sur ordre royal.

LECTURE MONUMENTALE

Il sera ici question d'archéologie monumentale et non d'archéologie sédimentaire. Pourtant le sujet est grand car les découvertes, depuis le XVIIIe siècle au moins, se multiplient aux abords de Morancy[16]. Certaines ne sont que rapportées, d'autres sont documentées, toutes démontrent un territoire occupé tôt et un terroir profondément anthropisé. Rappelons, sans rouvrir le débat, que depuis trois à quatre siècles des érudits et scientifiques s'écharpent sur la localisation de *Litanobriga*. Cette localité gallo-romaine, souvent considérée comme une ville mais qui pourrait n'être qu'une halte routière de type relais, est mentionnée uniquement dans l'itinéraire d'Antonin, un document d'origine romaine connu par une copie médiévale qui n'est pas exempte d'erreurs. Le lecteur peut retenir que, s'il a existé, *Litanobriga* est un lieu situé probablement sur l'Oise entre Beauvais et Senlis et que

---

15 Nous avions émis la même hypothèse concernant les rapides transactions qu'il effectue au Lys dans un précédent numéro des *Cahiers de Chantilly* n°12 : BILOT, HINARD, 2019.

16 En historiographie, on doit d'abord se fier aux informations de la Carte Archéologique de la Gaule : WOIMANT 1995, p. 171-172 et surtout la version numérique consultable à la D.R.A.C. ; la lecture de Michel Roblin est ensuite incontournable, quand bien même les progrès de la recherche en archéologie amènent à réviser certaines conclusions.

les candidats sont nombreux entre Verberie et Beaumont-sur-Oise...[17] Parmi eux, Boran et Morancy l'ont chacun été. Pour être clair et sans le démontrer ici, nous n'adhérons pas à cette hypothèse mais nous inclinons tout de même à croire que ce secteur est archéologiquement important durant l'Antiquité et probablement même avant et après cette période. La présence d'une voie romaine est très probable – il se pourrait même qu'il y en ait deux qui se rencontrent ici – et les indices d'un franchissement ancien au lieudit l'Isle Maridet (toponymie déjà évocatrice), couplés aux découvertes, invitent au moins à questionner l'occupation ancienne et la genèse de l'habitat.

Concernant le site médiéval, Jean Vergnet et Joseph Depoin le décrivent en 1924 dans un état assez proche de celui d'aujourd'hui : une tour de plan carré, d'architecture médiévale, au centre d'une cour de ferme aux bâtiments hétérogènes **(fig. 3 et 4)**. Depuis, seule la tour a intéressé les historiens de l'art.

Jean Mesqui signalait le site comme peu commun en France du nord et similaire à la tour de Marizy-Saint-Mard, dans l'Aisne, qu'il avait lui-même étudiée[18]. Le spécialiste qualifiait notre site de « tour-maison » ou de « tour-salle »[19] où « le caractère symbolique de la tour l'emporte sur le caractère résidentiel de la salle »[20]. Il la datait de la fin du XIIIe ou du début du XIVe siècle sur critères typochronologiques (forme des baies principalement). Pierre Garrigou-Grandchamp, qui connaît le travail de Jean Mesqui, le suit parfaitement et remonte un peu la proposition de datation de l'édification vers le milieu du XIIIe siècle[21]. Christian Corvisier complète ses prédécesseurs en proposant une réflexion autour de la circulation dans l'édifice et en signalant une comparaison utile, l'ancienne tour d'Anchin[22]. Celle-ci était située à Villers-Saint-Paul mais le site n'existe plus et l'auteur le connaît car il a eu accès aux notes du célèbre érudit nogentois Armand-Gustave Houbigant, qui écrit au début du XIXe siècle. Ce n'est malheureusement pas notre cas et nous ignorons le lieu de conservation de ces archives. Philippe Seydoux est le dernier à avoir laissé une notice, qui synthétise ses prédécesseurs.

La tour est dotée, dans son état initial, de trois niveaux **(fig. 3 et 4)**. L'analyse extérieure est assez simple car seuls deux bâtiments sont accolés à l'édifice côté est. Le parement de calcaire lutétien est d'excellente qualité, cohérent et d'origine sur la quasi-totalité de l'élévation. Les réparations sont immédiatement visibles (comme au pied du mur occidental). Les assises de ce parement sont régulières, les joints également, les faces dressées au marteau-taillant bretté à dents larges. C'est un très beau travail. On note çà et là la présence de trous de boulins comblés

---

17 Cette bataille scientifique est résumée très brièvement dans ROBLIN 1966, p. 1105-1108 et dans LAMBERT 1971, ce qui n'a pas empêché qu'elle se poursuive encore.

18 MESQUI 1993b, MESQUI 1996 ; Christian Corvisier proposait pour rappel que l'édifice le plus proche de la tour de Marizy soit la loge de Viarmes : CORVISIER 1999, p. 133 ; nous en parlerons dans une publication ultérieure.

19 MESQUI 1991a, p. 141.

20 MESQUI 1993b, p. 138 ; cette catégorie est, suivant l'auteur, complémentaire de la catégorie des « salles-tours » en précisant que la « distinction est souvent arbitraire et demeure assez subjective ».

21 GARRIGOU-GRANDCHAMP 2001.

22 CORVISIER 2001.

Fig. 3 : La tour vue par l'ouest, à gauche en 2021 (N. Bilot / Aquilon), à droite vers 1920 (pop.culture.gouv.fr).

Fig. 4 : La tour vue par l'est à gauche en 2021 (N. Bilot / Aquilon), à droite vers 1920 (pop.culture.gouv.fr).

qui témoignent du recours à des échafaudages à platelages suspendus durant le chantier de construction ; une analyse détaillée du parement serait certainement riche d'enseignement à ce propos[23]. Les tympans des baies semblent avoir bénéficié d'un approvisionnement différencié, ce qui est logique étant donné leur fonction à la fois structurante et décorative. Une telle dissociation n'est pas un cas rare, surtout dans la vallée de l'Oise où la maîtrise carrière dès le Moyen Âge central n'est plus à démontrer. Elle n'en est pas moins l'indice d'un chantier soigné. Structurellement, le site paraît en bon état mais une fissure s'observe sur toute la hauteur du mur occidental, qui s'est aggravée depuis les clichés du début du XXᵉ siècle **(fig. 3)**, et une autre petite fissure apparaît au dernier niveau du mur oriental. Chaque étage de la tour-salle est desservi par une tourelle-escalier située à l'angle nord-ouest ; leur harpage (c'est-à-dire leur liaisonnement à l'angle) est cohérent du côté occidental mais problématique côté septentrional **(fig. 5)**. Les calcaires semblent de même nature et la mise en œuvre est identique. Il reste très probable que cette structure soit d'origine car les dispositions intérieures n'indiquent pas d'escalier interne disparu. Elle aurait sinon remplacé une première tour-escalier au même emplacement, en remployant certainement les matériaux. Elle est difficile à dater en elle-même, faute d'élément chronotypologique. Plus surprenant pour une construction médiévale autonome, la tour ne présente pas de contrefort. Les maçonneries sont épaisses et assurent la stabilité (environ 1,10 m au niveau 2 et 0,70 au niveau 3) mais l'absence de contrebutement renvoie, en première impression, davantage aux canons d'architecture civile que castrale. Enfin, la toiture n'est pas d'origine (bien que certains bois en remplois de la charpente puissent l'être).

Concernant les façades, on constate à la base une plinthe simplement chanfreinée et, deux assises plus bas, un simple élargissement par un ressaut (qui est peut-être rendu visible par le surcreusement progressif de la cour). Deux larmiers (des plinthes saillantes qui évitent le ruissellement de l'eau sur toute la façade et l'intrusion des rongeurs) rythment l'élévation : un à mi-hauteur des anciennes fenêtres hautes du rez-de-cour, qu'il surligne d'ailleurs en archivolte ; l'autre à la base des fenêtres du premier étage. Ils ne se prolongent pas sur la tourelle-escalier. L'absence de larmier pour indiquer le deuxième étage est plus surprenant. On compte en tout six fenêtres géminées sous arcs brisés au premier étage **(fig. 5)**. Le meneau de chacune est aminci vers l'extérieur et mouluré à la base et à la tête. Les piédroits de l'encadrement sont chanfreinés et débutent sur un congé au niveau de la première assise. Leurs tympans sont très décorés et font la signature du site : pour chaque fenêtre, les linteaux droits des baies jumelles sont chacun décorés d'un trilobe engravé et surmontés d'un quadrilobe percé qui forme oculus. La forme n'est pas rare mais l'exécution est soignée.

---

23 Voir par exemple, sur un site local, l'apport de cette méthode sur la prieurale de Saint-Leu-d'Esserent : HANQUIEZ 2008 (particulièrement t.I, p. 326-336).

Fig. 5 : Détail du mur nord (N. Bilot / Aquilon). On voit bien la qualité du parement et des grandes fenêtres du niveau 2, la quasi-absence de chaînage entre les deux tours, les baies condamnées du niveau 3.

Les fragments de vitrerie dans les oculi ne sont pas anciens, contrairement à ce qui se dit, mais des rainures confirment que ce fut vitré dès l'origine. Au dernier étage, les baies sont simples (rectangles sous linteaux) et beaucoup ont été condamnées. Au nord, une des fenêtres est bouchée d'une maçonnerie en retrait qui témoigne d'un chanfrein externe profond, ce qui est curieux. Une autre présente un appui monolithe saillant mais on en devinait trois encore sur les clichés des années 1900-1930. Les appuis sont sinon faits de petits blocs qui s'apparentent à une assise buchée en hauteur. Ces baies ont été considérées par nos prédécesseurs comme des créneaux, nous y reviendrons. La corniche n'est pas moulurée et elle est réalisée dans un calcaire différent qui assure d'une reprise, sûrement lors de la modification de la toiture. Les tirants métalliques datent très vraisemblablement du XIXe siècle.

Concernant l'intérieur, la finition est tout aussi remarquable mais les murs sont souvent couverts ou abîmés. Nous avons observé, çà et là, des marques techniques sur les parements des blocs, de type marques de calibrage, notamment sur les voûtains du premier niveau. Les parements ayant conservé les indices des parties actives des outils des tailleurs de pierre témoignent d'un recours quasi-systématique au marteau-taillant bretté ou au ciseau bretté à dents larges **(fig. 6)**.

Les niveaux de circulation ne semblent pas avoir varié et les couvrements non plus : voûtement au premier niveau, plancher au second, comble au troisième.

Aujourd'hui l'ancien rez-de-cour est néanmoins subdivisé en deux niveaux mais nous ignorerons cette subdivision, qui est difficile à dater : tournant du XIXe siècle d'après les tomettes ; peut-être du XVIe ou du XVIIe siècle d'après la porte qui permet d'y accéder par le bâtiment voisin (mais qui est enduite et illisible). Nous oublierons aussi les fenêtres et portes modernes dont la plupart sont condamnées par des parpaings. Le premier niveau se présentait donc à l'origine comme une salle voûtée d'ogives chanfreinées, haute de six mètres sous clefs environ **(fig. 7)**. Les quatre travées se réunissent au centre de la pièce sur un pilier malheureusement invisible à cause des partitionnements. Sur les murs, les supports sont des culots et, parmi ceux visibles, l'un est à simple mouluration géométrique, l'autre à double rang de feuilles simples (presque grossières mais sûrement altérées). Dans le vaisseau oriental, les deux clefs des voûtes portent des disques à motifs feuillagés élégants. Dans le vaisseau occidental, les clefs sont simples (les ogives se croisent). On note deux accès vers l'extérieur : celui vers l'ouest est condamné **(fig. 3)**, celui vers l'est est fonctionnel bien que modifié **(fig. 8 et fig. 4-B)**. Les deux se structurent suivant le même parti esthétique : porte sous arc segmentaire chanfreiné qui prend place dans une arcade sous arc brisé elle aussi chanfreinée. Les moulures des bases sont malheureusement illisibles. Ce traitement externe rappelle celui des fenêtres du deuxième niveau. En revanche, ces deux accès ne sont pas structurellement identiques : celui vers l'ouest est étroit et strictement piéton, celui vers l'est est large et peut être considéré comme une porte bâtarde. La dernière porte, donnant vers la tourelle-escalier, est invisible aujourd'hui alors que les encadrements des fenêtres médiévales sont illisibles de ce côté.

Ces accès, ainsi que la présence des trois fenêtres médiévales, posent la question de la fonction de ce niveau. MM. Mesqui, Garrigou-Grandchamp et Corvisier s'accordent à proposer que cette pièce ait été un cellier et c'est tout à fait recevable. La qualité de la construction et le décor ne sont pas des arguments contraires car les celliers d'abbayes et de châteaux sont souvent jolis au Moyen Âge, car semi-publics[24]. Il n'en reste pas moins que la présence de fenêtres surlignées d'une archivolte plutôt que de jours simples et la coexistence de deux accès extérieurs dissociés et d'un troisième pour la distribution interne interrogent. Selon nous, la dichotomie des aménagements de cette salle peut très bien s'expliquer par la polysémie des espaces architecturaux médiévaux. Dans des sites où, l'essentiel du temps, le châtelain n'est pas là ou n'est présent qu'avec sa famille, au sens restreint, l'espace résidentiel peut être relativement modeste et les étages de la tour pouvaient convenir. Dans ce cas, la salle basse est un cellier. Si l'occasion se présentait de recevoir, par invitation ou par convocation, on peut imaginer que le site est réorganisé. La salle du premier

---

24 Nous avons nous-mêmes récemment proposé que la « grande salle » de l'ancien château de Creil, actuellement en cours de restauration, soit en fait un ancien cellier : BILOT 2025.

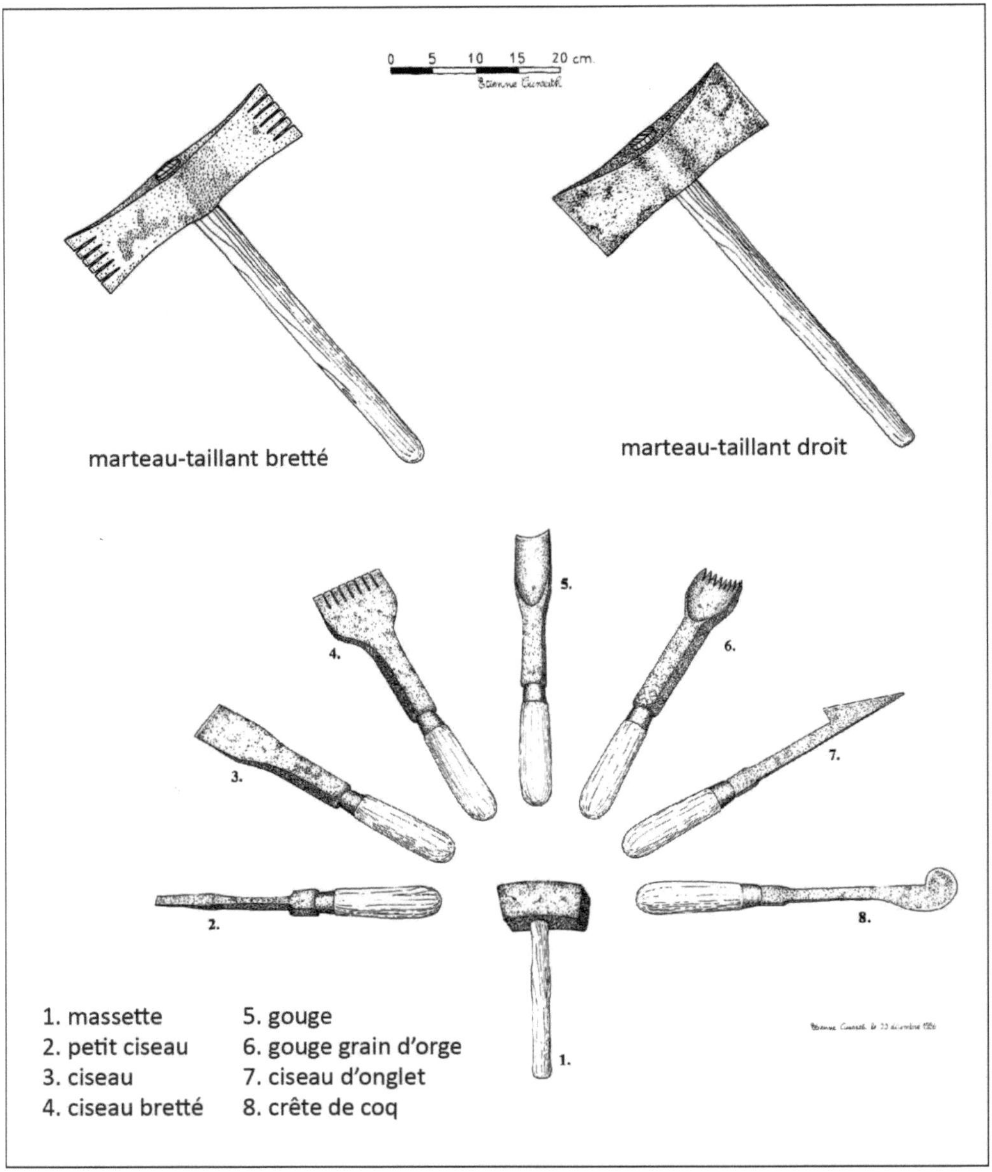

Fig. 6 : Les outils les plus communs de la taille de pierre au XIIIe siècle et ayant laissé des traces lisibles à Morancy (pl. d'après É. Cunrath). Les outils à lame droite tendent à céder le pas devant les outils dentés (ou brettés) au XIIe siècle dans notre territoire, ce qui se voit bien à Morancy. Il existe aussi à partir du XIIIe siècle des outils à dents triangulaires (les « grains d'orge ») mais il nous a semblé n'en voir que très peu de traces à Morancy.

Fig. 7 : Voûte du premier niveau (c'est-à-dire le plafond du rez-de-chaussée médiéval avant sa subdivision horizontale)
(N. Bilot / Aquilon).

Fig. 8 : La grande porte du niveau 1
(N. Bilot / Aquilon).

niveau peut devenir une salle de réception ou d'apparat complémentaire aux espaces habituels. Ceci expliquerait alors le besoin de dissocier les accès (par exemple entre le sire et ses invités) et les décors (parties feuillagées du côté où se tient le sire). Cela expliquerait aussi le besoin d'équiper de vraies fenêtres, même si leur faible nombre, leur localisation contrainte par le voûtement et leur placement en hauteur rappellent la fonction duale du lieu.

À l'étage, six fenêtres, deux portes et une cheminée témoignent de l'état initial **(fig. 9)**. Il est possible qu'il y ait eu aussi, au nord-ouest et au sud-est, deux placards et que la niche condamnée au-dessus de la porte de la tour-escalier par laquelle on accède à la pièce soit d'origine. Beaucoup de choses ont été modifiées à cet étage qui était encore habité il y a quelques décennies, et qui semble l'avoir été en continu depuis la Révolution française. Le sol est moderne et les corbeaux qui portent les poutres du plafond (moderne lui aussi, nous l'avons dit, bien que certains bois soient anciens) sont indatables mais pourraient remonter au premier état. La cheminée est entièrement reprise et seule la maçonnerie de l'angle nord-est témoigne d'une cheminée primitive d'égale emprise. Les fenêtres sont toutes voisines de leur état d'origine : embrasures droites sous arcs brisés et à coussièges surhaussés, accueillant des baies séparées par un meneau et équipées de feuillures pour la menuiserie. Lesdits meneaux présentaient initialement des colombes, c'est-à-dire des dispositifs permettant de recevoir et bloquer des volets ou des fenêtres. Les colombes sont rares dans nos territoires et elles ont ici toutes été bûchées[25].

Le dernier niveau est plus curieux, sûrement parce qu'il est le plus modifié. Le sol en ciment-plâtre n'est pas ancien et seules les maçonneries sont intéressantes. Les fenêtres sont nombreuses (dix à onze) mais ne sont pas identiques entre elles et trois sont clairement ajoutées. Rien n'indique que les huit ouvertures qui paraissent anciennes soient d'origine, ni même qu'elles soient bien des créneaux. Leurs murs sous appuis ont été retouchés sans systématisme, notamment en fonction des besoins de la ferme moderne. L'assise de pierres de taille immédiatement sous la corniche et dans laquelle s'insèrent les linteaux est fort reprise et difficile à lire. La faible hauteur sous plafond qu'on connaît actuellement pourrait résulter d'une diminution en hauteur de la maçonnerie de deux à trois assises. Il semble par ailleurs qu'il ait existé une cheminée à l'aplomb de celle du niveau précédent, c'est-à-dire sur le mur méridional. La maçonnerie est perturbée par des reprises récentes (dont le coffre moderne de la cheminée du niveau 2) mais des anomalies au sol paraissent trahir un ancien foyer. Peut-être faut-il alors tempérer l'hypothèse d'un étage défensif ?

Comme pour le premier niveau, on doit peut-être se figurer un étage à vocation double, en l'occurrence résidentielle et défensive mais où ce second élément est pensé dès la conception comme une part nécessaire mais secondaire. Là encore,

---

25 On en trouve notamment au château des sires de Nanteuil-le-Haudouin à Crépy-en-Valois (actuel musée de l'Archerie), dans le logis de la prévôté de Favières ou, en lapidaire isolé retrouvé en remblai à l'occasion de travaux, au manoir de La Muette à Largny-sur-Automne ; BILOT, CLAEYS 2023, p. 12.

ce n'est pas si rare, et nous songeons tout particulièrement au très beau dossier auquel nous avons eu la chance de nous atteler récemment, à savoir la porterie du palais épiscopal de Beauvais[26]. Édifiées entre 1306 et 1310, on trouve à Beauvais deux tours au sommet desquelles, sous combles, cohabitent chambres à cheminée et latrines avec un chemin de ronde à meneaux couverts alternant avec des fentes de tir. Évidemment, le cadre d'édification n'est pas le même, ni au plan historique (à Beauvais, on venait de faire face à une révolte des bourgeois) ni au plan contextuel (un site urbain répond par nature à des contraintes plus fortes qui réclament des gains de place et une mutualisation des fonctions) mais le niveau d'exigence et de moyens des commanditaires est similaire (l'abbaye de Saint-Denis n'a rien à envier à l'évêque de Beauvais en termes de revenus ou d'influence politique). Surtout, pour l'un comme pour l'autre, il s'agit, à travers une structure architecturale nouvelle dans le paysage, d'incarner et d'imposer son autorité à un territoire qui lui est soumis. Le dernier étage, susceptible d'être perçu de loin, doit incarner la fonction seigneuriale, particulièrement la valeur coercitive, défensive voire militaire du site, quand bien même l'usage quotidien impose surtout la nécessité de disposer d'une chambre. De fait, on se retrouve alors avec une pièce à double usage : chambre et salle de défense.

La tourelle-escalier, circulaire, est elle aussi relativement homogène. Il n'est pas certain que la vis d'escalier soit d'origine mais, en l'absence d'arrachement visible sur le parement interne, on devrait alors imaginer un premier état d'escalier en bois. Ce n'est pas irrecevable et il ne faut pas imaginer l'escalier en bois comme systématiquement inférieur à l'escalier de pierre, le premier pouvant être sculpté ou peint au même titre que le second, et les anciens ayant – comme nous – toujours aimé le dialogue entre la pierre et le bois dans l'architecture domestique. Les recherches récentes sur l'habitat civil de haut niveau et sur l'habitat seigneurial en contexte castral multiplient les occurrences de galeries, balcons, cloisons et autres aménagements de bois. Quoi qu'il en soit, la vis paraît plus vraisemblablement d'origine. Au pied de cet escalier, la porte ouvrant sur la cour est un aménagement secondaire (XIXe siècle ?) et sans intérêt archéologique ; on ne pouvait initialement accéder à l'escalier que par le premier niveau de salle. Les fenêtres sous la corniche posent le même problème que celles dans le corps de tour et paraissent secondaires. Les fentes à leur aplomb sont en revanche des aménagements initiaux. Cette disposition de surplomb des fenêtres sur les fentes est étrange et on l'explique mal. On ne note que deux autres fentes, à mi-hauteur, c'est-à-dire l'équivalent de l'entresol des niveaux 1 et 2. Il ne faut pas y voir des archères comme il a pu être écrit, car les embrasures ne sont pas adaptées et le recul entre le parement interne et le noyau de l'escalier ne permettrait pas de manier une arme à corde. Il serait en tous cas impossible de bander un arc. En revanche, dans le même esprit que les baies-créneaux dont il a été question plus haut, ces fentes, qui sont avant tout des fentes de jour, peuvent avoir volontairement été aménagées pour donner l'impression d'être des fentes de tir à celui qui se

---

26 Nous dirigeons un P.C.R. (programme collectif de recherche) sur ce sujet et une contribution est prévue en colloque en 2025, en attendant, voir BILOT 2024.

Fig. 9 : Intérieur du second niveau, en haut en 2021 (N. Bilot / Aquilon), en bas vers 1920 (pop. culture.gouv.fr).

présenterait au pied de l'édifice avec de mauvaises intentions. Encore une fois, il faut souvent distinguer fonctionnalité et apparence dans l'architecture médiévale.

LES ABORDS

On découvre donc ici un site parfaitement indépendant, composé de deux sous-ensembles : tour-résidence et tourelle-escalier. Pourtant, on doit se demander si d'autres bâtisses fonctionnaient avec ce duo dans l'état primitif. D'abord, aucun bâtiment ne s'adossait initialement à notre tour puisqu'on ne relève aucun stigmate de démantèlement. Le lecteur attentif aura tout de même noté que nous annoncions deux portes dans la salle principale, c'est-à-dire au niveau 2. Christian Corvisier est le seul à avoir souligné cela, en proposant qu'il puisse s'agir soit d'une porte directe, soit d'un accès à une bretèche de bois protégeant l'entrée du niveau inférieur. La superposition avec la porte du niveau 1 interdit en tout cas l'hypothèse d'une latrine en charpente. Malgré le temps passé à observer les anomalies de parement autour de cet accès, il est impossible de trancher définitivement entre défense et entrée. Nous serions tentés de proposer qu'il s'agisse plutôt d'une porte. D'abord parce que la solution de la bretèche en contexte de logis seigneurial est effectivement connue en Valois, par exemple à la ferme de Feu à Néry, mais elle reste rare. Ensuite parce que c'est vouloir à nouveau donner à la défense une place trop importante dans un site qui démontre par ailleurs que le programme résidentiel prime partout sur le programme défensif et qu'il est presque la seule considération de la conception du niveau 2. Surtout, les rares indices d'accroche à chercher autour de ladite porte sont dans le linteau et dans le seuil et sont fort modestes. Ils nous laissent imaginer une structure apposée plutôt que suspendue[27]. Dans ce cas, nous pensons à une passerelle, éventuellement couverte, qui rejoignait alors cette porte à une structure en vis-à-vis et totalement disparue. Il a pu alors s'agir d'un pilier-relai permettant d'actionner la passerelle. Il a pu aussi s'agir d'un bâtiment indépendant relié par ladite passerelle ou galerie, qui dans ce cas n'a laissé aucune trace. Rappelons que ces deux théories connaissent des occurrences voisines. Le donjon de Montépilloy, bâti vers 1180-1190, présentait un accès à l'étage via un pilier et un pont-levis à corde actionné manuellement depuis l'intérieur de la tour[28] ; on soupçonne des dispositions similaires sur de nombreux sites, par exemple au donjon de Clermont. Le château de Berzy-le-Sec quant à lui se connectait directement à l'église voisine par une galerie qui débutait sur son chemin de ronde pour rejoindre le pignon de l'église paroissiale et permettre au seigneur de rentrer dans l'édifice par un autre accès que le commun des mortels[29]. De telles passerelles, couvertes ou non, étaient

27 Dans les cas de bretèches avérées, les dispositifs disparus ont souvent laissé des traces évidentes sur les parements, par exemple à l'étage du logis-porte de la ferme de Fourcheret ; BLARY 1989.
28 Les publications à ce propos sont nombreuses, résumées dans BILOT 2015.
29 Proposition déjà formulée par Jules-Henri Leclercq de Laprairie dans son répertoire archéologique de

nombreuses et on pense notamment à la maison abbatiale de Soissons[30], au donjon d'Ambleny ou au premier état d'accès au château de Fère-en-Tardenois, avant la construction de la galerie maçonnée d'Anne de Montmorency. Indiscutablement, un sondage archéologique permettrait ici d'amener des éléments de réponse à une interrogation essentielle pour la compréhension du site.

Les dépendances alentour sont intéressantes pour l'histoire rurale, les caractères architecturaux et archéologiques agricoles étant le plus souvent ignorés sur ce type de site. Nous n'avions cependant pas le temps, durant notre visite, de nous y appesantir et il ne s'agit pas d'alourdir trop la présente contribution. Surtout, lesdits bâtiments sont aujourd'hui dans un état critique, du fait du relatif abandon du site depuis deux à trois décennies et du fait, surtout, des mauvais citoyens qui abîment les lieux en les squattant (un incendie avait eu raison d'une grange quelques semaines avant notre visite). Concernant ces édifices, signalons tout de même des dispositions architecturales très variées témoignant de granges et d'étables mais aussi de quelques appentis à vocation artisanale ou technique. Les mises en œuvre sont très différentes, avec notamment des remplois, des solutions de distribution horizontales et verticales complexes et des fonctions qui ont parfois changé plusieurs fois. À en juger par les matériaux choisis et le soin porté à l'édification, les bâtiments les plus anciens, remontant peut-être au XVIe siècle, sont à chercher du côté des ailes sud et ouest. Une cave existe sous l'aile orientale ; elle est peu intéressante mais son accès – une large porte sous arc plein-cintre – est soigné et atteste d'une activité de manutention. Depoin et Vergnet signalaient dans leur texte plusieurs caves. Les propriétaires actuels n'en connaissent pas d'autres mais ce n'est pas impensable au vu de la nature du sous-sol géologique. De quoi entretenir le mythe du tunnel menant à Royaumont, Chantilly ou Saint-Leu-d'Esserent…

DATATION ET INTERPRÉTATION

Les éléments de datation plaident pour une construction dans le courant du XIIIe siècle ou la première moitié du XIVe siècle. Au plan technique, la présence de marques d'assises et les traces d'outils, ainsi que le module d'appareil et sa régularité ne s'y opposent pas, à plus forte raison pour un édifice de la vallée de l'Oise. On note le recours à des tas-de-charge (des pierres disposées horizontalement et liées au parement) aux sommiers des arcs des portes occidentales mais pas aux arcs des fenêtres et on constate que lesdites fenêtres ne sont pas des fenêtres-châssis.

Au plan typochronologique (la datation d'après les formes architecturales), ce sont surtout les baies qui vont aider car les voûtes sont sobres et d'un dessin

---

l'arrondissement de Soissons publié en plusieurs livraisons par la S.H.S. au XIXe siècle et confirmée récemment par Denis Rolland au cours d'une conférence donnée sur place.

30 B.N.F., EST RESERVE VE-26 (J).

Fig. 10 : Parement interne du mur sud du troisième niveau (N. Bilot / Aquilon). On voit bien trois états successifs de baies. En 1, les fenêtres médiévales ; en 2, les ouvertures postérieures (qui ont fait disparaître une fenêtre médiévale) ; en 3, le défoncement des appuis et des murs sous-appui ; en 4, le niveau de sol d'origine.

Fig. 11 : Détails de l'escalier en vis, à gauche le palier du niveau 2, à droite le parement interne (N. Bilot / Aquilon).

commun. elles sont à rapprocher d'un corpus désormais bien établi au sein duquel on peut citer, pour les dispositions intérieures de l'embrasure et parmi les sites voisins, les baies de la ferme monastique de Choisy-aux-Bœufs à Vémars, celles du château de Creil et celles du château de Crépy-en-Valois. Pour la modénature extérieure, on peut aussi citer les fenêtres du château de Crépy-en-Valois et surtout celles du logis du prieuré de Borest, du logis de Tourly ou du château de Thiers-sur-Thève. Les datations de ces structures s'échelonnent entre 1200 et 1350. On remarque que les comparaisons s'établissent avec des sites dont les commanditaires sont souvent riches et puissants (abbayes royales, comte de Clermont, cousin des comtes de Valois, évêque de Beauvais) et rappelons que le statut de notre site est d'être propriété de l'abbaye Saint-Denis, commanditaire de haut niveau s'il en est. On est donc en droit de penser que dans la fourchette de datation proposée, les plus hautes décennies sont recevables. Rappelons que nous avons la mention, dans une bulle du pape, du manoir de Morancy en 1259. Selon nous, il peut s'agir de notre édifice et, si tel est le cas, c'est fort intéressant pour affiner toujours plus la typochronologie générale des baies géminées gothiques.

Au plan morphologique et structurel, il est plus intrigant de donner du sens à un édifice aussi atypique. Sur certains sites, la tour n'est qu'un sous-ensemble d'un vaste programme architectural et ce que l'on sait de celui-ci, à cause des modifications et des démantèlements, ne permet pas de lui donner sa juste place. C'est par exemple le cas non loin, à Mortefontaine, où la tour de Montmélian n'était pas isolée et ne doit certainement pas être pensée sans l'enceinte et les bâtiments adjacents. C'est aussi le cas à Septmonts, chez les évêques de Soissons, où la tour dite du roi Saint Louis appartenait à un ensemble de structures disparues ou remplacées par le donjon du milieu du XIVe siècle et le logis du XVIe siècle. On pourrait augmenter la liste à la tour-porte du château de Pernant ou à celle du château de Saintines, à la tour du Houssoy à Crouy-sur-Ourcq où c'est peut-être plus évident du fait des vestiges significatifs du logis voisin, tout ceci en plus des sites mentionnés plus haut à Marizy-Saint-Mard, Montépilloy et Crépy-en-Valois.

C'est peut-être finalement Jean Mesqui qui avait le mieux posé le problème. Le spécialiste considérait le site comme « de second ordre » ce qui, selon nous, devait se comprendre comme « représentatif de la seigneurie chevaleresque de rang intermédiaire ». En effet, nous sommes sur un site extrêmement qualitatif au plan technique comme au plan esthétique. Et pour cause, le commanditaire est l'abbaye la plus puissante du royaume. Mais le rang de celui qui est logé ici est bien inférieur : c'est un vassal, un chevalier fieffé, certes au service de l'abbé, mais probablement de rang modeste au sein de la hiérarchie nobiliaire, car Morancy n'est pas une terre importante. Il est à peine au-dessus d'un prévôt ou du maire mentionné au XIIIe siècle et, si on ne se satisfait d'ailleurs pas d'un officier, c'est sûrement parce qu'il y a des droits de justice afférant au site et que seul un noble peut la rendre au nom de l'abbaye. Ainsi donc, pour les religieux dyonisiens, ce qui prime n'est pas le confort du titulaire du fief mais bien plutôt l'incarnation et l'application de leur autorité sur ce terroir et ceux qui l'exploitent. La concentration en peu de volume de toutes les fonctions d'un château donne l'impression de devoir incarner plutôt que de réellement gouverner. Quant à la quasi-théâtralisation des façades, elle est évocatrice : était-ce utile de placer six fenêtres à l'étage de salle, la rendant très certainement inchauffable ? Ou d'aménager des créneaux (s'ils forment bien une disposition d'origine) dans un site qui n'est même pas équipé de fente de tir ou d'un simple fossé au pied de la tour ? On ne peut aussi s'empêcher de trouver la tourelle-escalier un peu disproportionnée comparativement à la bâtisse qu'elle sert. Mais n'a-t-elle pas été édifiée dans l'optique de faire croire qu'elle était un flanquement défensif ? C'est pour tout cela que le site de la tour de Morancy est unique et difficile à comparer. La plupart des sites précités sont les résidences de ceux qui les ont édifiés, quand bien même il peut s'agir de résidences secondaires. Ils ne sont pas gagés en fief et ne répondent pas à une attente différente de celle de l'occupant, qui n'est qu'un usager. Ici, c'est fort différent, et notre sujet éclaire au plan matériel la complexité de la culture féodale : rien n'est systématique, tout est traité au cas par cas, chacun est original. L'architecture le révèle, participe à le comprendre, sans permettre de l'éclairer tout à fait. Christian Corvisier ou Jean Mesqui, dans certains de leurs travaux il y a trois décennies, avaient invité à une recherche transversale sur les logis des grandes propriétés ecclésiastiques rurales, elle n'est toujours pas faite et nous espérons y avoir contribué ici.

PETITE STRUCTURE, GRANDS ENJEUX

Bien que modeste, le site est de premier intérêt pour l'histoire de l'architecture. Par la maîtrise technique de tous les intervenants de la pierre (carriers, tailleurs, sculpteurs, maçons, gâcheurs de mortier), il témoigne d'abord du haut degré d'exigence de la commande seigneuriale du XIIIe siècle dans la vallée de l'Oise. Dans le même ordre d'idées, il illustre l'habile adaptation des principes de l'architecture castrale à l'échelle des moyens et des besoins spécifiques du seigneur du lieu. Il montre enfin qu'architecture civile et architecture castrale sont perméables et recourent à des formes et des décors communs. Les comparaisons ne sont pas nombreuses et les meilleures restent dans les propriétés des abbayes Saint-Médard et Chaalis, qui sont quelque peu étudiées. À l'échelle nationale, les rares synthèses sur les maisons fortes, les petits châteaux ou les manoirs ne s'y trompent pas : Morancy est souvent digne d'être mentionné.

Le site est intéressant également pour le témoignage qu'il offre d'un village disparu dont il est le dernier élément en élévation. C'est peut-être un point plus régionaliste que le précédent mais il n'en est pas moins essentiel. On ne protège pas un site uniquement pour ce qu'il révèle de la grande histoire nationale mais aussi pour ce qu'il raconte des particularismes locaux qui sont le ferment de la richesse française. Le lieu est d'ailleurs tout aussi intéressant pour l'élément paysager qu'il constitue : un site seigneurial qui, malgré sa tour, est d'abord un centre d'exploitation monastique. Il est à ce titre judicieusement installé en rupture de pente, au centre du terroir qu'il administre. Il s'organise avec intelligence : logis du maître de maison au milieu de la cour, encadré des bâtiments de service, des dépendances et des bâtiments agricoles. C'est le faciès des fermes remarquables de notre territoire, parmi les plus productives d'Europe avant l'agriculture chimique et mécanique moderne. Pour cela aussi, le site mérite qu'on y pose un regard bienveillant.

Les dégradations – volontaires ou accidentelles – de ces dernières années usent prématurément un site qui était encore parfaitement préservé il y a deux décennies à peine. Les bâtiments d'exploitation sont encore analysables et restaurables. Quant à la tour médiévale, la dalle de béton qui l'entoure la malmène ainsi que les grands arbres voisins ; les fenêtres sont brisées et le site est ouvert aux intempéries et animaux ; la récente cheminée vient d'être détruite à la masse, les portes vandalisées et les murs tagués. Plus grave, une poutre maîtresse du plancher du troisième niveau menace de s'affaisser alors qu'un autre acte incendiaire dans le comble pourrait tout simplement faire disparaître le site. Par son statut de protection (inscrit à l'Inventaire Supplémentaire des Monuments Historiques) et pour les raisons ici évoquées qui en font un site archéologique de premier ordre, pour l'archéologie sédimentaire comme pour l'archéologie monumentale, nous ne pouvons qu'espérer que soient sauvegardées la mémoire et l'intégrité du lieu.

TRAVAUX

« Ferme de Morancy », notice n°PA00114535, base Mérimée, ministère français de la Culture.

BLARY 1989 : François Blary, *Le domaine de Chaalis, XIIe-XIVe siècles. Approches archéologiques des établissements agricoles et industriels d'une abbaye cistercienne*, Paris, éd. C.T.H.S., 1989.

BILOT 2015 : Nicolas Bilot, *Le château de Montépilloy. À la découverte d'une résidence seigneuriale du pays de Senlis*, éd. Aquilon, coll. « À la découverte de », 2015.

BILOT, HINARD 2019 : Nicolas Bilot, Morgan Hinard, « Les sires de Lamorlaye du XVe au XVIIIe siècle. Quelques apports à propos des châteaux », *Les Cahiers de Chantilly*, n° 12, 2019, p. 14-37.

BILOT, CLAEYS 2023 : Nicolas Bilot, Sébastien Claeys, *Le Manoir de La Muette. À la découverte d'un domaine voisin de Villers-Cotterêts*, éd. Aquilon, coll. « À la découverte de », 2023.

BILOT 2024 : Nicolas Bilot, *Beauvais (Oise). Le palais – la porterie*, rapport de diagnostic archéologique du bâti, service départemental d'archéologie de l'Oise, 2024.

BILOT 2025 : Nicolas Bilot, « Archéologie de l'île Saint-Maurice : dans et autour du cellier du château de Creil », Histoire et patrimoine de Creil de l'Antiquité au XIXe siècle (titre provisoire, publication en cours).

CARRÉ, LITOUX 2008 : Gaël Carré, Emmanuel Litoux, *Manoirs médiévaux. Maisons habitées, maisons fortifiées (XIIe-XVe siècles)*, Paris, éd. Rempart, coll. Patrimoine Vivant, 2008.

CORVISIER 1999 : Christian Corvisier, « La prévôté de Favières. Dépendance de l'abbaye Saint-Médard de Soissons. Une exemple de programme domestique d'établissement rural monastique », *Bulletin Monumental* n° 157-1, 1999, p. 115-136.

CORVISIER 2001 : Christian Corvisier, « Les demeures seigneuriales fortifiées de l'âge gothique en pays d'Oise » dans *L'art gothique dans l'Oise et ses environs (XIIe-XIVe siècle). Architecture civile et religieuse, peinture murale, sculpture et arts précieux, etc.*, colloque international organisé à Beauvais les 10 et 11 octobre 1998, Beauvais, éd. G.E.M.O.B., 2001, p. 102-123 (particulièrement p. 115-116).

DEPOIN, VERGNET 1924 : Joseph Depoin et Jean Vergnet, « Boran, le village et le prieuré », *Mémoires de la Société Académique d'archéologie, sciences et arts du département de l'Oise*, tome XXIV, deuxième partie, Beauvais, 1924 (particulièrement p. 165-178).

GARRIGOU-GRANDCHAMP 2001 : Pierre Garrigou-Grandchamp, « L'architecture domestique dans les pays de l'Oise aux XIIIe et XIVe siècles », dans *L'art gothique dans l'Oise et ses environs (XIIe-XIVe siècle). Architecture civile et religieuse, peinture murale, sculpture et arts précieux, etc.*, colloque international organisé à Beauvais les 10 et 11 octobre 1998, Beauvais, éd. G.E.M.O.B., 2001, p. 126-156 (particulièrement p. 143).

GRAVES 1842 : Louis Graves, *Précis statistique sur le canton de Neuilly-en-Thelle, arrondissement de Senlis (Oise)*, Beauvais, éd. Desjardins, 1842 (particulièrement p. 43-49).

GRAVES 1856 : Louis Graves, *Notice archéologique sur le département de l'Oise, comprenant la liste des monumens de l'époque celtique, de l'époque gallo-romaine et du Moyen-Age, qui subsistent dans l'étendue du pays, et l'indication de ceux dont on retrouve encore les vestiges*, Beauvais, imp. Desjardins, 1856 (deuxième édition) (particulièrement p. 419).

HANQUIEZ 2008 : Delphine Hanquiez, *L'église prieurale de Saint-Leu-d'Esserent (Oise) : analyse architecturale et archéologique*, Thèse de doctorat en histoire de l'art de l'université de Lille 3 sous la direction de Christian Heck, 2008, 3 vol.

MESQUI 1991 : Jean Mesqui, *Châteaux et enceintes de la France médiévale. De la défense à la résidence. 1. Les organes de la défense*, Paris, éd. Picard, coll. grands manuels, 1991 (particulièrement p. 89-220).

MESQUI 1993-a : Jean Mesqui, *Châteaux et enceintes de la France médiévale. De la défense à la résidence. 2. La résidence et les éléments d'architecture*, Paris, éd. Picard, coll. grands manuels, 1993 (particulièrement p. 51-72 et p. 187-239).

MESQUI 1993-b : Jean Mesqui, « Notes sur l'habitat noble rural dans le Nord et l'Est de l'Île-de-France du XIIe au XVe siècle », Gwyn Meirion-Jones et Michael Jones (éd.), *Manorial Domestic Buildings in England and Northern France*, Society of Antiquaries of Scotland, 1994, p. 121-140.

MESQUI 1996 : Jean Mesqui, « La prévôté de Marizy-Saint-Mard et son donjon » dans Denis Defente (dir.), *Saint-Médard. Trésors d'une abbaye royale, Paris*, éd. Somogy, p. 363-369.

MÜLLER 1897-1898 : Eugène Müller, « Quelques notes encore sur les cantons de Creil et de Chambly », *Comptes-rendus et Mémoires du Comité Archéologique de Senlis*, 1897-1898, p. 215-217.

PÉROUSE DE MONTCLOS 2011 : Jean-Marie Pérouse de Montclos, Architecture. Description et vocabulaire méthodiques, Paris, éd. du patrimoine/C.M.N., coll. « principes d'analyse scientifique », 2011.

ROBLIN 1978 : Michel Roblin, *Le terroir de l'Oise aux époques gallo-romaine et franque. Peuplement, défrichement, environnement*, Paris, éd. Picard, 1878.

SEYDOUX 2009 : Philippe Seydoux, *Châteaux et gentilhommières des pays de l'Oise. Tome I. Beauvaisis, Vexin, Pays de Bray, plateau picard et Pays de Clermont*, Paris, éd. de La Morande, 2009, p. 258.

WOILLEZ 1862 : Emmanuel Woillez, *Répertoire archéologique du département de l'Oise*, Paris, imp. Impériale, 1862 (particulièrement p. 188).

Fig. 1. Georg Haupt, meuble minéralogique, offert en 1774 à Louis-Joseph de Bourbon prince
de Condé par le roi de Suède Gustave III suite à son séjour à Chantilly en 1771
© Chantilly, musée Condé, Marc Walter.

RÔLE DU CABINET D'HISTOIRE NATURELLE DES PRINCES DE CONDÉ DANS LA CRÉATION DU MUSÉUM NATIONAL D'HISTOIRE NATURELLE DE PARIS

par Jean-Claude BOCQUILLON

L'existence du célèbre cabinet d'histoire naturelle installé jadis dans le château de Chantilly se trouve parfois évoquée dans les différents ouvrages ou bulletins consacrés au château. Certains épisodes le concernant ont fait l'objet d'études plus fouillées.

Nous avons estimé qu'il pourrait être intéressant de tenter de retracer l'histoire complète de ce cabinet, de sa création à sa destruction et à sa postérité par un récit cohérent qui lui soit entièrement consacré. La création du Muséum National d'Histoire Naturelle durant la période révolutionnaire est intimement mêlée à la destruction de ce cabinet et fait partie de sa postérité.

UN CABINET D'HISTOIRE NATURELLE CHEZ LES CONDÉ

Les historiens se sont surtout attachés à étudier l'histoire du Domaine de Chantilly, des bâtiments, de leurs prestigieux propriétaires et des œuvres d'art qu'ils nous ont laissées. Il y avait là, certes, de quoi fournir de nombreux et passionnants sujets de recherche. Cependant l'histoire du cabinet d'histoire naturelle des princes de Condé nous paraît mériter d'être connue car il était au XVIIIe siècle, époque où ces cabinets étaient fort nombreux, l'un des plus célèbres d'Europe. Et en reconstituer l'histoire permettra d'en rappeler le souvenir car, en dehors d'un meuble original, il n'en reste presque plus rien dans l'actuel château de Chantilly.

La présence d'une collection de curiosités de sciences naturelles chez les princes de Condé peut surprendre au premier abord. Leur dynastie a laissé le souvenir de seigneurs guerriers ou courtisans, de fastueux mécènes embellissant, grâce au talent des meilleurs artistes de leur époque, leurs demeures de Chantilly et de Paris. Cependant plusieurs d'entre eux furent aussi des hommes à l'esprit ouvert et curieux, susceptibles de s'intéresser aux étrangetés de la nature.

ORIGINE DU CABINET D'HISTOIRE NATURELLE, LA COLLECTION TOURNEFORT

C'est Joseph Pitton de Tournefort, botaniste et grand voyageur, qui fut indirectement à l'origine du cabinet de sciences naturelles des princes de Condé. Il constitua pour lui-même un intéressant cabinet de curiosités et d'éléments de sciences naturelles récoltés au cours de ses voyages qu'à sa mort il laissa au roi Louis XIV. Celui-ci en fit don à son petit-fils[1], le duc Louis-Henri de Bourbon (1692-1740), prince de Condé.

Le duc de Bourbon emporta cette collection à Chantilly. Le cabinet d'histoire naturelle était installé au premier étage du Petit Château, à l'extrémité de la Galerie des Batailles **(fig. 2)**. « Les curiosités naturelles du duc occupaient donc une place de choix, ce qui était significatif de l'intérêt qu'il leur portait. »[2] Il installa cette collection dans quatre pièces dont la première était un cabinet de physique, aujourd'hui occupé par le Salon de Musique. Celui-ci contenait divers instruments de physique exposés pour leur côté curieux ou décoratif. La dernière pièce, aujourd'hui disparue, enjambait le fossé plein d'eau qui séparait à cette époque le Petit Château du bâtiment principal. Elle fut détruite en même temps que le grand château sous la Révolution.

JOSEPH PITTON DE TOURNEFORT (1656-1708) né à Aix-en-Provence, fut très tôt passionné par la botanique : il parcourut sa région natale puis les environs de Montpellier pour en étudier la flore et se constituer des herbiers. Il établit les bases d'une classification des plantes à laquelle son nom reste attaché. Sa réputation amena Guy Fagon, médecin du roi Louis XIV, à l'appeler à Paris en 1683 et à lui confier la chaire de botanique au Jardin du Roi. Reçu à l'Académie des sciences en 1691, il se voit confier en 1700 une mission d'exploration à but géographique, botanique et commercial en Méditerranée vers le Moyen-Orient. Il visita la mer Noire, parcourut la Géorgie, l'Arménie, et ne revint à Marseille qu'en 1702. De ce voyage, outre 1356 plantes nouvelles pour la science, il ramena la matière d'un ouvrage relatant cette expédition : *Relation d'un voyage au Levant*. Très gravement blessé par une charrette en sortant du Jardin du Roi en avril 1708, il mourut quelques mois plus tard.

---

1 Petit-fils car sa mère était Louise Françoise de Bourbon dite Mademoiselle de Nantes, fille légitimée du roi Louis XIV et de Madame de Montespan. Par son père, Louis III de Bourbon Condé, il est aussi cousin du roi.
2 LEVADOUX, C., « Le Cabinet de curiosités et d'histoire naturelle de Louis-Henri de Bourbon-Condé (1692-1740) », Bulletin *Le Musée Condé* n° 65, Chantilly, 2008, p. 2 à 15.

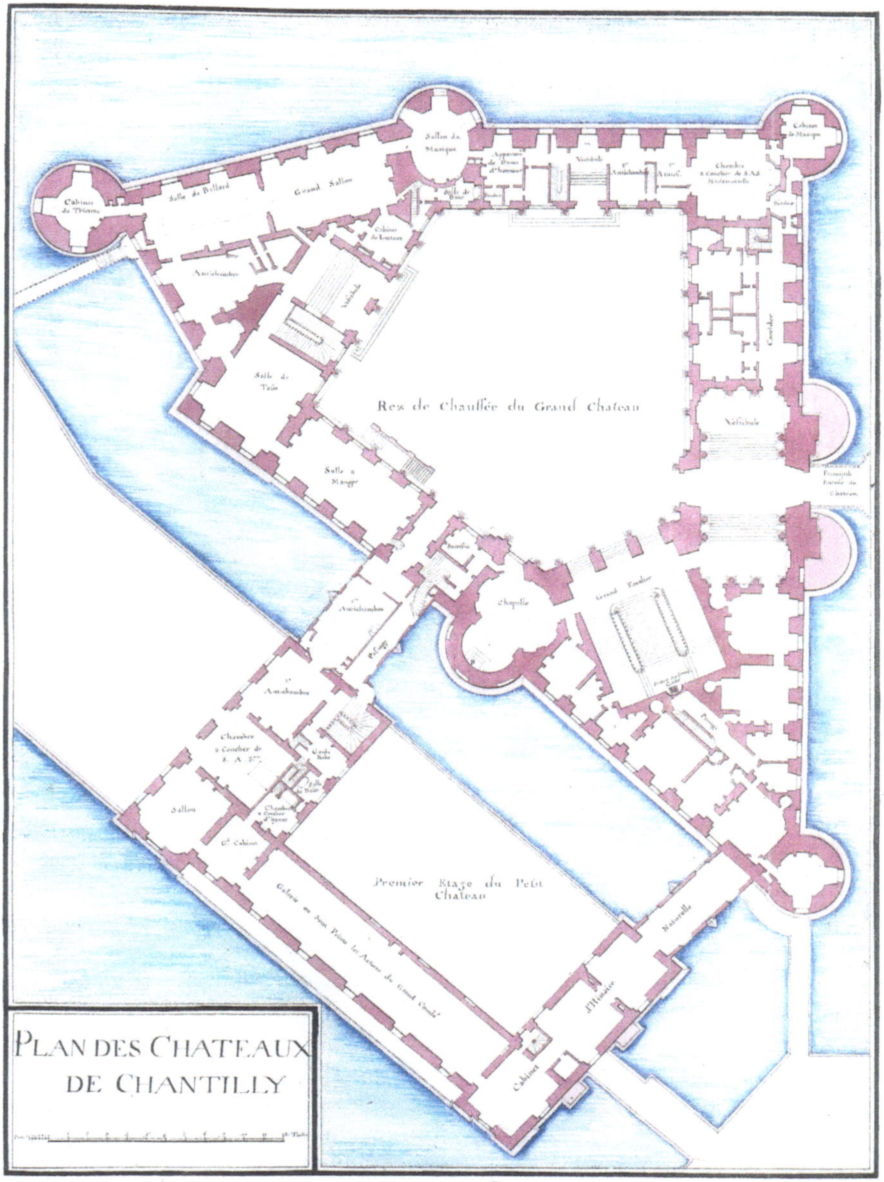

Fig. 2. Chambé, *Album du comte du Nord, recueil des plans des châteaux, parcs et jardins de Chantilly levés en 1784,* Chantilly, musée Condé © RMN-Grand Palais (Domaine de Chantilly) / F. Raux, R.-G. Ojéda. Sur ce plan, on remarque tout en bas, au premier étage du Petit Château, en retour de la Galerie des Batailles du Grand Condé, les quatre pièces occupées par le Cabinet d'histoire naturelle.

La collection Tournefort était principalement constituée par des coquillages et des minéraux. Cette collection fut par la suite grandement développée par le duc de Bourbon : ses acquisitions et des dons finirent par la rendre très importante.

On pourrait se demander si un tel cabinet était pour le duc de Bourbon réellement le reflet de sa curiosité pour les sciences naturelles ou plutôt un instrument de prestige comme le seront les Grandes Écuries qu'il faisait construire. Notons toutefois que, retiré à Chantilly comme son arrière-grand-père, le Grand Condé, à la suite de la disgrâce dont il fut l'objet en 1726, son exil forcé lui laissait le loisir de s'intéresser à d'autres sujets qu'aux affaires de l'État qu'il avait été obligé d'abandonner, et de développer ce cabinet de curiosités, ce qu'il fit avec constance jusqu'à la fin de sa vie.

APOGÉE, LA DIRECTION DE VALMONT DE BOMARE

Le fils du duc de Bourbon, Louis-Joseph, prince de Condé (1736-1818), sut accroître l'intérêt de cette collection en la confiant à un vrai spécialiste, Valmont de Bomare (1731-1807), qui en conserva la direction jusqu'à la Révolution. La réputation de ce cabinet devait donc beaucoup à son directeur. Mais qui était-il ?

Né à Rouen, Jacques-Christophe Valmont de Bomare avait fait ses études chez les Jésuites de sa ville natale, puis se consacra à la chimie et la pharmacie. Dans sa jeunesse il voyagea en Allemagne, en Islande où il étudia les volcans, en Laponie et en Suède. Dans ce dernier pays il avait fait la connaissance de savants renommés, et particulièrement de Johan Gottschalk Wallerius (1709-1785), professeur de chimie à l'Université d'Uppsala. Celui-ci avait inventé un système de classification des minéraux considéré comme très pratique et, comme tel, adopté par les milieux scientifiques : « il divisait le règne minéral d'après les apparences physiques extérieures des corps en quatre classes : les pierres, les terres, les minerais et les concrétions ».[3] Valmont de Bomare adopta son système de classement des minéraux et s'en fit l'ardent propagateur en Europe. Passionné par les sciences de la nature, il consacra plusieurs années à leur étude. Puis il donna lui-même des cours pendant trente-deux ans sur les différentes branches des sciences naturelles. Enfin il était l'auteur d'un *Traité de Minéralogie* ainsi que d'un *Dictionnaire d'Histoire Naturelle*. C'était donc, en effet, un véritable spécialiste.

C'est en 1768 que Valmont de Bomare se vit confier la direction générale du cabinet d'histoire naturelle de Chantilly, dont la garde effective était confiée à Lambert Deshayes. Son propre cabinet fut ensuite acquis par le prince en 1786. Les

---

3 BAPST, G., « Histoire d'un cabinet minéralogique », *Revue des Deux Mondes*, Tome 110, 1892, p. 437-450.

Du cabinet d'histoire naturelle des princes de Condé au Muséum

Mémoires secrets pour servir à l'histoire de la République des Lettres en France[4] enregistrèrent la nouvelle en ces termes, à la date du 28 novembre : « M. le prince de Condé, qui avait à Chantilly un superbe cabinet d'histoire naturelle, enrichi par les magnifiques présents en ce genre que lui ont fait successivement le roi de Danemark et le roi de Suède, vient d'acquérir aussi celui de M. Valmont de Bomare, très riche dans les trois règnes ».

Celui-ci en fit un cabinet d'une richesse alors presque unique au monde : herbiers, curiosités diverses, séries minéralogiques, coquillages exotiques et bibliothèque spécialisée.

UN CADEAU SOMPTUEUX

Le fleuron du cabinet qu'il dirigeait à Chantilly était sans conteste le meuble minéralogique **(fig. 1)** et ses 609 échantillons offerts par le roi de Suède Gustave III (1746-1792). Lors d'un voyage effectué en France en 1771[5] celui qui n'était que prince royal apprit le décès de son père et son accession au trône de Suède. Sur la route du retour vers son pays, il eut l'occasion d'être reçu à Chantilly et de voir le cabinet d'histoire naturelle et ses collections de minéraux pour lesquels « on n'avait pas manqué de faire valoir que le classement en était inspiré par l'une des illustrations de son pays ».[6] On peut supposer que la qualité de l'accueil qui fut réservé à ce tout nouveau roi et les relations de sympathie qui se développèrent entre le jeune roi de Suède, le prince de Condé et Valmont de Bomare l'incitèrent à vouloir leur offrir une collection de minéraux suédois. Pour donner à son cadeau plus de prix, Gustave III résolut d'envoyer les pièces sélectionnées dans un meuble particulièrement somptueux qu'exécuteraient les meilleurs artisans de la Suède.

Sur un dessin de l'architecte décorateur Rehn[7], ce meuble fut réalisé par

4 Ou *Journal d'un observateur, contenant les analyses des pièces de théâtre qui ont paru durant cet intervalle ; les relations des assemblées littéraires ; les notices des livres nouveaux, clandestins, prohibés ; les pièces fugitives, rares ou manuscrites, en prose ou en vers ; les vaudevilles sur la Cour ; les anecdotes et bons mots ; les éloges des savants, des artistes, des hommes de lettres morts, etc., etc., etc.* Chroniques anonymes des événements survenus entre 1762 et 1787, d'abord publiées sous forme de gazettes manuscrites puis réunies dans une série de 36 ouvrages publiés de 1777 à 1789.

5 Germain Bapst indique par erreur la date de 1783 pour cette première visite. En réalité cette date se rapproche plutôt de la seconde et rapide visite de Gustave III qui se déroula à Chantilly en 1784. Des approximations ou d'autres erreurs de moindre importance (nombre de tiroirs du meuble minéralogique (fig. 3) par exemple) peuvent être repérées çà et là dans son récit qu'il faut donc prendre avec précaution.

6 BAPST, G., 1892, p. 437-450.

7 Jean-Eric Rehn (1717-1793) né à Stockholm, était dessinateur et architecte. Il suivit des cours à Paris pendant cinq ans, puis voyagea en France, en Allemagne et en Italie. Il introduisit le style Louis XVI en Suède. Il fut chargé par le roi Gustave III de concevoir le meuble destiné à recevoir la collection de minéraux qu'il destinait au prince de Condé. Il dessinera un projet pour l'ébéniste Haupt et son dessin est toujours conservé au Musée National de Stockholm. Il permet de constater que le meuble réalisé par Haupt, plutôt massif, n'a pas la grâce légère de l'esquisse de Rehn.

Fig. 3. Georg Haupt, meuble minéralogique ouvert, présentant ses 27 tiroirs
© Chantilly, musée Condé, Marc Walter.

l'ébéniste favori du roi, Georg Haupt[8] à Stockholm entre 1773 et 1774. Véritable chef-d'œuvre d'ébénisterie, il porte à la partie supérieure les armes de Condé en bronze doré. Lorsque l'abattant du devant qui sert de pupitre est fermé, on peut admirer une marqueterie de guirlandes de lauriers, avec, au centre, un marteau et autres outils nécessaires aux travaux des mineurs ou des carriers, et une torche allumée, nécessaire aux mineurs mais aussi symbole de la lumière dans l'obscurité donc de la révélation qui émane du savoir. Lorsqu'il est ouvert **(fig. 3)** on découvre 21 tiroirs contenant chacun un grand nombre de cases où étaient rangés les échantillons minéralogiques. La partie basse s'ouvre par deux portes qui découvrent six autres tiroirs. Ce meuble fut livré et installé à Chantilly avec ses collections en septembre 1774.

L'inventaire des minéraux contenus dans le meuble, classés selon le système de Wallerius, figurait dans un catalogue relié en maroquin rouge **(fig. 4)** aux armes de Suède, conservé aujourd'hui à la Bibliothèque Centrale du Muséum National d'Histoire Naturelle de Paris. Le catalogue, rédigé en latin, donne la nomenclature de 609 échantillons minéralogiques, avec l'indication des carrières et des mines où ils ont été trouvés dans les différentes provinces de Suède. La liste de cette collection de minéraux a été retrouvée et relatée par Raoul de Broglie page 124 de son ouvrage cité dans la bibliographie.

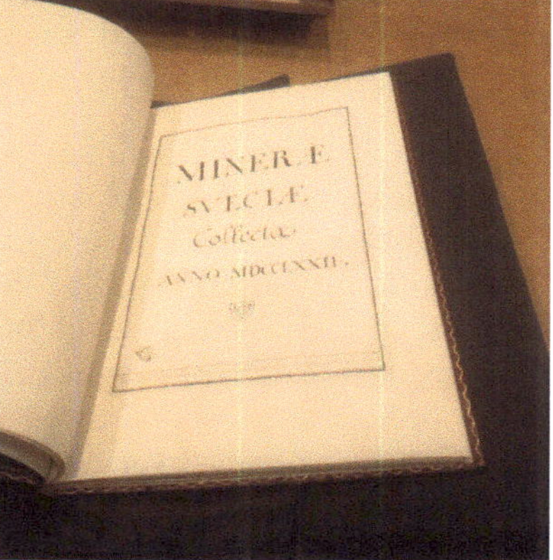

Fig. 4. Catalogue relié en maroquin rouge aux armes de Suède, contenant l'inventaire des minéraux contenus dans le meuble minéralogique des princes de Condé à Chantilly et page de garde : MINERAE SUECIAE Collectae ANNO MDCCLXXII,
© Bibliothèque Centrale du Muséum National d'Histoire Naturelle de Paris.

---

8 Georg Haupt (1741-1784), ébéniste né à Stockholm. Après son apprentissage il partit se perfectionner en voyageant en Angleterre et en France où il travailla dans l'atelier de l'ébéniste Leleu, avant de revenir en Suède en 1769. L'enseignement qu'il avait reçu lui a permis de laisser une œuvre d'inspiration très française, fort appréciée par le roi Gustave III, admirateur passionné de tout ce qui était français. Son décès prématuré a limité sa production.

Le roi Gustave III eut l'occasion de revoir ce meuble lors d'un rapide passage à Chantilly en 1784. Le *Journal des Chasses de Toudouze* mentionne que le roi « visita le Petit Château pour y voir la Galerie des Conquêtes et le Cabinet d'Histoire Naturelle ». « Nous pouvons être certains que Valmont de Bomare en fit les honneurs à Gustave III et que ce dernier s'intéressa tout particulièrement à l'emplacement affecté au meuble qu'il avait donné et au classement des échantillons minéralogiques. »[9]

LA PÉRIODE RÉVOLUTIONNAIRE, LA CONFISCATION

Cinq ans après survint la Révolution. Le prince de Condé, son fils le duc de Bourbon, et son petit-fils le duc d'Enghien, quittèrent Chantilly dès le 16 juillet 1789. Le départ des princes laissait vacants le château et ses dépendances. Durant quelque temps les agents du prince restés sur place parvinrent à assurer l'entretien minimal du domaine des Condé face aux violences révolutionnaires, « mais les forces de destruction l'emportèrent définitivement après le 10 août 1792 ».[10]

Effectivement les événements se succédaient rapidement à Paris et, entre coups de théâtre et scènes tragiques, on légiférait dans un climat d'émeute permanente. Déjà la loi du 9 février 1792, confirmée par celle du 8 avril, avait prononcé la confiscation des biens des princes de Condé.

À cette époque le Jardin du Roi, actuel Muséum d'Histoire Naturelle de Paris, dispensait des cours de sciences naturelles. Son intendant était l'écrivain Jacques-Henri Bernardin de Saint-Pierre[11] qui avait succédé en 1792 à la longue administration de Georges-Louis Buffon (1707-1788). Un décret du 18 août 1792 avait supprimé les universités, les facultés et autres institutions, et les professeurs de l'ex-Jardin du Roi, devant le vandalisme grandissant, s'inquiétaient pour les collections réunies par leurs prédécesseurs. D'autres esprits éclairés, parmi lesquels le député Joseph Lakanal[12] souhaitaient sauver d'une inutile destruction les institutions scientifiques

9 BROGLIE, R. de, *Chantilly, Histoire du château et de ses collections*, Calmann-Levy, Paris, 1964.
10 BABELON, J.P., *Chantilly*, Editions Scala, Paris, 1999.
11 Jacques-Henri Bernardin de Saint-Pierre (1737-1814), né au Havre, est l'illustre écrivain auteur des *Études de la Nature* dont le 4e volume est le célèbre *Paul et Virginie*, roman inspiré par ses trois années passées à l'Île de France (actuelle Île Maurice). Début 1792 il sera nommé intendant du Jardin du Roi par Louis XVI, en remplacement du marquis de la Billarderie qui avait succédé à Buffon. Il n'occupera ce poste que peu de temps puisque Lakanal fit voter la suppression du poste d'intendant par la Convention en juin 1793. Il terminera ses jours au bord de l'Oise, à Éragny.
12 Joseph Lakanal (1762-1845), né à Serres dans l'Ariège, dont le vrai nom était Lacanal qu'il modifia pour se distinguer de ses frères royalistes. Prêtre défroqué, il joua un rôle important pendant la Révolution. Député à la Convention nationale, il siégera sur les bancs de la Montagne. Il entre au Comité d'Instruction Publique en février 1793 et fut l'un des principaux instigateurs de la création des Écoles Centrales en 1795 (voir note 12). Ayant voté la mort du roi et considéré comme régicide, il émigra aux États-Unis lors de la Restauration. Il finit par devenir président de l'Université de Louisiane. Il ne revint en France qu'en 1833 et siégera à l'Académie des sciences morales et politiques à la demande de François Guizot.

de l'ancienne France. Depuis le redoutable décret d'août 1792 qui les avait rayées d'un trait de plume, ils craignaient pour l'avenir du Jardin du Roi.

LA PÉRIODE RÉVOLUTIONNAIRE, LA SAUVEGARDE

La confiscation des biens des princes de Condé va amener Lakanal à aider en priorité le Jardin du Roi : il va être chargé de prendre les dispositions nécessaires à la sauvegarde de la collection d'histoire naturelle de grande valeur restée sans protection dans le château des princes de Condé depuis leur fuite à l'étranger. Bernardin de Saint-Pierre fut désigné le 27 mars 1793 par la Convention pour se rendre avec les députés Thibault et Bézard à Chantilly et dresser l'inventaire des choses remarquables et précieuses relatives aux sciences, lettres et arts qui s'y trouvaient. Il était accompagné des professeurs du Jardin du Roi, Jean-Baptiste de Lamarck[13] et Étienne Geoffroy Saint-Hilaire[14], deux scientifiques restés célèbres, dont la mission était d'examiner le cabinet d'histoire naturelle, juger de son intérêt et prendre les dispositions pour le transporter dans leur établissement.

Un premier inventaire avait été réalisé du 13 au 15 juin 1792 par les commissaires de Senlis chargés d'apposer les scellés. Mais ce sont ceux rédigés par Bernardin de Saint-Pierre et son équipe à partir de mai 1793 qui nous permettent de connaître précisément le contenu du château. Le cabinet de physique et d'histoire naturelle fut inventorié en présence de Lamarck et de Geoffroy Saint-Hilaire par François Gilles Gaillard, commerçant naturaliste établi rue Richelieu, chargé d'estimer la valeur de la collection Condé à la requête des créanciers, document daté du 5 août et signé le 30 août 1793 par le commissaire de Villebrune avant le transfert de collection vers Paris.

---

13 Jean-Baptiste de Lamarck (1744-1829), né à Bazentin (Somme), était professeur au muséum, d'abord botaniste puis spécialiste des invertébrés. Il pressentit parmi les premiers l'évolution des êtres vivants sous l'influence de la nécessité. Sa théorie transformiste décrivait la diversification des espèces à la suite de l'adaptation de leurs organes ou de leur comportement à leur milieu. Mal comprise et critiquée par ses adversaires, sa théorie fut confirmée ensuite par Charles Darwin qui en précisa le processus par la sélection naturelle. Lamarck participa en 1793, sous l'impulsion de Lakanal, à la transformation du Jardin du Roi en Muséum National d'Histoire Naturelle de Paris.
14 Étienne Geoffroy Saint-Hilaire (1772-1844), né à Étampes, entra au Muséum en 1793 comme professeur de zoologie. Il constitua la ménagerie du Muséum dont il fut le premier directeur. De 1798 à 1802 il participera à l'expédition d'Égypte comme scientifique et rapportera de nombreuses observations sur les poissons du Nil, de la Méditerranée et de la mer Rouge. Auteur de plusieurs ouvrages sur l'anatomie, il soutiendra face à Georges Cuvier, ardent défenseur du Fixisme, le Transformisme de Lamarck.

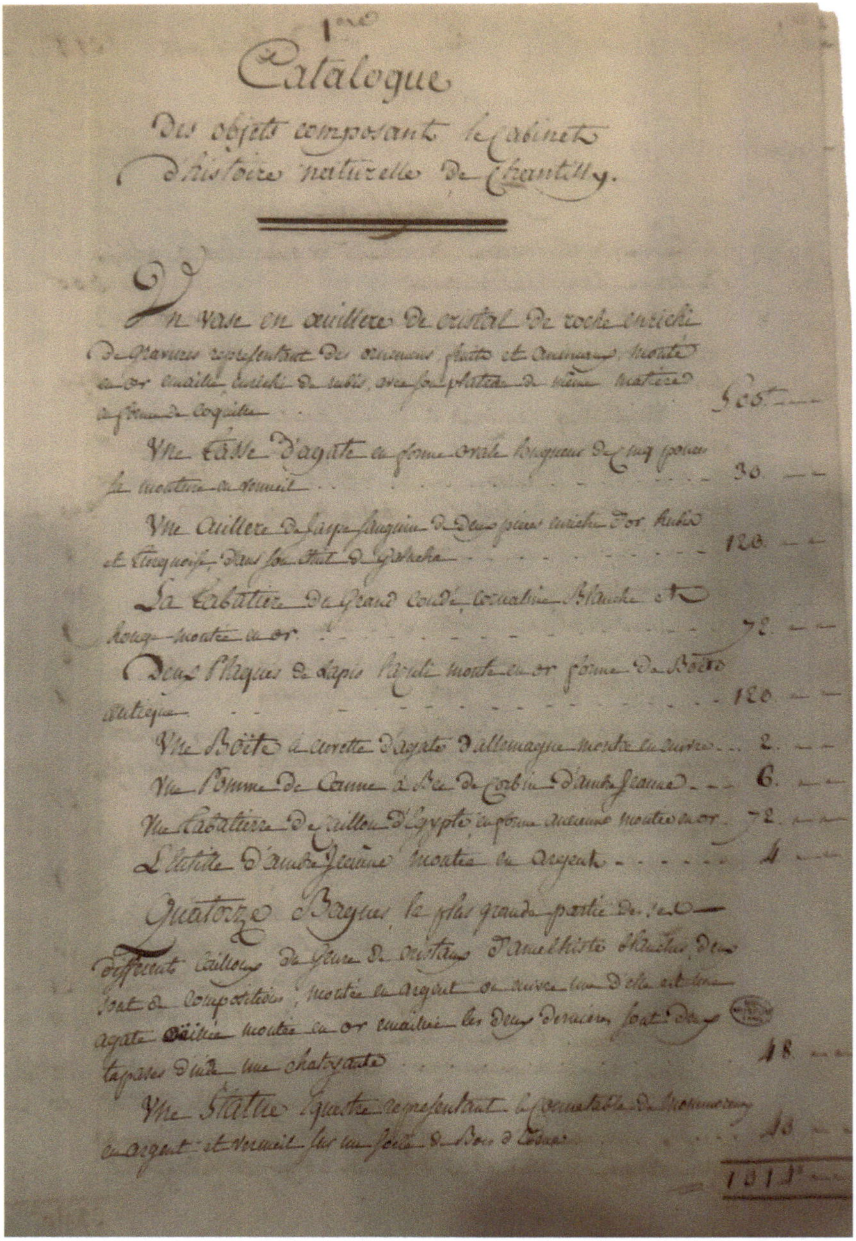

1ère

Catalogue

des objets composant le Cabinet d'histoire naturelle de Chantilly.

Un vase en aiguière de cristal de roche enrichi de gravures représentant des animaux, fleurs et [illegible], monté en or émaillé enrichi de rubis, avec son plateau de même matière en forme de coquille . . . . 500. —

Une tasse d'agate en forme ovale [illegible] . . . . 30. —

Une aiguière de jaspe sanguin de deux pièces enrichie d'or, rubis et turquoises, dans son étui de galuchat . . . . 120. —

La tabatière du Grand Condé, cornaline blanche et rouge montée en or . . . . 72. —

Deux plaques de lapis lazuli montées en or forme de boîte antique . . . . 120. —

Une boîte à [illegible] d'agate d'Allemagne montée en cuivre . . . 2. —

Une pomme de canne à bec de corbin d'ambre jaune . . . 6. —

Une tabatière de caillou d'Égypte en forme [illegible] montée en or . 72. —

L'étui d'ambre jaune monté en argent . . . . . 4. —

Quatorze bagues, la plus grande partie de différents cailloux du genre de cristaux d'améthyste blanche, deux sont de composition, montées en argent ou cuivre [illegible] agate [illegible] montée en or émaillé les deux derniers sont des topazes d'Inde une chatoyante . . . . 48. —

Une statue équestre représentant le connétable de Montmorency en argent et vermeil sur un socle de bois d'ébène . . . . 13. —

1013.

Fig. 5. Première page de l'inventaire des objets composant le cabinet d'histoire naturelle du prince de Condé. © Bibliothèque Centrale du Muséum National d'Histoire Naturelle de Paris.

INVENTAIRE DU CABINET D'HISTOIRE NATURELLE DU PRINCE DE CONDÉ

L'inventaire réalisé à Chantilly le 5 août 1793 (fig. 5) et vérifié le 30 août avant le transfert des collections vers Paris, en présence de Jean-Baptiste de Lamarck et d'Étienne Geoffroy Saint-Hilaire, professeurs au Muséum, comporte deux cahiers, l'un de 32 pages très soigné, l'autre de 20 pages, moins soigné.

Le cahier de 32 pages a été publié par Christophe Levadoux[1].

L'inventaire se termine par un petit compte-rendu commençant par ces mots : « L'an 1793 deuxième de la République française une et indivisible, je [Jean-Baptiste de Villebrune] me suis rendu à Chantilly le 30 août dernier en vertu des pouvoirs qui m'ont été donnés le 26 du même mois par le Directoire du département de l'Oise pour procéder à l'estimation contradictoire de la partie d'histoire naturelle du cabinet de l'émigré Condé... ».

Par ce court texte, Villebrune explique que son rôle était de valider l'inventaire et l'estimation de sa valeur réalisés précédemment par Gaillard, afin de protéger les intérêts de la nation sans léser ceux des créanciers. Il termine par cette phrase : « J'ai signé les deux cahiers susdits des minutes en présence des commissaires du Jardin des Plantes et requis la signature dudit citoyen Gaillard pour laisser entre leurs mains et sous leur direction, les objets mentionnés pour, par eux, les faire encaisser et emballer selon qu'ils le jugeront à propos et transporter comme ils aviseront bon être au Jardin des Plantes à Paris. Fait à Chantilly, ce cinq août de la présente année 1793. Signé de Villebrune et Gaillard. »

Les minéraux représentent une part importante de cette liste d'objets puisqu'ils occupent dix pages du cahier. Plus loin cinq pages sont consacrées aux coquillages, lesquels font l'objet d'une observation, sans doute dictée par les commentaires des professeurs du Muséum présents : « Cette collection, en quelque sorte nombreuse en individus, l'est infiniment peu en espèces; car sur 3624 coquilles il paraît qu'il n'y a pas même 500 espèces valables... tandis que ceux qui ont quelque intérêt par leur rareté y sont véritablement en petit nombre ». Plusieurs autres observations défavorables accompagnent l'énumération des objets inventoriés : « différents quadrupèdes empaillés en très mauvais état », la plupart des oiseaux empaillés sont également jugés en mauvais état, attaqués par des insectes, mais certains susceptibles d'être réparés, les herbiers présentent des exemplaires de plantes « mal desséchés, souvent endommagés, souvent mangés par les vers... ». On peut en déduire que les collections, abandonnées et sans entretien depuis quatre ans, commençaient à se dégrader sérieusement. Le mobilier au contraire, armoires et vitrines, est jugé en excellent état.

La description du meuble minéralogique figure en bonne place : « Un grand et beau cabinet en bois des îles et bois de marqueterie contenant vingt sept tiroirs richement garnis de bronze doré fermant avec deux clefs, ce beau meuble peut servir de secrétaire ». Il n'est pas fait allusion à la collection qu'il renferme ni à son couronnement rocheux.

1 LEVADOUX, C., « Un inventaire inédit, le cabinet de curiosités de Louis-Joseph de Bourbon-Condé (1736-1818) à Chantilly en 1793 », *Mémoires de la Société Académique d'Archéologie, Sciences et Arts du Département de l'Oise*, Tome 42, Beauvais, 2019, p. 5 - 57.

L'inventaire nous livre un aperçu sur la grande variété du contenu des armoires du cabinet : graines de toutes sortes, nombreux fossiles et madrépores, collection d'œufs d'oiseaux de toutes provenances, bocaux contenant dans l'alcool des poissons, des mollusques, des crustacés, des reptiles, et même des fœtus humains. Des cadres contenant des insectes divers dont des exotiques, des squelettes d'animaux divers et même humains, des reptiles empaillés dont cinq caïmans, des cornes de différentes espèces d'animaux y compris rhinocéros, des poissons divers desséchés, des carapaces de tortues, etc.

Cette grande diversité, cette apparente accumulation peut décontenancer aujourd'hui, mais soulignons que : « L'une des fonctions de tels cabinets était de faire découvrir le monde, y compris lointain (dans le temps et l'espace), de mieux le comprendre, ou de confirmer les croyances de l'époque. »[2]

---

2 LEVADOUX, C., *op. cit.* 2019.

L'ORGANISATION DU CABINET D'HISTOIRE NATURELLE DE CHANTILLY

La première pièce du cabinet était le cabinet de physique. Sur les murs, de chaque côté des fenêtres et en face se trouvaient des armoires et des vitrines murales renfermant des instruments de physique. Le meuble minéralogique du roi de Suède était au fond, au milieu du panneau et entouré d'instruments divers, des télescopes, un planétaire, une balance romaine, etc.

« Par un passage étroit, dont les murs étaient entièrement couverts de panoplies, d'armes et de vêtements de sauvages »[15], on accédait dans trois autres pièces consacrées au cabinet d'histoire naturelle. Il est intéressant de noter que ces objets exotiques furent transportés au Musée Central des Arts de la République (aujourd'hui Musée du Louvre) pendant la Révolution et l'Empire, puis rendus au prince de Condé en 1816. Certains d'entre eux sont aujourd'hui montés en panoplies dans la salle à manger du château, sur la partie gauche de la porte d'entrée, et ornent l'une des deux peaux de lions données au duc d'Aumale par le capitaine Gérard, auteur du livre « Tueur de lions en Afrique ».

Comme la première pièce les trois autres étaient garnies d'armoires dans lesquelles se trouvaient les minéraux, des bocaux contenant dans l'alcool des échantillons divers, différentes boîtes contenant une grande diversité d'objets

---

15 BAPST, G., 1892, p. 437-450.

curieux ou d'ossements dont une boite contenant des croix de cerfs, des oiseaux et autres animaux empaillés. Quant aux coquillages ils étaient exposés sur des étagères et des gradins. Au plafond et au-dessus des portes étaient accrochés des crocodiles empaillés, des lézards, des bois de cerfs et de rennes, des fanons de baleines, des noix de coco et autres objets surprenants.

OS DE COEUR DE CERF (ou CROIX DE CERF)

La « Croix de cerf » est un terme de vénerie qui désigne un phénomène bien connu depuis l'Antiquité, l'ossification, souvent en forme approximative de croix, du tissu conjonctif de la cloison séparant les deux ventricules cardiaques pour renforcer le cercle fibreux aortique. Cette évolution se développe avec l'âge de l'animal. Cet élément osseux se retrouve chez certains mammifères, dont les cervidés chez qui il est appelé « os de cœur de cerf », mais aussi chez les bovidés. Les différences de taille de ce petit os d'un animal à l'autre fut pendant longtemps à l'origine d'une croyance qui donnait à la lune une influence passagère sur la taille de ce petit élément osseux. Les princes de Condé, grands veneurs devant l'Éternel, mais aussi curieux d'élucider ce mystère, firent des comparaisons sur les cœurs des cerfs qu'ils chassaient en fonction de l'âge de l'animal, des dates de chasse, et des positions de la lune. Ils laissèrent un document manuscrit relatant ces comparaisons et arrivèrent à la conclusion suivante, inscrite à la fin du manuscrit : « On peut voir par la comparaison de toutes ces croix que l'âge de la lune n'y apporte aucun changement ». De nombreux os de cœur de cerf, probablement issus de ces recherches, furent retrouvés dans le cabinet d'histoire naturelle des princes de Condé lors des confiscations révolutionnaires[1]. En médecine traditionnelle « l'os de cor de servi » était utilisé en poudre, mélangé à une boisson, de l'Antiquité jusqu'au XVIIIe siècle, contre les maladies cardiaques. Efficacité non documentée !

---

1 POPLIN, F., « Une collection d'os du cœur de cerf des chasses du prince de Condé », Bulletin *Le Musée Condé* n° 16, Chantilly, 1979, p. 3-5.

PROTECTION DU JARDIN DU ROI, RÔLE DE LAKANAL

Comprenant l'inutilité de faire venir les collections de Chantilly au Jardin si celui-ci peut à tout moment être envahi et pillé, Lakanal décide en premier lieu de le placer sous la protection de la Nation. Il fait adopter par la Convention la transformation du Jardin du Roi en un établissement destiné à l'enseignement public de l'histoire naturelle, nommé à l'avenir Museum National d'Histoire Naturelle. Le poste d'intendant est supprimé, remplacé par celui d'un directeur élu assisté de 12 professeurs. Peu après, les professeurs du tout nouveau Muséum, parmi lesquels

Jussieu, Lamarck et Geoffroy Saint-Hilaire, réunis en assemblée, élurent Louis Daubenton[16] comme directeur, au grand dam de Bernardin de Saint-Pierre.

DIFFICULTÉS, RÔLE DE DAUBENTON

Daubenton **(fig. 6)**, quoique fort âgé, était un vieillard énergique et pugnace et il prit sa nouvelle fonction à bras-le-corps : le transport des collections de Chantilly suppose des frais que l'état des finances nationales ne peut assumer qu'en partie ? Qu'à cela ne tienne. Daubenton se contentera des subventions que la Convention peut lui accorder et, pour le reste, il va user d'expédients. Il commence par obtenir de l'administration des subsistances une soixantaine de tonneaux de farine vides. Ils conviendront parfaitement pour l'emballage de la plupart des pièces de collection. Quant aux locaux qu'il convient d'achever d'aménager pour recevoir toutes ces richesses, aux grands maux les grands remèdes : comme Daubenton vient d'apprendre par Lakanal qu'on vient de « nationaliser » le couvent du Val de Grâce, il réclame et obtient que les parquets des principales pièces y soient retirés pour devenir planchers à bon compte de la galerie du Muséum !

Fig. 6. Portrait de Louis Jean-Marie Daubenton, Alexandre Röslin, 1791 © Orléans, musée des Beaux Arts - cliché Christophe Camus.

16 Louis Daubenton (1716-1799), né à Montbard, fit des études de médecine et s'installa dans sa ville natale. Georges Buffon, né également à Montbard, qui le connaissait et appréciait sa précision, le fit appeler au Jardin du Roi et le fit participer à la rédaction de son *Histoire Naturelle des Animaux* pour tout ce qui concernait l'anatomie. Daubenton s'intéressa également à l'élevage. Il introduisit en France le mouton Mérinos d'origine espagnole, et publia plusieurs ouvrages sur leur élevage. La Révolution transforma le Jardin du Roi en Muséum National d'Histoire Naturelle et il en fut le premier directeur tout en y étant nommé professeur de minéralogie.
À sa mort il fut enterré dans le Labyrinthe de ce Jardin des Plantes qui lui devait tant.

LE TRANSFERT

Les principales difficultés paraissant résolues, plus rien ne s'opposait au transfert. Daubenton donna l'ordre au menuisier du Muséum, le sieur Lasseigne, et à l'entrepreneur de transports Sellier de se rendre à Chantilly. Ils emballèrent le meuble de Gustave III et emportèrent le catalogue, empilèrent les collections dans les tonneaux, et les firent charger avec armoires et vitrines sur les bateaux du transporteur Sellier à destination du Muséum par l'Oise et la Seine. Les instruments du cabinet de physique, les volumes scientifiques et les autres objets précieux furent également enlevés. Certains de ces objets précieux **(fig. 7)** sont aujourd'hui conservés au Musée des Monnaies, Médailles et Antiques de la Bibliothèque nationale de France, rue Vivienne à Paris, étiquetés « Chantilly-Saisies révolutionnaires ».

À la fin de l'année, ces prélèvements opérés et la vente du mobilier terminée, le château des Condé était entièrement vidé de son contenu. Suite à une idée de Collot d'Herbois (1749-1796), alors en mission dans l'Oise d'août à septembre 1793 pour ravitailler Paris, l'édifice parut aux autorités « tout à fait propre à servir de prison ».[17]

Fig. 7. Médailler de laque à trois rangs de tiroirs et à deux vantaux avec des boutons et des ornements d'argent, Asie orientale, Japon, 1650 (vers), saisies révolutionnaires, dépôt de la Maison de Nesle, collection des princes de Condé, Chantilly © BNF Cabinet des Antiques et Médailles.

---

17 MALO, H., *Le château de Chantilly*, Calmann-Levy, Paris, 1938.

UN MUSÉUM INACHEVÉ, DÉGÂTS DANS LES COLLECTIONS

Mais revenons vers Daubenton qui n'était pas au bout de ses peines. Les bâtiments du Jardin sont demeurés inachevés depuis la mort de Buffon en 1788, faute d'argent pour payer la pose des planchers et des fenêtres. Les parquets récupérés sur le couvent du Val de Grâce restent entassés dans un coin. Le bâtiment exposé à tous les vents est dans l'impossibilité d'accueillir les collections. La seule ressource sera de les abriter provisoirement sous un hangar. Les collections arrivèrent au Muséum de Paris par voie d'eau en 1793. On les entreposa donc sous des abris précaires où l'herbier acheva de se détruire, ainsi que les animaux empaillés. Les minéraux et les coquillages, moins fragiles, purent être conservés. L'abri provisoire des hangars risque de se prolonger car les caisses de l'État sont désespérément vides, asséchées par les guerres que livrent à la Nation les Autrichiens, Espagnols, Prussiens, et Chouans. Les appels à l'aide de Daubenton se heurtent à un mutisme systématique.

LE FRÈRE DE MARAT, UN ENJEU INATTENDU

De façon inattendue, l'assassinat de Marat (1743-1793) va indirectement contribuer à débloquer la situation. Quelque temps après cette sanglante affaire le ministre de l'intérieur, Joseph Garat[18], est informé par le ministre plénipotentiaire de la République française à Genève, Jean-Louis Soulavie[19], de la situation misérable d'Olivier Marat, naturaliste établi à Genève, spécialisé dans la conservation des insectes, mais surtout frère du célèbre révolutionnaire. Il sollicite Daubenton pour qu'il l'attache à son établissement. Celui-ci, perplexe, après avoir consulté ses collègues, répondra, non sans malice : « Les professeurs ont partagé unanimement les sentiments que t'a inspirés le frère de l'ami du peuple qui a si bien servi la cause de la

---

18 Dominique Joseph Garat (1749-1833), né à Bayonne, fut d'abord journaliste et rédacteur pour la partie littéraire du *Mercure de France*. Élu député en 1789, il sera nommé ministre de la Justice en remplacement de Danton en 1792 et, à ce titre, c'est lui qui notifia à Louis XVI sa condamnation à mort. Il fut ensuite nommé ministre de l'Intérieur après la démission de Jean-Marie Roland. Arrêté comme girondin, il fut relâché et conserva son ministère jusqu'à la chute de Robespierre. Sénateur et comte de l'Empire sous Napoléon, il ne fut pas inquiété sous la Restauration.
19 Jean-Louis Giraud-Soulavie (1752-1813), né à Largentière (Ardèche) est surtout connu pour ses ouvrages historiques. D'abord géographe et vulcanologue, il publia des ouvrages de géologie qui furent combattus en 1784 par l'Église. Ceci l'incita prudemment à abandonner ce sujet. Pendant la Révolution il s'intéressa aux idées nouvelles et publia des articles politiques dans plusieurs journaux. Il fut ensuite nommé par le Conseil exécutif résident de la République française à Genève où il arriva le 3 juillet1793. Après Thermidor, dénoncé comme partisan de Robespierre, il est révoqué le 8 septembre 1794. Arrêté, il sera libéré en 1795. Il se consacrera alors tranquillement à un travail d'historien : compilateur avisé mais peu scrupuleux il publiera des mémoires apocryphes comme par exemple en 1801 : « Mémoires historiques et politiques du règne de Louis XVI depuis son mariage jusqu'à sa mort ».

liberté. Nous sommes prêts à faire tout ce qui sera en notre pouvoir pour remplir ton voeu à l'égard d'Olivier Marat et à te donner cette preuve de notre dévouement et de notre patriotisme. Mais pour y réussir, citoyen ministre, il est nécessaire que tu nous appuies auprès de la Convention Nationale. Nous t'adressâmes vers la fin de frimaire le devis des dépenses qu'exige la nouvelle organisation de l'établissement pour 1794 [...]. Toutes ces circonstances nous mettent pour l'instant dans l'impossibilité de suivre le voeu si ardent de notre cœur à l'égard d'Olivier Marat parce que nous n'avons aucun fonds dont nous soyons sûrs de disposer et les nombreuses demandes que j'ai envoyées, ne serait-ce que pour achever l'installation des collections de Chantilly, sont restées sans réponse.... ». Le ministre est alors bien embarrassé et il dut plaider la cause du Muséum devant la commission d'instruction publique de la Convention Nationale. À la tribune de la Convention le seul nom de Jean-Paul Marat suffira à faire voter les crédits demandés. Aussitôt les travaux peuvent reprendre au Muséum. Dès que les planchers sont posés et les ouvertures garanties contre les courants d'air, les collections de Chantilly prennent le chemin des armoires et des vitrines qui leur sont destinées. Daubenton peut respirer.

Restait pour Daubenton et ses collègues à accueillir et loger la famille Marat et à prévoir pour celui-ci un poste pérenne. Nous étions en juillet 1794. Survint le 9 Thermidor et la fin de la Terreur, la fin aussi du culte idolâtre rendu à ses figures les plus marquantes. Marat fait partie des héros déboulonnés. Du coup, le sort du frère devient le cadet des soucis pour Daubenton et ses collègues, et on fait la sourde oreille aux rappels de l'infortuné. « Olivier Marat restera à Genève et l'oubli retombera sur lui. Il n'aura plus, jusqu'à la fin de sa vie, qu'à souffler mélancoliquement dans le derrière des araignées en rêvant aux inconvénients d'un frère célèbre qui recevait n'importe qui dans son bain. »[20]

OLIVIER MARAT

Né en Suisse à Baudry, dans la Principauté de Neufchâtel, dans une famille modeste de sept enfants, Olivier Marat gagne chichement sa vie à Genève en préparant des insectes pour leur bonne conservation. Son célèbre frère, Jean-Paul Marat, avant d'être le gazetier de *L'Ami du Peuple*, avait étudié la médecine tandis que lui, Olivier, s'était intéressé très tôt à l'entomologie. Il devint un préparateur habile dont les services étaient recherchés par les collectionneurs ou les propriétaires de cabinets de curiosités. La technique qu'il avait mise au point pour la conservation des chenilles et des araignées consistait à souffler dans leur abdomen, à l'aide d'un mince chalumeau, pour en expulser le contenu. Puis il faisait sécher l'enveloppe vide dont la forme avait été conservée par le souffle.

20 BARTHELEMY, G., *Les Jardiniers du Roy, Petite histoire du Jardin des Plantes de Paris*, Publications du Pélican, Librairie du Muséum, Paris, 1979.

Autant son frère est célèbre en 1793, autant Olivier Marat végète dans l'anonymat. Voulant profiter de la notoriété de son frère et de l'émotion suscitée par son assassinat, il sollicita l'appui de Jean-Louis Soulavie (voir note 11) pour se faire embaucher au Muséum de Paris et s'extraire de sa modeste condition.

Daubenton, stupéfié lors de la réception de la demande d'engager et de loger au Muséum Olivier Marat comme entomologiste, se serait, paraît-il, exclamé : « Quoi ? Ce petit préparateur veut être parmi les hommes de science ? ».

Quoiqu'il en soit, après les événements de 1794, ne bénéficiant plus du soutien du gouvernement, Olivier Marat restera à Genève dans l'humble situation de préparateur d'insectes.

RÉPARTITION DES COLLECTIONS, LA DISPERSION

Le meuble de Gustave III eut, au contraire, tous les honneurs qu'on refusa à Olivier Marat et fut placé au centre de la galerie du Muséum.

Cependant lors de l'installation des collections tout ce qui était arrivé de Chantilly ne resta pas affecté au tout nouveau Muséum. Les minéraux suédois qui se trouvaient dans le meuble furent répartis entre le Muséum **(fig. 8)** et les cabinets des Écoles Centrales[21] que fonda la Convention. Ces minéraux peuvent donc se trouver de nos jours dans les tiroirs de minéralogie des lycées qui ont comme origine les Écoles Centrales de la Révolution (c'est, par exemple, le cas du lycée Charlemagne à Paris).

D'autre part les confiscations effectuées sur les biens des émigrés et apportées au Muséum faisaient parfois double emploi avec les collections de Chantilly. Ces minéraux furent mêlés puis ensuite répartis entre différentes institutions de province.

Et enfin les conquêtes de nos généraux à travers l'Europe nous mettaient en possession de collections qui étaient rapportées à Paris. Ainsi, un peu plus tard, en 1795 lors de la campagne de Flandre, le général Pichegru (1761-1804) s'était emparé de la collection du Stathouder de Hollande (Guillaume V d'Orange-Nassau). Elle vint, pour une bonne part, constituer la section de physique et enrichir celle de minéralogie du Muséum National d'Histoire Naturelle de Paris. Là encore les doubles furent répartis entre les différents établissements créés par la République.

---

21 Sur l'instigation de Joseph Lakanal, le Comité d'instruction publique fit voter le 25 février 1795 le décret de création des Écoles Centrales sur la base du plan général d'instruction publique conçu dès 1792 par Condorcet. Elles étaient destinées à remplacer les collèges de l'Ancien Régime. Leur existence fut éphémère puisqu'elles furent supprimées en 1802 et remplacées par les lycées. Mais elles marquèrent une rupture avec le système éducatif précédent en créant des établissements diffusant un enseignement scientifique assuré par des professeurs ayant un statut officiel.

Fig. 8. Échantillon conservé au Muséum d'Histoire naturelle de Paris et identifié par le minéralogiste et maître de conférence Pierre-Jacques Chiappero comme issu des collections des Condé à Chantilly. Il porte le repère *sigma* apposé, lors de la confiscation, sur les échantillons du Cabinet de Chantilly comme l'indique la liste jointe. Celle-ci montre aussi le signe *lambda* pour les échantillons issus de la collection du Stathouder © Muséum d'Histoire Naturelle de Paris.

VALMONT DE BOMARE, UNE FIN DE CARRIÈRE PARADOXALE.

Pendant les bouleversements provoqués par la Révolution, Valmont de Bomare vécut les premières années de cette période agitée dans une misère l'obligeant à vendre les quelques trésors qu'il avait pu conserver (les planches coloriées des oiseaux de Buffon, qu'il tenait de l'auteur) ainsi que ses propres ouvrages. Le départ des princes de Condé avait eu pour lui un effet désastreux en le privant de son poste et des ressources qui y étaient attachées. Cependant en 1793 il fut appelé par l'Académie des Sciences comme membre associé. Sous le Consulat ses compétences lui permirent d'occuper la chaire d'Histoire Naturelle au lycée Charlemagne, où une partie des collections minéralogiques de Chantilly servait à former le cabinet de démonstrations. Cela eut pour conséquence que bon nombre des minéraux qu'il avait autrefois identifiés et classés furent de nouveau confiés à sa responsabilité et il montrait à ses élèves des échantillons encore étiquetés de sa main. Il mourut à Paris le 24 août 1807.

DU PALAIS BOURBON AU CHÂTEAU DE CHANTILLY, RETOUR DU MEUBLE MINÉRALOGIQUE

Sous la Restauration, lors de son retour en 1814, Louis-Joseph, prince de Condé, fit aussitôt réclamer le meuble minéralogique et les collections. L'administration royale mit peu d'empressement à rendre les objets séquestrés par la Convention. Le directeur du Muséum répondit « qu'il était impossible de retrouver les minéraux du roi de Suède, puisqu'on en avait disposé, en partie, pour des établissements de province et qu'on ignorait l'identité de ceux qui pouvaient encore subsister à Paris. » Le prince de Condé, qui attachait plus d'importance au meuble qu'aux collections, réclama donc seulement le meuble minéralogique, qui ne lui fut rendu qu'en 1816. Il le fit placer au Palais Bourbon où il put constater que son meuble ne revenait pas indemne des déplacements et entreposages aléatoires qu'il avait subis : une trace de brûlure sur l'abattant rappelle ses mésaventures.

Lors de la vente en 1843 du Palais Bourbon par le duc d'Aumale (1822-1897), le meuble fut envoyé à Chantilly où il retrouva, dans l'actuelle Antichambre, le château qu'il avait quitté un demi siècle auparavant. Son couronnement, composé d'échantillons de minerais de cuivre, de plomb, d'argent, de cristaux de roche, de spath, de quartz, de grenats et d'amiante, intrigue les visiteurs à qui il apprend ce qu'était sa vocation première : être le précieux écrin d'une sélection de minéraux destinés à accroître l'intérêt scientifique du cabinet d'histoire naturelle des princes de Condé.

Aujourd'hui vide, il demeure le seul témoin au château de Chantilly de cet important et précieux cabinet d'histoire naturelle que les tempêtes de l'histoire de notre pays ont emporté et totalement dispersé. Mais le vide de ce meuble rappelle aussi la contribution apportée par ce cabinet à la création du Muséum National d'Histoire Naturelle de Paris.

REMERCIEMENTS

Ils s'adressent à Lucienne Jean pour ses recherches bibliographiques, sa relecture et ses conseils avisés ; Francois-Xavier Bridoux pour son assistance dans les recherches dans les archives de la Société d'Histoire et d'Archéologie de Senlis ; Françoise Bocquillon (✝) pour ses encouragements, ses questions et son intérêt stimulant pour cette histoire.

BIBLIOGRAPHIE

BABELON, J.P., *Chantilly*, Editions Scala, Paris, 1999.

BAPST, G., « Histoire d'un cabinet minéralogique », *Revue des Deux Mondes*, Tome 110, 1892, p. 437-450.

BARTHÉLÉMY, G., *Les Jardiniers du Roy, Petite histoire du Jardin des Plantes de Paris*, Publications du Pélican, Librairie du Muséum, Paris, 1979.

DE BROGLIE, R., *Chantilly, Histoire du château et de ses collections*, Calmann-Levy, Paris, 1964.

LEVADOUX, C., « Le Cabinet de curiosités et d'histoire naturelle de Louis-Henri de Bourbon-Condé (1692-1740) », Bulletin *Le Musée Condé* n°65, Chantilly, 2008, p. 2-15.

LEVADOUX, C., « Un inventaire inédit, le cabinet de curiosités de Louis-Joseph de Bourbon-Condé (1736-1818) à Chantilly en 1793 », *Mémoires de la Société Académique d'Archéologie, Sciences et Arts du Département de l'Oise*, Tome 42, Beauvais, 2019.

LHOSTE, J., *Les Entomologistes Français, 1750-1950*, INRA & OPIE, 1987.

MACON, G., *Les Arts dans la maison de Condé*, Librairie de l'Art Ancien et Moderne, Paris, 1903.

MACON, G., *Chantilly et le Musée Condé*, Librairie Renouard, H.Laurens, Paris, 1910.

MALO, H., *Le château de Chantilly*, Calmann-Levy, Paris, 1938.

POPLIN, F., « Une collection d'os du cœur de cerf des chasses du prince de Condé », Bulletin *Le Musée Condé*, n° 16, Chantilly, 1979, p. 3-5.

SOREL, A., *Le château de Chantilly pendant la Révolution*, Librairie Hachette, Paris, 1872.

VERGNET, J., « L'Odyssée des collections d'histoire naturelle des princes de Condé pendant la Révolution », *Société d'histoire et d'archéologie de Senlis*, T.IV, 1930, pp. 34-35.

Fig. 1. Bouteille de vin de Bourgogne de couleur verte, avec cachet au chiffre
d'Henri d'Orléans, duc d'Aumale © André Pelle

FOIRES AUX VINS PAS BANALES
CHEZ LES ORLÉANS
À PARIS, VILLIERS, NEUILLY ET CHANTILLY

par Yves BÜCK

« Une bouteille ça va, trois bouteilles bonjour les dégâts. »
Dicton populaire

Sous le règne de Louis-Philippe, avant les travaux du baron Haussmann[1], l'eau réputée pour son insalubrité était bannie des tables, des banquets et des troquets. Sur les chantiers, les ouvriers en sueur buvaient facilement pour se désaltérer 3 à 4 litres de vin par jour, un vin un peu faiblard qui ne titrait que 9 à 10°.[2] Il fallait donc en boire beaucoup pour atteindre l'état d'ivresse. Ils allaient en avoir bientôt l'occasion.

CRESCENDO MOLTO

Le 24 avril 1848, changement de régime, Louis-Philippe roi des Français depuis 18 ans abdique dans la précipitation, quitte Paris en habit bourgeois, échappe au lynchage, gagne dans une fuite rocambolesque Trouville, Honfleur, Le Havre où, enfin, il embarque à bord d'un paquebot et gagne l'Angleterre où il trouve refuge. Sa famille le rejoint. C'est le début d'un long exil. Sa fuite avérée, c'est une explosion de joie à Paris. La révolution triomphe. Des bandes infiltrées de casseurs pénètrent dans les demeures royales : au Palais des Tuileries, logement de fonction du Roi, au Palais Royal, résidence parisienne de la famille d'Orléans et au château de Neuilly, « maison » de campagne très appréciée de la reine Marie-Amélie. Les visiteurs du soir s'engouffrent dans les caves, se précipitent sur les bouteilles de liqueurs, de vins, du blanc, du rouge, des grands crus. Habitués à la piquette, ils ne font pas la différence. Qu'importe l'appellation, pourvu que l'on ait l'ivresse.

---

1 Sous sa direction, des travaux gigantesques ont été entrepris pour équiper Paris d'un réseau véhiculant une eau garantie potable.
2 POUGETOUX, A. et CAUDE, É., *La cave de Joséphine, le vin sous l'Empire à Malmaison*, catalogue d'exposition, RMN-Grand Palais, 2009.

MEZZO FORTE AUX TUILERIES

Un bourgeois de Paris, Louis Désiré Véron[3] témoigne : « Le jour même où Louis-Philippe quitta les Tuileries, plusieurs centaines de combattants qui avaient pénétré dans le palais au milieu de la foule, voyant qu'ils pouvaient s'y bien trouver, s'y installèrent comme s'ils en étaient les maîtres. Ils commencèrent par s'emparer de tous les vêtements qui pouvaient leur convenir et dont, pour la plupart, ils avaient grand besoin. Ensuite ils consommèrent les provisions que la royauté y avait laissées. Ils descendirent dans les caves et y burent à discrétion tous les vins qui s'y trouvaient. Ils occupèrent les plus splendides appartements, couchèrent dans les lits du roi Louis-Philippe, de la reine Marie-Amélie, des princes, des princesses et des grandes dames de la cour. » **(fig. 2.)**

Qu'il fait bon s'installer provisoirement dans les meubles de la royauté, se taper la cloche et faire honneur à la cave ! Plus tard, le méticuleux comte de Montalivet[4] fait les comptes : « 3 000 bouteilles de Bourgogne, Bordeaux, Champagne » sont vidées dans la soirée. « Pour une valeur de 7 300 francs. » C'est raisonnable. Record à battre.

FORTISSIMO AU PALAIS ROYAL

Des Tuileries au Palais Royal, il n'y a qu'un pas. Ça se gâte. Gustave Flaubert à travers Frédéric, le héros de son roman *L'Éducation sentimentale*, raconte : « Le palais regorgeait de monde. Dans la cour intérieure, sept bûchers flambaient. On lançait par les fenêtres des pianos, des commodes et des pendules. Des pompes à incendie crachaient de l'eau jusqu'aux toits. Des chenapans tâchaient de couper des tuyaux avec leurs sabres [...]. Tout autour, dans les deux galeries, la populace, maîtresse des caves, se livrait à une horrible godaille. Le vin coulait en ruisseaux, mouillait les pieds, les voyous buvaient dans des culs de bouteille, et vociféraient en titubant. »

10 961 bouteilles de différents vins disparaissent dans les gosiers « pour une valeur de 16 111 francs ». Record battu.

---

3 VÉRON, L.-D., *Mémoires d'un bourgeois de Paris*, 1855, tome 5.
4 Camille Bachasson, comte de Montalivet (1801-1880) homme politique proche de Louis-Philippe.

Fig. 2. *Invasion des Tuileries par le peuple parisien, le 24 février 1848*, Épinal, Imagerie PELLERIN, Marseille, MuCEM, Musée des Civilisations de l'Europe et de la Méditerranée, © (C) RMN-Grand Palais (MuCEM) / Jean-Gilles Berizzi.

FORTISSIMO AU CHÂTEAU DE NEUILLY

Le château de Neuilly et son parc ! C'est loin à l'ouest de Paris, un vaste espace vert légèrement urbanisé le long de l'avenue de Neuilly, bordé par la Seine et les fortifications à l'ouest, Boulogne à l'est, Clichy au sud et les deux lieux-dits, Villiers et Champerret au nord. On peut gagner le château royal situé près du pont de Neuilly en venant de différentes directions. Les émeutiers ont choisi de passer par le château de Villiers qu'ils incendient au passage. Ce n'est pas le chemin le plus court. Ils arrivent enfin au château de Neuilly. Échauffés, rien ne les arrête.

Charles Marchal[5], s'appuyant sur des notes puisées dans les souvenirs d'un témoin oculaire, raconte : « On vit alors un hideux spectacle : une portion de la bande descend dans la cave, rampe comme un ver de terre pour s'abreuver aux tonneaux de vieux rhum, des milliers de bouteilles brillent à leurs yeux hébétés, ils les saisissent, les brisent, se les disputent et de sanglantes querelles s'engagent. Le vin ruisselle mêlé

---

5 MARCHAL, C., *Pillage !... Incendie !... Neuilly... Février 1848*, Paris, 1850.

au sang qui sort de larges blessures ; des crânes vont se briser contre les barriques d'où s'exhale une odeur d'alcool plus enivrante encore que les vins. Au milieu de cette scène sanglante, un cri se fait entendre, « le feu est au château [...] le château de Neuilly n'est plus [...] dans ce moment une lueur rouge se détache sur fond noir du ciel et couvre l'horizon : c'est le château de Villiers qui vient d'être incendié. » Bilan : 66 000 bouteilles et 446 fûts : valeur de 300 000 francs. Record pulvérisé.

Le comte de Montalivet récapitule : « Les bandes révolutionnaires du 24 février ont donc bu et brisé ou volé dans les caves du roi : 79 961 bouteilles et 450 fûts pour une valeur de 326 421 francs. » À cela, il faut ajouter les dégâts causés dans les bâtiments, les bibliothèques, les écuries et la destruction par centaines des objets d'art et du mobilier.[6] Ils sont dans les différentes demeures proportionnels au nombre de bouteilles vidées de leur contenu.

Le nombre de bouteilles stockées dans les caves royales est impressionnant. Plus tard, sous le Second Empire, le palais des Tuileries sera restauré ; Napoléon III en fera sa résidence. Il n'est pas gourmet, ni gourmand, encore moins chevalier du Tastevin. Mais il a à cœur de régaler ses invités. Il aura vite fait de remplir les caves de 30 000 nouvelles bouteilles de grands crus. Quel que soit le régime, la vinasse de qualité s'impose au sommet de l'État.

La Ve République, qui a imposé au citoyen qui a fait sien le dicton « un verre ça va, trois verres bonjour les dégâts », a réduit le nombre de bouchons et fait de plus en plus dans la sobriété. 12 000 bouteilles, dit-on, sommeillent dans les caves de l'Élysée, 10 000 au quai d'Orsay. Le Sénat quant à lui ferait de la résistance.

Si ces chiffres vous parlent peu, sachez que les magasins type Nicolas ou Cavavin présentent sur leurs rayons 800 bouteilles environ et la cave de la « Tour d'Argent », historique et convoitée par tout amateur de vin, renferme près de 300 000 bouteilles, des pièces de collections, très grands crus d'années incomparables ou cuvées confidentielles.

---

6 Bâtiments : 3 065 246 francs ; bibliothèques : 85 100 francs ; écuries : 23 1421 francs ; mobiliers : 2 460 750 francs ; objets d'art : 768 780 francs.

LE CHÂTEAU DE VILLIERS

Le château de Villiers **(fig. 3)** a donc été incendié mais tout n'a pas été dit. Ce château était la résidence affectée par Louis-Philippe au duc d'Aumale comme le pavillon de Wurtemberg à Marie d'Orléans duchesse de Wurtemberg dans son domaine de Neuilly[7]. Il est peu connu. Et pour cause, il n'existe plus. On en connaît les plans et une aquarelle conservée au musée Condé. Le duc d'Aumale y a peu mis les pieds. Il est toujours en mouvement entre son poste en Algérie et la France où on le trouve le plus souvent dans quelque casernement, aux Tuileries, à Chantilly, au château d'Eu, etc[8]. Il y a séjourné au moins un jour comme l'atteste une lettre du duc à son précepteur Cuvillier-Fleury rédigée à « Villiers ».[9]

Pour les nostalgiques, le château se trouvait exactement à la croisée de la rue de Villiers et du boulevard du château qui menait tout droit au château de Neuilly. Pour s'y rendre par le métro, descendre à Anatole France ou au Pont de Levallois. Il n'y a plus rien à voir.

Fig. 3. Château de Villiers (parc de Neuilly), Siméon Fort, *24 vues de châteaux exécutées à l'aquarelle sur ordre de S.M. la Reine,* 1846 © Chantilly, Musée Condé.

Du château de Neuilly, il ne reste plus rien si ce n'est l'aile droite dite pavillon de madame Adélaïde.[10]

---

7 VÉRON, L., *Mémoires d'un bourgeois de Paris*, tome 5, p. 248, 1855.
8 HUETZ de LEMPS, R., *Aumale l'algérien, 1822-1870*, vol.1, Nouvelles éditions latines, Paris, 1962.
9 Lettre du 6 septembre 1846.
10 Le bâtiment a été racheté en 1908 par la congrégation des sœurs hospitalières de Saint-Thomas de Villeneuve. C'est aujourd'hui le collège Saint-Dominique. À proximité, le pavillon Wurtemberg était aussi la propriété de Louis-Philippe, mais ne faisait pas partie du domaine de Neuilly. N'étant pas sur le chemin des émeutiers, il a été épargné.

MODERATO CANTABILE

Tout va très vite, le gouvernement provisoire débarrassé du père, Louis-Philippe, s'intéresse au fils, Henri, le jeune duc d'Aumale. Il a 26 ans. Il est gouverneur d'Algérie. Il s'y est couvert de gloire. Peu importe. Il est sommé comme sa parentèle de quitter le territoire français sans passer par la case départ.

Le 3 mars 1848, il embarque sur le « Colon », bateau commandé par son frère le prince de Joinville. Le 20 mars, il débarque en Angleterre, rejoint les siens dans un manoir[11], Claremont House, froid et humide sans aucun confort. Sur place, il apprend la nouvelle : la République en sa mansuétude a mis tous les biens des Orléans, donc les siens, sous séquestre.[12]

LE DUC FAIT LA MANCHE

Les Orléans ne peuvent plus faire venir de l'argent de France. C'est la mouise près de la Tamise. Il faut se résoudre à vendre quelques bricoles, argenterie, bijoux pour récolter quelques sous. Le duc prend alors une décision qui va réjouir les néo-républicains du canton de Senlis. Dans les colonnes du journal local *Le Courrier de l'Oise, journal de Senlis* du 17 mars 1849, ils lisent l'annonce suivante : « À vendre 8 000 bouteilles de vin de Beaune et de Médoc provenant des caves du château [de Chantilly] et beau mobilier garnissant la maison occupée par l'ambassadeur d'Angleterre ».

Onze mois plus tard, dans le même journal, édition du 27 avril 1850, le Duc remet ça avec un peu plus de précisions et d'une manière plus solennelle : « Chantilly : à vendre sous le dôme des Grandes Écuries, 10 600 bouteilles de vin (Haut Sauterne, Graves blancs, Latour, Durfort, Médoc rouges, Champagne, Sillery blanc et rouge, Beaune, Macon Cap Khin, Khin Okein, années 1833, 1838, 1840, 1842) ». Que des bons crus !

Dans les archives du musée Condé[13], on trouve trace de ces ventes grand public « à l'amiable » et à la bonne franquette ; des bordereaux rédigés sur papier libre, griffonnés à la plume et raturés sans façon nous apprennent, par exemple, que du 12 au 17 mars, 3 876 bouteilles ont trouvé 36 preneurs. En tête des ventes le Mâcon, 1 475 bouteilles suivi de loin par le Médoc, 500 bouteilles et le Durfort, 500.

---

11 Mis à la disposition de l'ex-roi par son gendre le roi des Belges et la reine Victoria.
12 Le 2 février 1850, le séquestre est totalement levé.
13 Bibliothèque du Musée Condé, les archives du duc d'Aumale, série PA, Domaines 4 PA 160 et 161.

Les ventes sont nominatives. Aucun des noms des amateurs, notables du coin, n'est passé à la postérité si ce n'est celui d'un certain Lecerf qui est peut-être Hippolyte Lecerf, notaire, conseiller municipal, futur historien de Chantilly.[14] Le sieur Caron se détache du lot en enlevant 500 bouteilles dont 175 Latour, 175 Durfort, 75 Sauterne et 75 Graves. Les caves du château sont situées dans le sous-sol[15], lieu idéal pour que le vin se repose et vieillisse dans les meilleures conditions en l'absence de toute vibration.

BIS REPETITA

Nouveau changement de régime. Décembre 1851, coup d'État, le président de la République, Louis-Napoléon devient *manu militari* l'empereur Napoléon III. Aussitôt, le nouveau pouvoir, en exécution du décret rendu le 22 janvier 1852, oblige les Orléans à vendre tous leurs biens mobiliers et immobiliers. Ne poussez pas de hauts cris. C'est de bonne guerre si l'on en croit notre Hippolyte Lecerf, amateur de bon vin. En bon républicain, il écrit en 1879 : « 20 ans plus tôt, par une loi du 10 avril 1832, le gouvernement du roi Louis-Philippe contraignit les princes de la branche aînée des Bourbons à se dessaisir de leurs propriétés en France. » Il ajoute : « Ces différents gouvernements se sont donc, dans des circonstances à peu près identiques, appliqué les mêmes lois de prescription. La république actuelle, au contraire, a laissé tomber ces lois en désuétude et de plus l'Assemblée nationale a voté presqu'à l'unanimité la loi du 21 décembre 1872 qui rend à la famille d'Orléans les biens non encore aliénés dont elle avait été dépouillée. » Étonnant ! Non ! Vive la République et sa clémence.

REVENONS À NOS MOUTONS ET AUTRES CRUS

En bon militaire, le Duc s'exécute. Mais avant de mettre en vente le domaine, le Petit Château et le Grand ou ce qu'il en reste, il faut le vider de tous ses meubles et autres embarras. Il confie à Adolphe Couturié[16], un de ses amis les plus intimes nommé secrétaire général de son administration, la mission de tenir garnison à Chantilly et de procéder à la vente des bouteilles invendues deux ans plus tôt. Il sera aidé dans sa tâche par Aubert le concierge du château.

---

14 Féru d'histoire et connu pour avoir publié en 1879 avec succès *Chantilly, son château, son hippodrome, ses environs.* Le livre a été réédité l'année suivante avec en supplément une notice sur la porcelaine et la dentelle.

15 Les soubassements du château ont été épargnés lors du démantèlement de l'édifice par les adjudicataires Damoye et Boulée en 1798.

16 Condisciple d'Aumale au collège Henri IV, Adolphe Couturié mourra en 1861 à Twickenham « dans les bras du duc d'Aumale ».

Le Journal de Senlis ne s'en fera pas l'écho. Les bouteilles sont réservées à une clientèle qui tient le haut du pavé. De nouveau, ouvrons les cartons du musée Condé où se trouvent consignées toutes les opérations. Par exemple, dans une lettre du 29 février 1852 , Couturié écrit : « Monsieur, j'ai l'honneur de vous transmettre un état des livraisons de vin effectuées au 28 de ce mois. Sur la première feuille, j'ai fait la récapitulation du nombre de bouteilles vendues et des sommes à recevoir avec le nom et l'adresse des acquéreurs. Sur la suivante est détaillé le compte de chacun d'eux [...] ». Le bordereau joint donne le détail des ventes à la date du 12 février.

Ainsi, en France, nous avons les noms des plus gros acheteurs. Que du beau monde.

> Le roi des Belges[17], 500 bouteilles
> Le prince d'Arenberg[18], 341
> Le comte de la Rochefoucauld, 325
> Le duc de Périgord, 211
> Le duc de La Rochefoucauld, 125
> M. de Montmorency, 100
> [...]
> M. le prince de Trobesquoi[19] se contente de 12 bouteilles.

LA PART DU LION BRITANNIQUE

D'autres bordereaux portent la mention « vins vendus et envoyés en Angleterre ». Fin décembre 1851, 6 042 bouteilles sont expédiées outre-Manche et à peu près la même quantité l'année suivante dont 50 réservées à Monseigneur. La clientèle semble apprécier le Durfort (1838), 955 bouteilles vendues en 1852, suivi du Sillery blanc (champagne) 789 bouteilles (1842) et du Latour (1838). Ces trois crus dominent de loin. Le Durfort a très bonne réputation[20]. En 1855, il est élevé au rang de 2e cru classé.[21] En deux ans, 40 000 bouteilles au moins provenant des caves du château de Chantilly ont été vendues. Mais les caves ont-elles été complètement vidées ?

---

17 Léopold Ier, roi des Belges (1790-1865), épouse en 1832 Louise d'Orléans, fille du roi des Français, Louis-Philippe, et est, de ce fait, le beau-frère du duc d'Aumale.

18 Pierre d'Alcantara-Charles-Marie prince d'Arenberg (1790-1877) aristocrate, militaire et homme politique français.

19 Alexandre Vassilievitch Troubetzkoï (1813-1889), favori de l'impératrice, amant puis beau-fils de Marie Taglioni (comtesse Gilbert de Voisins).

20 Thomas Jefferson, fin œnologue, qui a parcouru tous les vignobles de France avant d'être élu président des États-Unis, en dit beaucoup de bien.

21 Victime du phylloxéra, il sera malmené et ne retrouvera de la vigueur que vers 1935. Il sera repris plus tard par Château Margaux.

ÉPILOGUE

Le 22 janvier 1852, un décret ordonne la mise en vente de toutes les propriétés de la famille d'Orléans dans un délai d'un an. C'est ainsi que le 30 novembre 1852, Chantilly est vendue à M. Edward Marjoribanks et sir Edmund Antrobus, banquiers à Londres par l'intermédiaire de la banque anglaise Coutts & Co. La banque s'empressa d'envoyer sur place un de ses employés pour administrer le domaine, le colonel McCall. Il s'installa dans le château d'Enghien. Le Petit Château[22] était loué à Lord Cowley[23] qui en fit sa résidence d'été puis au comte Duchatel.[24]

Le duc d'Aumale laissa aux acquéreurs un revenu annuel de 110 000 francs à titre d'allocation rémunératrice au profit des anciens serviteurs de la maison de Condé. Mais a-t-il laissé quelques bouteilles dans les caves du château à la disposition du colonel ? On peut le supposer. En juillet 1870, un jeune Britannique en vacances chez les Uhlans à Chantilly raconte : « Bien que j'aie tendance à dire que les Prussiens étaient bienveillants, il me semble que quelques-uns d'entre eux se soient montrés mesquins vis-à-vis de McCall qui pourtant les avait reçus au château et en dépit du fait qu'il avait invité des officiers à dîner et n'avait pas lésiné sur la qualité des vins de sa cave, le jour suivant, il reçut l'ordre de leur fournir cent douzaines de bouteilles de Champagne. Surpris par cette injonction, McCall répondit qu'il n'en avait pas autant dans sa propre cave. »

Cent douzaines : 1 200 bouteilles ! L'histoire ne dit pas si le colonel de sa Majesté la reine Victoria a donné satisfaction aux officiers de l'empereur de Prusse. Si oui, proviennent-elles des laissées-pour-compte par le Duc ou les a-t-il payées de sa poche ?

Après le départ des Prussiens, son retour en France et la construction du nouveau Grand Château, le Duc installe quatre réservoirs dans le comble du pavillon ouest des Grandes Écuries remplis par les eaux pompées par les machines modernes du pavillon de Manse. Elle est saine, potable donc buvable. Mais le temps n'est pas encore venu où il faut boire pour s'hydrater et ce, pour longtemps. Les convives du Duc et surtout le personnel du château ont conservé les bonnes habitudes d'antan. Les caves se remplissent à nouveau de bonnes bouteilles et même plus qu'auparavant, comme l'attestent les bordereaux conservés au musée Condé. Par un système de vases communicants avec les vignerons, leur nombre reste constant.

---

22 Rappelons que le Grand Château a été détruit après la Révolution. Il n'en reste que les sous-sols. Mais le Petit Château et le château d'Enghien ont été épargnés.

23 Lord Cowley (1804-1884) Ambassadeur d'Angleterre en France de 1852 à 1867.

24 À partir de 1864.

En mai 1897, le duc meurt brutalement au Zucco au milieu de son vignoble **(fig. 4)**. Comme prévu, l'Institut de France hérite des biens du duc à Chantilly, le Grand Château et sa cave. Fini les grandes réceptions ; moins de personnel. Alors une interrogation ! Qu'est devenu le contenu des caves du château de Chantilly ? Des noms, des noms. Certainement pas à Gustave Macon, mais qui sait...

Fig. 4. Gustave Eugène Chauffourier,
Cellier des vins de Zucco à Terrasini,
propriété du duc d'Aumale,
© Chantilly, musée Condé.

SOUS LE MARTEAU

Beaucoup de connaisseurs, d'œnophiles avertis par ce texte alléchés ne sauront jamais si le Durfort 1838 avait du corps, du nez, le goût de fraise, de banane ou de framboise. Ils ne pourront que fantasmer. Mais s'ils sont vigilants, au bon endroit au bon moment, ils pourront toujours saliver devant une bouteille... vide **(fig. 1)**. Le 6 décembre 2016 était à vendre chez Drouot, une bouteille de vin de Bourgogne de couleur verte, avec cachet au chiffre d'Henri d'Orléans, duc d'Aumale, fils du roi Louis-Philippe. Quelques précisions : « 1845, bouteille en bon état. H. 1 cm. Provenance de la cave du duc d'Aumale au château de Chantilly dont l'inventaire a été réalisé par Aubert, concierge du château, d'après le livre de cave de Druart, sommelier du duc d'Aumale ».

Trop tard, la bouteille avec son aérien contenu fut adjugée vendue : 351 €. Cela vous attriste. Soyez vigilants ; d'autres occasions se présenteront.

Rentré de captivité, mon ami "Brantôme" va terminer sa carrière en père de famille

par le jockey C. BOUILLON

1946

> Une des gloires du turf français — des plus grandes et des moins discutées — BRANTÔME, est revenu en France et a regagné son box de Chantilly.
> M. C. Bouillon, un des meilleurs et des plus populaires jockeys français, rappelle pour les lecteurs de « Quatre et Trois » ce que fut la prestigieuse carrière du célèbre crack de l'écurie Rothschild.

PEUT-ÊTRE avez-vous connu Brantôme pour l'avoir vu courir ? Moi je l'ai vu naître. Et j'y suis attaché, non seulement par des liens sentimentaux, mais par cette sorte de camaraderie qui unit de loyaux équipiers.

Beaucoup de chevaux sont revenus d'Allemagne, plus jeunes peut-être que Brantôme, mais aucun n'avait sa grande allure, sa finesse, son impétuosité. Les occupants étaient des connaisseurs, c'est parmi les meilleurs produits français qu'ils ont fait leur sélection pour rajeunir le « stud » germanique. Brantôme est un des rares privilégiés qui aient peu souffert de cette aventure.

Et le voilà revenu de son exil. Vous dire l'émotion qui m'a bouleversé vous semblerait sans doute puéril, si vous n'aimez pas les bêtes.

C'est toujours moi qui ai monté Brantôme depuis ses premiers galops et qui ai eu la chance et la joie de le mener à la victoire.

Son palmarès est prodigieux. Onze fois il a couru sans jamais être battu : prix Martinvast, la Poule d'Essai, le Papin, le Morny.

Dans sa carrière de « trois ans », Brantôme a remporté cinq courses célèbres : le prix Lupin, le prix Edgar Gillois, le Royal Oaks, le Cadran et l'Arc de Triomphe.

Un bon cheval n'a pas d'histoire. Brantôme, cependant, a eu dans sa carrière quelques incidents marquants dont il se tira d'ailleurs plus qu'honorablement. C'est, notamment, lors du fameux Royal Oaks, qui se dispute à Longchamp, qu'il eut l'occasion de manifester ses grandes qualités et ses réactions nerveuses et subites.

Dans cette grande course, Brantôme, par suite d'une légère bousculade, tomba sur les genoux, en me jetant sur l'encolure. La course semblait perdue. Brantôme, nerveux, se redressa d'un seul coup, me remettant par ce même mouvement en selle et repartit, retrouva sa cadence et gagna la course, battant de peu « Astronomer », autre favori monté par Semblat.

En 1934, il est accidenté le jour du prix de Diane. En effet, Brantôme joint à sa fougue un fol esprit d'indépendance. Ce jour-là, en se rendant au champ, la longe que tenait le lad qui en avait la charge vint à se rompre et le cheval, profitant de l'aubaine, s'échappa et parcourut en une folle randonnée toute la ville de Chantilly.

Il courrait peut-être encore si, en s'approchant d'un café, il ne s'était trouvé coincé entre deux arbres où l'on n'eut plus qu'à saisir la bride pendante.

Fig. 1. Article de journal de 1946 annonçant le retour de BRANTÔME.
Article issu des archives privées de Micheline Zupank-Bouillon.

HISTOIRE DES PUR-SANG CANTILIENS VOLÉS PAR L'ALLEMAGNE NAZIE DURANT LA SECONDE GUERRE MONDIALE[1]

par Sylvine CROS[2]

De juin 1940 à août 1944, la France est occupée par l'Allemagne nazie qui, pendant quatre ans, pille les ressources alimentaires, financières, humaines et artistiques du pays. Si l'on connaît bien l'histoire des œuvres d'art volées et spoliées, on sait moins que les pur-sang de course[3] furent aussi l'objet de la convoitise des Allemands. Chantilly[4], célèbre centre d'entraînement hippique français, ne fut pas épargné et fut la cible des confiscations allemandes.

LES COURSES EN FRANCE AVANT LA GUERRE

Juin 1939. C'est le Prix de Diane à Chantilly. La course est remportée par une pouliche montée par George Bridgland et entraînée par Percy Carter. Elle s'appelle LYSISTRATA[5] mais la foule des turfistes ne voit pas encore la triste prémonition cachée dans son nom… Pour le moment, Chantilly est à la fête. Marcel Boussac a vu son poulain PHARIS enlever le Jockey Club **(fig. 2)**. Après sa facile victoire dans le Grand

---

1 Ce texte m'a été inspiré par la lecture de plusieurs ouvrages (cités en bibliographie en fin d'article) ainsi que par mon histoire familiale, confrontées aux archives municipales de Chantilly et de Lamorlaye et aux archives de France Galop conservées aux Franciscaines à Deauville. J'espère que ce sujet très ciblé sur les chevaux de course, leurs propriétaires et leurs entraîneurs de 1939 à 1945 intéressera les lecteurs de tous horizons.

2 J'appartiens à la famille Bartholomew, originaire d'Angleterre, qui s'est illustrée sur quatre générations dans le monde des courses à Chantilly et à Lamorlaye. Le premier à s'installer en France fut James John arrivé de Newmarket en 1840 comme apprenti. À l'âge de 15 ans il devient jockey pour Ferdinand Philippe d'Orléans, le fils du roi Louis-Philippe, puis durant quelques années pour la Comtesse Duval en Belgique. De 1853 à 1857, il travaille pour Thomas Carter et gagne le Jockey Club en 1854 avec CELEBRITY appartenant à Jean Reiset. En 1857, il devient entraîneur pour Jean Reiset à Chantilly puis de 1871 à 1877 le Baron Alphonse de Rothschild lui confie son effectif à Chantilly. Ses descendants seront tous jockeys et entraîneurs à Chantilly et Lamorlaye.

3 Le pur-sang (« thoroughbred » en anglais) est une race créée par les anglais au XVIIIᵉ siècle à partir du croisement de juments anglaises et d'étalons d'origine arabe.

4 Sous l'appellation Chantilly sont rassemblées les villes hippiques du territoire comme Lamorlaye, Gouvieux, Coye-la-Forêt…

5 Lysistrata est le nom d'une pièce d'Aristophane écrite au Vᵉ siècle av. J.-C. qui raconte l'histoire de femmes grecques qui, voulant que leurs maris cessent la guerre, lancent une grève du sexe et promettent d'y mettre fin uniquement quand le conflit sera terminé.

Prix de Paris, puis dans le Prix Noailles à Maisons-Laffitte, la rumeur parle d'un phénomène : trois courses, trois victoires en un mois. En septembre 1939, il est en Angleterre pour affronter le meilleur trois ans anglais BLUE PETER dans le Saint Léger de Doncaster, mais les courses étant annulées il rentre en France. Pressentant le danger, Marcel Boussac préfère l'envoyer au haras.

Juste avant la Seconde Guerre mondiale, la France est une nation hippique de premier plan. Remontons quelques décennies en arrière. En 1833, douze aristocrates anglophiles et passionnés de courses créent, sur le modèle britannique, la Société d'encouragement[6] pour l'amélioration des races de chevaux en France. Elle devient l'organisatrice des courses de galop. Pour identifier les meilleurs chevaux d'une génération, il faut les faire courir sur des terrains appropriés afin d'évaluer leurs qualités. Les meilleurs d'entre eux pouvant être destinés à la reproduction au haras. Patronnée par les princes d'Orléans, frères du duc d'Aumale et fils du roi Louis-Philippe, la Société d'encouragement se donne alors pour mission d'assurer la promotion et l'organisation des courses, de créer des hippodromes (dont celui de Chantilly dès 1834) et de développer l'élevage du pur-sang.

En quelques années, des dynasties d'entraîneurs anglais, experts reconnus du turf, s'implantent en France, notamment à la Croix Saint-Ouen, Maisons-Laffitte et Chantilly. Le stud book[7] des pur-sang est créé le 3 mars 1833 par une ordonnance de Louis-Philippe. Les infrastructures sont en place pour que, des haras aux champs de courses, de l'élevage aux courses hippiques, dans un va-et-vient continu, les pur-sang français soient reconnus au niveau international dès la fin du XIXe siècle. N.E. Marot[8] écrit en 1946 dans *De Pharis à Ardan* « l'élevage français avait atteint le niveau du premier rang dans la compétition internationale et ses produits étaient recherchés par les éleveurs de tous les pays ».

Grâce aux investissements de propriétaires entreprenants - le baron Édouard de Rothschild, l'Aga Khan III et Marcel Boussac - l'élevage français atteint le niveau de celui des Britanniques. De quoi attirer les amateurs allemands d'autant que, fortement impacté par la Grande Guerre, l'élevage équin en Allemagne est en mauvaise posture. Le nombre de chevaux tués au combat, ceux donnés à la France dans le cadre des réparations imposées par le Traité de Versailles, puis l'inflation des années 1920 ont eu un effet catastrophique sur l'élevage et les sports équestres Outre-Rhin.

---

6 France Galop société née en mai 1995 de la fusion de la Société d'Encouragement (1833), des steeple-chases de France (1863), de la société de sport de France (1900) et de la société sportive d'encouragement (1887).

7 Registre des chevaux de pur-sang nés ou importés en France.

8 Nom de plume de Jean Romanet (1914-2003). Fils de René Romanet-Riondet, secrétaire général de la Société d'Encouragement de 1925 à 1945 (actuel France Galop depuis 1995). Haut fonctionnaire au ministère des finances puis à la commission des finances de l'Assemblée nationale, il est aussi passionné de courses et reconnu comme un grand spécialiste du turf. Il écrit sous le pseudonyme de N.-E. Marot dans les principaux journaux hippiques de l'après-guerre. En 1961, il devient directeur général de la Société d'Encouragement et occupera ce poste jusqu'en 1986.

Les Rothschild figurent parmi les familles pionnières de l'aventure des courses en France. L'histoire hippique de la famille commence avec les fils de Nathan Mayer Rothschild (1777-1836). Anthony (1810-1876) et Nathaniel (1812-1870) figurent parmi les premiers membres du Jockey Club français. En 1838, ils confient leurs chevaux de courses à Thomas Carter et créent un élevage dans leur propriété de Ferrières en Seine-et-Marne. Très vite, les deux frères connaissent de beaux succès. À la mort de Nathaniel en 1870, l'écurie est reprise par ses cousins Alphonse (1827-1905) et Gustave (1829-1911) qui transfèrent l'élevage en Normandie, à Touques, où ils créent le haras de Meautry en 1875. Les Rothschild maîtrisent toutes les étapes de l'industrie hippique, de l'élevage à la course, n'hésitant pas à acheter ou faire saillir des poulinières en Angleterre pour enrichir leur écurie. Ils s'illustrent sur tous les hippodromes et remportent les plus grands prix. En 1898, Édouard de Rothschild (1868-1949), fils du baron Alphonse, se lance à son tour dans l'aventure. Au décès de son père en 1905, il reprend la célèbre casaque bleue toque jaune. Poursuivant la politique d'enrichissement du cheptel par des achats avisés, il aura le plaisir de voir en 1931 la naissance d'un crack : BRANTÔME. En quelques années, il fait du haras de Meautry une des meilleures jumenteries européennes. À la veille de la Seconde Guerre mondiale, la casaque Rothschild est une des plus victorieuses. Elle figure aux places d'honneur des propriétaires ayant gagné le plus d'épreuves en plat dès 1909, avec une brillante série de premières places de 1932 à 1938. C'est dire que son élevage est convoité.

Sultan Mohammed Chah (1877 - 1957) dit **Aga Khan III** est un personnage aux multiples facettes. 48e imam des Ismaéliens[1], il est à la fois une haute autorité religieuse de l'Islam et un membre actif de la diplomatie internationale[2]. Doté d'une double culture, à la fois orientale et occidentale acquise à Eton et Cambridge, il développe une passion pour les chevaux. À la tête d'une fortune colossale, il investit des sommes considérables dans l'achat de chevaux et sait s'entourer des meilleurs spécialistes tant dans le domaine de l'élevage que de l'entraînement. Il gère ses écuries, comme ses entreprises en entrepreneur avisé, n'hésitant pas à vendre et acheter à un rythme soutenu. Sa casaque verte épaulettes rouges toque verte, brille sur les hippodromes de France et de Grande Bretagne. Dans les années 1930, il est reconnu comme l'un des propriétaires de chevaux de course les plus importants du monde. Ses écuries de Newmarket (Angleterre), du Curragh (Irlande) et ses haras en France, celui de la Coquenne (Orne), de Marly-la-Ville (Seine-et-Oise) et de Saint-Crespin (Calvados) sont parmi les plus réputés. Ses chevaux également. Lorsque débute la Seconde Guerre mondiale, il a déjà remporté trois Derby d'Epsom (1930, 1935 et 1936)[3].

---

1 L'ismaélisme est un courant de l'islam chiite.
2 Délégué à la Société des Nations de 1934 à 1937, il devient président de son Assemblée générale en 1937-1938. En 1947 il participe à la création du Pakistan
3 Il en gagnera encore deux après guerre en 1948 et 1952 portant l'exploit à 5, record absolu.

Marcel Boussac (1889-1980) est à la fois une grande figure de l'industrie textile « le roi du coton » et l'un des propriétaires hippiques les plus victorieux du XXᵉ siècle. Boussac a fondé sa fortune sur la production et la vente de textiles. La Première Guerre mondiale est un tremplin pour ses affaires et en quelques années il bâtit un véritable empire de plus de 60 usines dans tout le nord de la France. Entré dans le monde des courses en 1919, il gagne son premier Jockey Club dès 1922 avec RAMUS, entraîné par George Stern. Il en obtiendra 11 autres ensuite. En 1939, il occupe la première place des éleveurs mais aussi des propriétaires de pur-sang. En 1919, il achète le haras de Fresnay-le-Buffard puis celui de Jardy en 1943. Il possède trois écuries de courses à Chantilly dans le quartier du Bois-Saint-Denis Villa Pharis, actuel 32 avenue Marie-Amélie, Villa Djebel, actuelle place Marcel Boussac et la Villa Corrida, actuel 26 avenue Magdeleine. Ses couleurs, casaque orange toque grise, brillent sur les hippodromes.

Fig. 2. Marcel Boussac et son cheval PHARIS © DR.

D'AOÛT 1939 À MAI 1940 - LA DRÔLE DE GUERRE, FERMETURE TEMPORAIRE DES HIPPODROMES ET DIMINUTION DES CHEVAUX À L'ENTRAÎNEMENT

En août 1939, le monde des courses est à Deauville pour son meeting annuel. FURANE appartenant au comte de Rivaud gagne le Prix Morny et BIRIKIL appartenant à Madame Simon Guthmann, le Grand Prix « de bout en bout »[9]. Cependant la guerre se rapproche. Le mercredi 30, les dernières courses en temps de paix se disputent à Clairefontaine, l'hippodrome proche de Deauville. Le 1ᵉʳ septembre, l'Allemagne

---

9 Il prend la tête dès le départ et la garde jusqu'à la fin.

envahit la Pologne, le 3, la Grande-Bretagne et la France déclarent la guerre à l'Allemagne : pour les hommes, c'est la mobilisation générale ; pour les chevaux, c'est l'annulation des courses, voire la réquisition militaire **(fig. 3)**. Les hippodromes ferment leurs portes. Le *Jockey* et *Paris Sport* arrêtent leur publication ; seul demeure le *Bulletin Officiel des courses*.

Le Ministère de l'Agriculture réagit immédiatement : il faut sauver l'élevage français plus que centenaire et apprécié du monde entier. Le gouvernement reconnaît l'importance économique de cette institution et admet que l'élevage ne peut vivre sans les courses. La décision est prise : les courses doivent reprendre pour la conservation de l'élevage. La Fédération des Sociétés de Courses de France[10] n'a de cesse d'œuvrer dans le sens des Anglais qui rouvrent certains hippodromes dès le mois d'octobre 1939.

En France, dans la région parisienne, seuls les hippodromes d'Auteuil, de Longchamp et de Vincennes sont autorisés à rouvrir. La première réunion en temps de guerre a lieu le 31 décembre 1939 à Vincennes, puis celle d'Auteuil le 25 février 1940 et celle de Longchamp le 16 mars. L'hippodrome de Chantilly ne rouvrira ses portes qu'en 1946 et ne retrouvera sa splendeur qu'en juin 1948, huit longues années après sa fermeture.

Sur les 4 000 pur-sang recensés à l'entraînement en France avant la guerre, il n'en reste plus que 2 103 dénombrés par la Société d'Encouragement en novembre 1939.[11] Certains chevaux ont été vendus à la remonte (pour fournir des chevaux aux régiments de cavalerie) ou réquisitionnés. Dans les archives de Lamorlaye, on peut consulter des fiches de réquisitions de chevaux qui doivent être présentés sur l'hippodrome de Chantilly les 28 et 29 août 1939 **(fig. 4)**. D'autres sont partis dans le Midi ou au haras pour la reproduction. Quant aux yearlings[12], ils sont restés au haras.

En septembre 1939, Jean Trarieux[13], célèbre journaliste hippique écrivait dans *Le Figaro* : « Faisons d'abord une constatation brutale : le double jeu de la réquisition et des commissions de remonte d'une part, l'envoi aux haras de presque toutes les juments d'autre part ont diminué nos effectifs dans des proportions considérables ».

---

10 La Fédération des Sociétés de Courses de France fondée le 6 mars 1919 regroupe les 5 sociétés : la Société d'Encouragement, la Société des Steeple-Chases de France, la Société Sportive d'Encouragement, la Société de Sport de France et la Société du demi-sang.

11 THIBAULT, G. *Un autre regard sur les courses*, Editions du Castelet, 2007.

12 Le cheval de course change de nom tout au long de sa vie. À sa naissance au haras il est appelé *foal*. Le 1er janvier suivant sa naissance, il prend un an et devient *yearling*. À 18 mois, lorsqu'il part au débourrage, il devient *poulain/pouliche*, puis à l'âge de quatre ans *cheval/jument*. Lorsqu'il repart au haras pour la reproduction, il devient *étalon/poulinière*.

13 Journaliste hippique français, Jean Trarieux est aussi l'auteur de *Journal d'un homme de courses. 1900-1945* et *Les courses dévoilées : Les chevaux , les hommes, le jeu*.

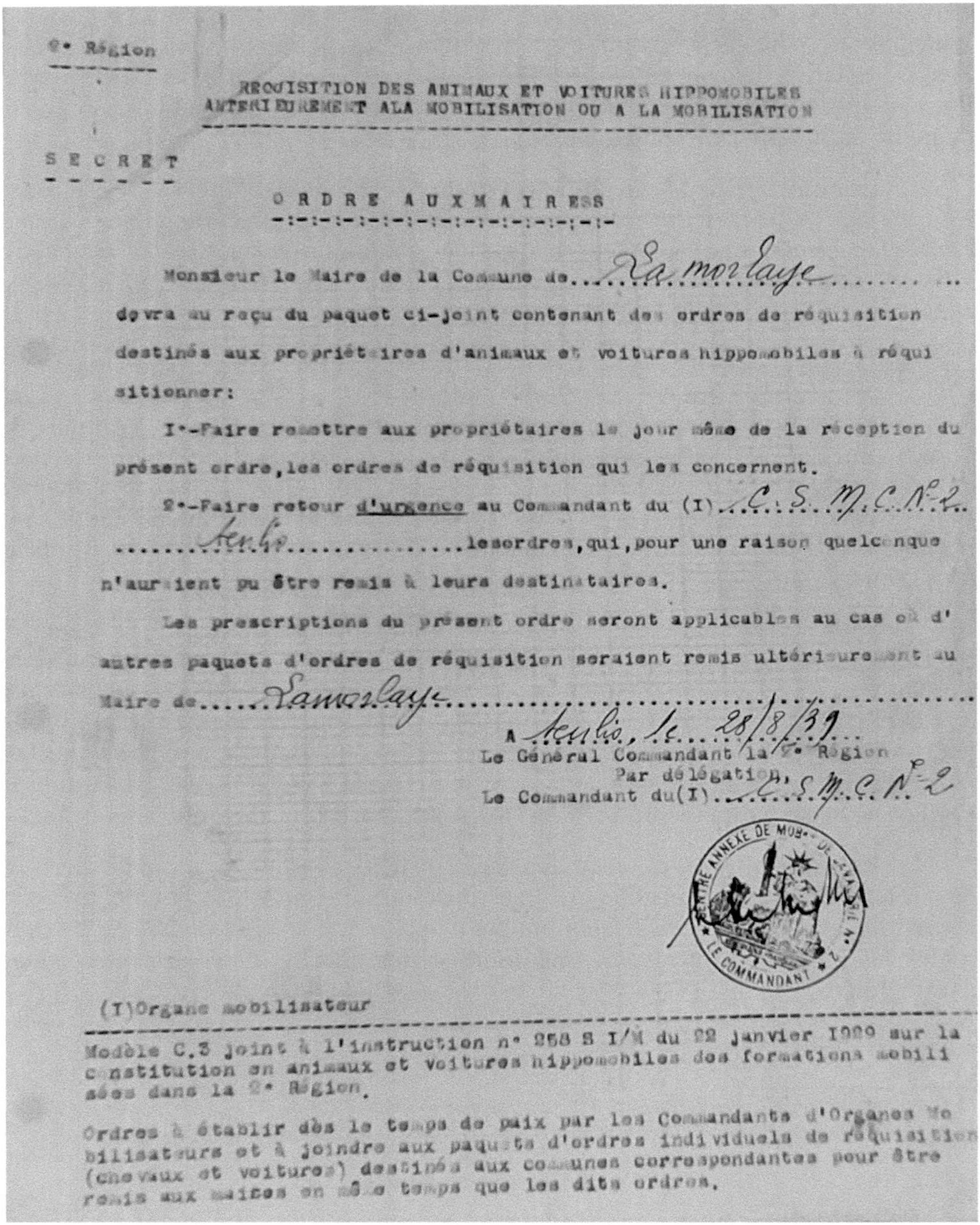

2e Région

RÉQUISITION DES ANIMAUX ET VOITURES HIPPOMOBILES ANTERIEUREMENT ALA MOBILISATION OU A LA MOBILISATION

SECRET

ORDRE AUXMAIRESS

Monsieur le Maire de la Commune de......La morlaye..........

devra au reçu du paquet ci-joint contenant des ordres de réquisition destinés aux propriétaires d'animaux et voitures hippomobiles à réquisitionner:

1°-Faire remettre aux propriétaires le jour même de la réception du présent ordre, les ordres de réquisition qui les concernent.

2°-Faire retour d'urgence au Commandant du (I)...C.S.M.C.N°2. ......Senlis..................lesordres, qui, pour une raison quelconque n'auraient pu être remis à leurs destinataires.

Les prescriptions du présent ordre seront applicables au cas où d'autres paquets d'ordres de réquisition seraient remis ultérieurement au Maire de.....Lamorlaye...........................

A..Senlis, le 28/8/39.
Le Général Commandant la 2e Région
Par délégation,
Le Commandant du(I)....C.S.M.C.N°2

CENTRE ANNEXE DE MOB. DE CAVALERIE N°2 — LE COMMANDANT

(I)Organe mobilisateur

Modèle C.3 joint à l'instruction n° 258 S I/M du 22 janvier 1929 sur la constitution en animaux et voitures hippomobiles des formations mobilisées dans la 2e Région.

Ordres à établir dès le temps de paix par les Commandants d'Organes Mobilisateurs et à joindre aux paquets d'ordres individuels de réquisition (chevaux et voitures) destinés aux communes correspondantes pour être remis aux maires en même temps que les dits ordres.

Fig. 3. Ordre de réquisition des chevaux adressé au maire de Lamorlaye en août 1939 par les services de l'armée, Archives municipales de Lamorlaye, série 4H5.

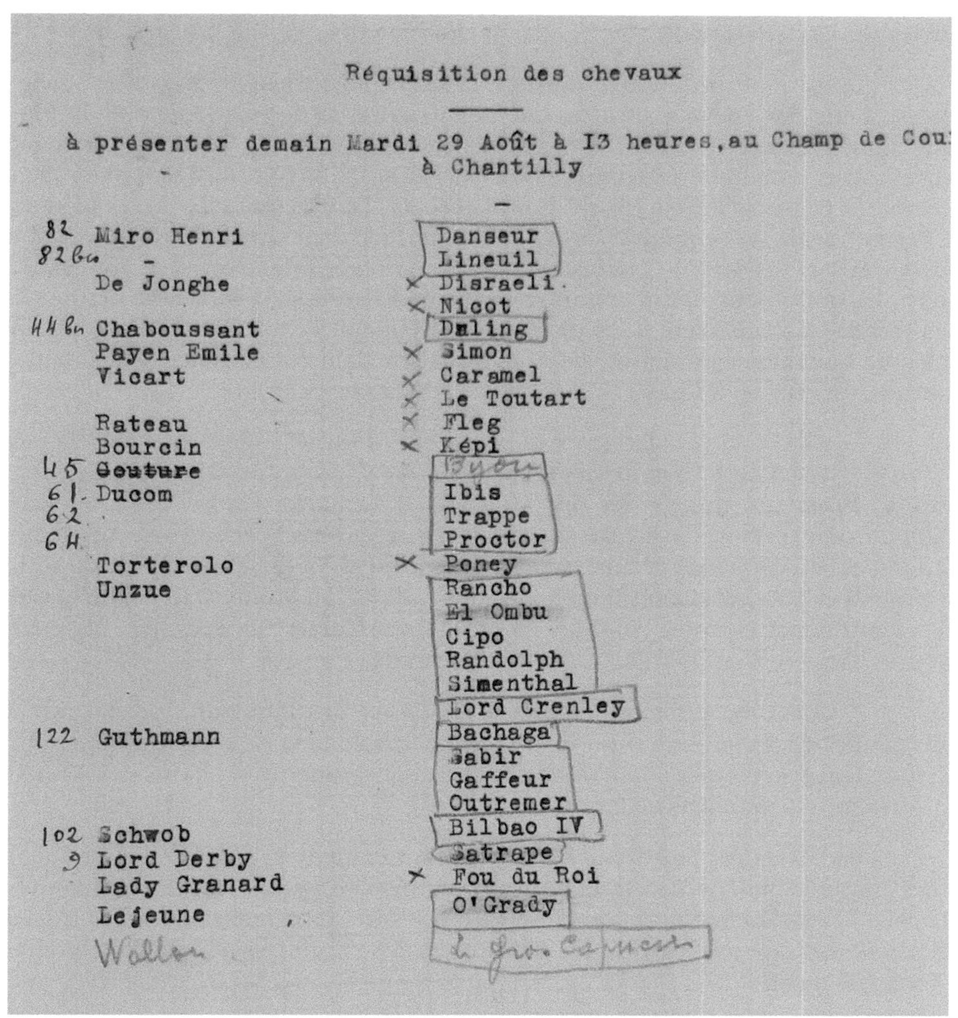

Fig. 4. Liste des chevaux à présenter à la réquisition, Archives municipales de Lamorlaye, série 4H5.

MAI-JUIN 1940, LA SITUATION MILITAIRE S'AGGRAVE À CHANTILLY, LES ÉCURIES SONT ÉVACUÉES

Invasion et évacuation

Le 19 mai un bombardement touche sérieusement le Bois-Saint-Denis[14], blesse et tue des chevaux et provoque des départs hâtifs vers l'ouest de la région parisienne (Maisons-Laffitte) et le sud de la France **(fig. 5)**. Tous « les Boussac » partent dans le sud-ouest y compris DJEBEL, gagnant de l'Arc de Triomphe 1942. Le 22 mai sur ordre du Préfet, Chantilly doit évacuer. La ville est vidée de ses habitants. « Restent seuls, le Commissaire de police, le Président du Comité de la Défense passive aussi Président de l'association des propriétaires de chevaux de courses Jean Stern, les entraîneurs John Jennings et Albert Roberts et le directeur [garde chef] des terrains de la Société d'Encouragement William Sexton. Ils se chargent alors, aidés de quelques volontaires, de nourrir et abreuver les chevaux restés dans les écuries évacuées. »[15] **(fig. 6)**

Le 24 mai, la population est de retour sur ordre de la Préfecture mais le 9 juin l'ordre d'évacuation est à nouveau donné. Tous les responsables des pistes, Messieurs Sexton, Brulé (un des gardes des terrains) et Lemaitre (garde des tribunes de l'hippodrome) retournent à Paris rue du Cirque, siège de la Société d'Encouragement. Le 14 juin, les Allemands occupent Paris. La Société des courses s'inquiète du sort du personnel et des chevaux résidant à Maisons-Laffitte. La Municipalité étant absente, c'est l'entraîneur Georges Patat qui en est le représentant. La Société se charge des salaires, l'armée d'occupation du ravitaillement des chevaux.

À Chantilly, William Sexton est de retour dès juin 1940. Avec l'aide des entraîneurs Léopold Bara Junior, Charles Bartholomew et John Cunnington, ils rassemblent les chevaux abandonnés dont 40 pensionnaires du haras des Alouettes à Gouvieux à demi morts de faim et de soif.

Face à la difficulté du ravitaillement, notamment en ce qui concerne l'avoine réquisitionnée par l'occupant, la décision est prise en 1942 de limiter le nombre de chevaux à l'entraînement : 3 200 pour la France dont 2 100 pur-sang. Le contrôle des effectifs est assuré par l'attribution d'une carte de ravitaillement pour chaque cheval à l'entraînement.

---

14 Il vise vraisemblablement le terrain d'entraînement des Aigles, réquisitionné du 28 août 1939 au 6 juin 1940 par l'armée française et transformé en aérodrome militaire. La piste Rodosto, célèbre ligne droite centrale, est convertie en piste de décollage pour les avions. C'est alors l'hippodrome, fermé aux courses à partir de septembre 1939, qui devient le nouveau lieu d'entraînement, en renfort de la célèbre piste des Lions en forêt et du terrain d'entraînement de Lamorlaye loué depuis 1928 par la Société d'Encouragement au comte Vigier puis acheté en 1941. Le terrain des Aigles a ensuite été occupé par les Allemands puis les Américains et rendu à l'entraînement début 1946.
15 Article de N.E. Marot, dans *De Pharis à Ardan*.

Dès lors, les événements se précipitent.

A Chantilly, les alertes se multiplient tout en ne se traduisant tout d'abord que par des incursions d'avions isolés, dont les projectiles tombent sur les abords de la forêt et sur le cimetière.

Le dimanche 19 mai, vers treize heures, sans qu'il y ait eu signal d'alerte, un groupe de bombardiers, visant sans doute l'embranchement de la gare des courses, arrose sérieusement le quartier du Bois Saint-Denis et la pelouse

[...]

de l'Hippodrome. Dans l'établissement de Charles Clout, cinq deux ans sont frappés, deux étant tués et trois autres grièvement blessés; dans celui de Claude Halsey, le poulain *Allegory* est tué; dans celui de George Batchelor, qui fut encadré par les bombes, un boxe est entièrement démoli et son sol labouré; fait curieux, le cheval qui l'occupait fut retrouvé en forêt dans la soirée avec quelques égratignures seulement.

Le soir même, quelques départs précipités se produisent parmi les entraîneurs (William Pratt, Elijah Cunnington, John Watts).

Le mardi 21 mai, à vingt heures, le tambour de ville parcourt les rues sur un camion automobile, enjoignant à la population civile d'évacuer la ville avant minuit. Affolés, les habitants prennent la route, les uns en auto, les autres en bicyclette ou à pied; et leur panique s'étend aux communes voisines.

Notre garde-chef, Sexton, réunit les gardes et charretiers de la Société; il leur donne l'ordre de faire tous les préparatifs de départ et d'aller ensuite se coucher. Le lendemain matin, tandis que, selon ses instructions, les chevaux étaient attelés et prêts à toute éventualité, il se rend à la Mairie, dont tous les dirigeants étaient partis la veille; seuls s'y trouvaient le Commissaire de Police et l'un de nos collègues, M. Jean Stern, Président du Comité de la Défense Passive. Après avoir pris conseil de ces deux personnalités, il décide d'attendre encore la suite des événements. Puis, sur les nouvelles plus rassurantes données par un aviateur anglais qui venait de survoler le front, il prend le parti de renoncer au départ immédiat et de faire dételer les chevaux.

Cependant, tous les entraîneurs étaient partis cette fois, en dehors de John Jennings et d'Albert Roberts. Leurs pensionnaires se trouvaient abandonnés. Sexton réunit quelques volontaires et se partage avec eux la tâche d'assurer dans les établissements désertés la distribution de la nourriture et de l'eau.

[...]

Mais les alertes se multiplient; devant l'impossibilité de donner aux chevaux un travail régulier, la plupart des écuries émigrent les unes après les autres à Maisons-Laffitte.

Dans les derniers jours de mai, le groupe d'aviation de chasse de Saint-Quentin s'installe sur les Aigles. Dès lors, la situation s'aggrave par l'accélération du rythme et de l'intensité des bombardements; à la suite d'un accident, un avion français tombe dans la cour des écuries des Aigles à quelques mètres du logement des charretiers.

Le jeudi 6 juin, un raid se traduit par de nombreux points de chute :

une bombe, près de l'entrée principale des Aigles, cassant les vitres des logements;

une autre, dans la cour de l'hôpital des Jockeys, endommageant le logement de l'aumônier et brisant la plupart des vitres du bâtiment central;

une autre, sur la villa Primrose (établissement de M. Jean Stern), causant de sérieux dégâts aux boxes et à la maison de l'entraîneur, Albert Roberts, qui, fort heureusement, avait emmené le matin même ses pensionnaires à Maisons-Laffitte;

une autre, sur les voies de la gare des Courses, tuant trois employés de la Société Nationale des Chemins de Fer;

une autre, sur la villa du jockey F. Hervé, parti pour la Bretagne;

une dernière enfin, sur la propriété Nicaise, blessant grièvement le Général Pinsard et son chef d'Etat-Major, tuant ou blessant plusieurs soldats, au moment même où cet Etat-Major était en train de procéder à son déménagement pour abandonner ce cantonnement.

Fig. 5 Extrait du rapport des commissaires aux comptes de la Société d'Encouragement pour l'année 1940, coll. France Galop, Les Franciscaines, Deauville.

Voici, d'une part, la liste des 92 chevaux reconstitués comme perdus au cours des semaines d'invasion et d'exode :

Crisenoy	M. al.	1938	Rodosto et Cremorne	Chantilly.
Dompierre	M. al.	1938	Foxhunter et De Medicis	Chantilly.
Evangile	H. b.	1938	Fiterari et Eve	Chantilly.
Galon d'Or	M. gr.	1938	Pontet Canet et Grey Puss	Blois (Loir-et-Cher).
Grand Veneur	M. al.	1938	Rodosto et Gonfalon	Chantilly.
Hermine	F. b.	1938	Pontet Canet et Her Excellency	Maisons-Laffitte.
L'Ami Victor	H. b.	1938	Mont Bernina et La Vincente	Chantilly.
La Réunion	F. al.	1938	Maravédis et Ripe Fruit	Champigné (Maine-et-Loire).
Last Love	F. al.	1938	Vatout et Nell Gwynne	Haras de Bois-Roussel (Orne).
Lasvy	M. bb.	1938	Deiri et Laurentia	Chantilly.
Meilleur Ami	H. al.	1938	Louqsor et Valdivia	Chantilly.
Miracle	M. b.	1938	Pitchoury et Embrasée	Haras de Villers (Seine-Inférieure).
Montaigu	M. b.	1938	Barneveldt et Guerlina	Blois (Loir-et-Cher).
Neptune V	M. b.	1938	Take my Tip et Nell	Champigné (Maine-et-Loire).
Ophir	M. bb.	1938	Indus et The Fire	Maisons-Laffitte.
Pakristan	M. b.	1938	Barneveldt et Pamphilla	Chantilly.
Parthenac	H. al.	1938	Coronach et Parthian Queen	Chantilly.
Pig Tail	F. bb.	1938	Felicitation et Rat's Tail	Haras de Grisy-les-Plâtres (Seine-et-Oise).
Pouniaket	H. b.	1938	Fiterari et Chouky	Chantilly.
Premier Grand Cru	H. b.	1938	Le Gosse et Courgette	Chantilly.
Quimora	F. b.	1938	Priori et Imonora	Champigné (Maine-et-Loire).
Rose Avelon	F. b.	1938	Charlemagne et Usicka	Maintenon (Eure-et-Loir).
Sainte Honorine	F. b.	1938	Assuerus et Symphorine	Haras de Lonray (Orne).
Salama	F. b.	1938	Manna et Skip	Maintenon (Eure-et-Loir).
Sergentale	F. b.	1938	Le Capucin et Miranda II	Maisons-Laffitte.
Snow White	F. bb.	1938	Foxhunter et Sa Parade	Haras de Lonray (Orne).
Sœmias	F. al.	1938	Château Bouscaut et Sundry	Maintenon (Eure-et-Loir).
Swanee River	F. b.	1938	Palais Royal et Swansea	Haras de Grisy-les-Plâtres (Seine-et-Oise).
Torrent	H. bb.	1938	Indus et White Hollow	Chantilly.

Fig. 6 Extrait du rapport des commissaires aux comptes de la Société d'Encouragement pour l'année 1940, coll. France Galop, Les Franciscaines, Deauville. La totalité du document est reproduite en annexe. On y retrouve les chevaux cantiliens : ANTHONY, MON TALISMAN, THE MAC NAB, CLAIRVOYANT, ZURS, BRANTÔME, TÉLÉFÉRIQUE, ANTONYM, ECLAIR AU CHOCOLAT, VIRE VIRE, BARGAIN, BLUE DAISY.

Les hippodromes

Les champs de courses ferment à nouveau du 12 mai au 22 juin 1940. Puis les autorités allemandes autorisent la reprise des courses à condition de réserver des tribunes aux armées d'occupation avec tarif d'entrée particulier mais aussi avec interdiction de parier ! Pour le galop, seuls rouvrent Auteuil[16] en région parisienne et Bordeaux pour la Province. Longchamp ne rouvrira qu'en 1941. Les Prix de Diane et Jockey Club se courront donc désormais à Longchamp en 1941 et 1942 puis sur l'hippodrome du Tremblay[17] en 1943 et 1944 quand Longchamp, bombardé, fermera à nouveau ses portes.

---

16 Auteuil est dédié à l'obstacle mais une piste de plat est alors aménagée.

17 Sur la commune de Champigny sur Marne.

JUILLET 1940, LES CHEVAUX DE COURSE SONT EN LIGNE DE MIRE

En juillet 1940, deux représentants des services vétérinaires allemands dont l'Ober Leutnant Frielinghaus, le Major Pulte, officier membre de l'Union Klub[18] directeur du haras Altefeld et l'Oberleutnant Frielinghaus se présentent rue du Cirque au siège de la Société d'Encouragement. Ils déclarent avoir pour mission l'achat de cinq étalons au prix de 30 000 marks chacun, de 21 poulinières suitées[19] et de 30 chevaux à l'entraînement pour le prix de 3 000 marks chacun. Ces prix sont réservés aux propriétaires français aryens, les propriétaires juifs devant s'adresser à l'administration française pour leur dédommagement...

En réalité, cette visite a pour seul objectif d'obtenir les papiers d'origine des chevaux convoités. Les dirigeants de la Société parviennent à les convaincre que le certificat d'exportation est suffisant. Cette omission permettra de conserver en France les précieux papiers d'origine[20] **(fig. 7)**.

DÉPARTEMENT DE L'OISE

Arrondissement de Senlis

CANTON DE CREIL

Téléphone : 43

ÉTAT FRANÇAIS

MAIRIE DE LAMORLAYE

Le   194

C O B I E

SOCIETE D'ENCOURAGEMENT POUR L'AMELIORATION DES CHEVAUX en FRANCE

II Rue du Cirque PARIS

N° 55821

Je soussigné Secrétaire général de la Société d'Encouragement pour l'amélioration des races de chevaux en France, constate qu'il a été déposé le 2 Novembre 1938 par Monsieur L.H. CONGIS, un certificat d'origine pour

CRAN   p s   mâle   bai

né le 25 Mai 1938 à ARGAGNON (Basses Pyrénées)
                          (Sunstar
par PINCEAU et STAR BELLE (Butterfly Belle

signalement Balzanes latérales gauches herminées

Propriétaire de la poulinière lors de la saillie:Mr L.H. CONGIS
Propriétaire de la poulinière lors de la naissance
du produit: d°

PARIS, le 2 Novembre 1938

signé: illisible.

PROPRIETAIRES SUCCESSIFS

Acheteur: Mr Baron EMPAIN   Acheteur: Mr E. CHABOUSSANT

Le 10 Octobre 1941   Le 18 Décembre 1941

Copie certifiée conforme,
LAMORLAYE, le 22 Janvier 1942
Pour le Président de la Délégation spéciale,
Un membre,

Fig. 7. Transcription par la mairie de Lamorlaye d'un certificat de la Société d'Encouragement attestant de la propriété du cheval CRAN par Monsieur Congis après présentation par celui-ci de son certificat d'origine. La possession du certificat vaut bien preuve de propriété. Archives municipales de Lamorlaye, série 4H20.

---

18 Jockey Club allemand fondé en 1867 à Berlin

19 Une poulinière suitée est une jument accompagnée de son foal.

20 Le certificat d'origine du cheval était indispensable pour l'engager dans une course ou pour le vendre. Aujourd'hui c'est le carnet signalétique qui contient à la fois le certificat d'origne du cheval, son suivi médical (vaccins) et l'identification de ses propriétaires successifs. Il doit accompagner le cheval dans tous ses déplacements.

Cinquante-trois chevaux partent alors pour l'Allemagne :

- cinq étalons, BUBBLES et BRANTÔME appartenant au baron Édouard de Rothschild, ANTONYM à Mr H.M.Holdert, PHARIS à Marcel Boussac et MIRZA II à S.A. l'Aga Khan sont directement envoyés à Altefeld en Thuringe **(fig. 8)** ;

- vingt-et-une poulinières toutes d'excellentes origines appartenant au baron Édouard de Rothschild (11), à S.A. l'Aga Khan (7) et à Henri Coulon (3) sont également dirigées vers l'Allemagne ;

- sur les vingt-sept chevaux à l'entraînement saisis, figurent les deux meilleures pouliches de l'année FURANE et LA FUTAIE. Quinze appartiennent à des propriétaires israélites.

Concernant les paiements, les archives sont lacunaires. Seize chevaux sont payés suivant la règle instaurée, pour les autres, le mystère subsiste. Marcel Boussac, lui, refuse le paiement de PHARIS. Les Allemands lui proposent 600 000 francs mais il ne veut en aucun cas, « pas pour six millions, pas pour soixante millions »[21], valider ce qu'il considère comme un vol.

Outre l'armée allemande, Christian Weber[22], général SS, président des courses de Munich, ami personnel d'Hitler, désire acheter les chevaux du baron Édouard de Rothschild. On lui répond que ses chevaux ne sont pas à vendre. Il part pour Berlin et revient avec un ordre spécial. Tous les chevaux du Haras Meautry[23] prennent alors le chemin de Munich[24]. Puis vinrent le conseiller Wagner de « l'Oberste Behörde für Vollblustsucht und Rennen »[25], organisme officiel qui régit l'institution des courses en Allemagne. Il opérait pour Joachim Von Ribbentrop[26] ainsi que divers particuliers allemands et hongrois. Et le pillage continua. **(fig. 9)** Si tous les chevaux n'ont pas été volés, on peut tout de même dire que pour 547 d'entre eux le consentement du vendeur a été largement ignoré.

---

21 RÉVAY, T., *La course parfaite*, Paris, édition Tallandier, 2021.
22 Christian Weber (1883-1945) : « l'aryanisation des biens juifs a étoffé sa fortune personnelle, aucun abus de pouvoir ni détournement de fonds ne le rebute ». « Déclaré officiellement mort en 1949, sa fortune estimée à 10 millions de reichsmarks est partagée entre l'État de Bavière et la ville de Munich » in : RÉVAY, T., *La course parfaite*, édition Tallandier, 2021.
23 Meautry était, et est encore, l'un des haras les plus célèbres de France créé en 1875 à Touques dans le Calvados par les frères Alphonse et Gustave de Rothschild.
24 Les chevaux à l'entraînement demeurent, eux, en France pour l'instant.
25 L'Autorité Suprême de l'Elevage et des Courses de Pur-Sang.
26 Ministre des Affaires étrangères d'Hitler.

Le Haras d'Altefeld est situé en Thuringe sur un haut-plateau, à 400 mètres d'altitude en bordure de la vallée de la Werra là où l'empereur Frédéric Barberousse faisait déjà pâturer ses chevaux. Connue sous le nom de « Sibérie hessoise » c'était une région agricole utilisée essentiellement pour l'élevage des moutons jusqu'à la fin du XIXe siècle. En 1914, le gouvernement prussien approuve l'achat de 800 ha (50% pâturages 40% forêts) appartenant au *landgrave*[1] de Hesse. C'est l'écuyer en chef de l'administration des haras prussiens Burchard Von Oettingen qui supervisera la construction des bâtiments très moderne du haras, inspiré des haras hongrois de Kisber, Savar et Babolna. En 1941, le haras devient la propriété de la Wehrmacht et le lieu d'élevage et d'entraînement de ses pur-sang. Joseph Pult en assure la direction. L'état de Hesse reprendra les installations après la guerre. Depuis 1981, c'est un haras privé.[2]

fig. 8 Vue du haras d'Altefeld, extraite de Hans Allmeroth, *Das Altefeld einst und jetzt - Preußisches Staatsgestüt* [Altefeld, haras d'état prussien, hier et aujourd'hui], in : *Das Werratal, Eschwege*, La vallée de la Werra, Eschwege, 1925.

---

1 Titre de princes souverains allemands.
2 Voir le documentaire « À la recherche de traces des pur-sang français déportés en Allemagne entre 1940 et 1944. Équipe de télévision de France 3, journaliste Pascal Vannier et caméraman François Hérand avec la collaboration du propriétaire actuel Manfred Graf.

Voici, d'autre part, la liste des 303 chevaux acquis à partir de l'occupation avec l'indication pour chacun d'eux de l'acheteur et de la date de délivrance du certificat d'exportation :

London Fog	F. bb.	1922	Sunstar et Pretty Dark	Président Weber	30 oct.
Biribi	M. bb. ou gr.	1923	Rabelais et La Bidouze	Président Weber	30 oct.
Caravelle	F. al.	1924	Sans Souci II et Sea Moss	Président Weber	8 nov.
Fairy Legend	F. b.	1924	Dark Legend et Congressiste	Conseiller Wagner	14 oct.
Farnèse	F. bb.	1924	Mime et Françoise	Président Weber	8 nov.
Messaline	F. b.	1924	Passebreul et Purity	Président Weber	8 nov.
Vitamine	F. b.	1924	Clarissimus et Viridiflora	Président Weber	8 nov.
Bocchetta	F. al.	1925	Passebreul ou La Farina et Beauté de Neige	Président Weber	8 nov.
Bubbles	M. al.	1925	La Farina et Spring Cleaning	Oberkomm. des Heeres	2 oct.
La Futelaye	F. b.	1925	Collaborator et La Française	Oberkomm. des Heeres	4 oct.
Pourville	F. b.	1925	Amadou et Potala	Oberkomm. des Heeres	18 oct.
Echappade	F. al.	1926	Montmaur et Erastina	M. Karl Druschkowitz	27 déc.
Innoxa	F. al.	1926	Sans le Sou et Reine des Crèmes	Président Weber	8 nov.
May Fair	F. b.	1926	Sans Souci II et Shoreditch	Président Weber	8 nov.
Miss Eos	F. b.	1926	Papyrus et Eos	Oberkomm. des Heeres	30 déc.
Spring Tide	F. b.	1926	Sans Souci II et Spring Cleaning	Président Weber	8 nov.
Take it Easy	F. bb.	1926	Sourbier et Take a Step	Oberkomm. des Heeres	4 oct.
Bouillotte	F. b.	1927	Bruleur et Zanetta	Président Weber	8 nov.
Bow Window	F. bb.	1927	Grand Parade et Sunbow	Président Weber	8 nov.
Eagle's Prey	F. al.	1927	White Eagle et Suncroft	Conseiller Wagner	15 oct.
Honey Sweet	F. bb.	1927	Kircubbin et Honeysuckle	Président Weber	8 nov.
Kill Lady	F. b.	1927	Trespasser et Kilkerley	Capit. Walter	24 oct.

Fig. 9 Extrait du rapport des commissaires aux comptes de la Société d'Encouragement pour l'année 1940, coll. France Galop, Les Franciscaines, Deauville. On y retrouve les chevaux cantiliens BIRIBI, BUBBLES, MIRZA (II), BIRIKIL, LA FUTAIE. La totalité du document est reproduite en annexe.

Fig. 10 Extrait du rapport des commissaires aux comptes de la Société d'Encouragement pour l'année 1941, coll. France Galop, Les Franciscaines, Deauville. La totalité du document est reproduite en annexe. Vous y retrouverez les chevaux cantiliens ACCORD PARFAIT, PHARIS ET FURANE.

Voici d'ailleurs la liste complète des 397 chevaux exportés au cours de l'année 1941, dont 259 en Allemagne, 41 en Belgique, 18 en Hollande, 28 en Hongrie et 51 en Espagne :

Camarilla	F. al.	1922	Yverdon et Cirta	Espagne	15 janv.
Cabale	F. bb.	1924	Sardanapale et On les Aura	Conseiller Wagner	12 avril.
Devonshire House	F. n.	1924	Swynford et Picardel	Oberste Behörde	7 oct.
Palais Royal	M. al.	1925	Bruleur et Puntarenas	J. Wittouck (Belg.)	17 nov.
Symetha	F. al.	1925	Frère Luce et Salamine	Espagne	15 janv.
Kopi	M. b.	1926	Spion Kop et Suncroft	P. Hartmann (Hong.)	17 août.
Catimini	M. al.	1927	Saint Just et Côte Rôtie	P. Hartmann (Hong.)	23 déc.
Clochette d'Argent	F. b.	1927	Alcantara II et Sainte Chapelle	Espagne	15 janv.
Cocodette	F. b.	1927	Alcantara II et Chamarande	Espagne	15 janv.
Saltcellar	F. al.	1927	Tetrameter et Lot's Wife	Espagne	15 janv.
Acacia	F. b.	1928	Jus d'Orange et Arbaa	M. Bauwens (Belg.)	30 oct.
Antonine	F. b.	1928	Belfonds et Santa Antonia	Oberste Behörde	1er oct.
King's Girl	F. b.	1928	King's Cross et Gandourah	Leut. Stapenhorst	21 juin.
Mimy Thérèse	F. gr.	1928	Radamès et Mère Zizi	M. Bauwens (Belg.)	29 déc.
Symphonie	F. al.	1928	Sans le Sou et Soldanelle	Espagne	15 janv.
Fleur des Neiges	F. al.	1929	Sardanapale et Neigeuse	Oberste Behörde	1er oct.
Perruche Bleue	F. b.	1929	Biribi et Blue Pill	Conseiller Wagner	11 avril.
Cap d'Antibes	F. b.	1930	Zambo et Cap d'Ail	Conseiller Wagner	11 avril.
Carigay	F. al.	1930	Gay Crusader et Carissima	Leut. Stapenhorst	21 juin.
Epopée	F. bb.	1930	Sardanapale et Mary Legend	Oberste Behörde	1er oct.
Grisette	F. gr.	1930	Grey Fox II et Maymart	Espagne	15 janv.
Kartika	F. b.	1930	Astérus et Merry Polly	Oberste Behörde	3 oct.
Kraya	F. b.	1930	Bruleur et Kitty Tchin	Président Weber	5 juin.
La Tagharma	F. bb.	1930	Le Traquet et La Tramontane	Oberste Behörde	1er oct.
Sabine	F. bb.	1930	Sardanapale et Fornella	Conseiller Wagner	12 avril.
Vendange	F. b.	1930	Belfonds et Treille du Roi	Conseiller Wagner	29 janv.
Beldada	F. ro.	1931	Radamès et Beldad	F. van Brée (Belg.)	30 oct.
Campha Mine	F. al.	1931	Clarissimus et Mousse du Ciel	Leut. Stapenhorst	21 juin.
Carolina	F. al.	1931	Teddy et Babiroussa	Espagne	15 janv.
Magic Grey	F. gr.	1931	Motley et Magic City	Karl Assmann	9 juin.
Schoura	F. al.	1931	Sans le Sou et Symetha	Espagne	15 janv.
Souricière	F. b.	1931	Chicambaut et Savoyarde	Espagne	15 janv.
Tatiana	F. b.	1931	Sourbier et Tahiti	Oberste Behörde	1er oct.

« LES CHEVAUX SONT ÉRIGÉS AU RANG D'ŒUVRES D'ART QUI PRENNENT ELLES AUSSI LE CHEMIN DE L'ALLEMAGNE »[27].

« Les réquisitions allemandes dépeuplent haras et écuries. [...] Vols de grand chemin, rapts sournois, prises de guerre et, ce qu'on a appelé par euphémisme, achats de gré à gré, tout a concouru, depuis juin 1940 à notre dépouillement », se désole encore Jean Trarieux. En 1941 l'importance des saisies allemandes est inquiétante, la plupart par réquisitions. On dénombre 700 chevaux exportés depuis juin 1940 : 547 pour l'Allemagne[28], 168 par l'Oberkommando de Hees, 117 par Christian Weber, 88 par l'Oberste Behörde, 56 par le conseiller Wagner et 118 par divers acheteurs. Parmi ces chevaux, certains ne reviendront pas, affectant surtout les écuries israélites[29]. Au moins 100 chevaux ne purent être retrouvés : MON TALISMAN, son fils CLAIRVOYANT, THE MAC NAB, ZURS, des poulinières de valeur VIRE VIRE, BARGAIN, BLUE DAISY ainsi que des chevaux à l'entraînement de bonne classe qui furent considérés comme définitivement disparus **(fig. 10)**.

C'est le cas D'ÉCLAIR AU CHOCOLAT appartenant au baron Édouard de Rothshild gagnant du prix de l'Arc de Triomphe 1938. Son entraîneur Lucien Robert reçoit la légion d'honneur, c'est son deuxième Arc après celui de BRANTÔME en 1934. BUBBLES père d'ÉCLAIR AU CHOCOLAT est alors classé meilleur étalon en 1938. Ils sont tous deux au Haras de Meautry en 1940 quand Christian Weber s'empare de tous les chevaux du haras. En 1944, ÉCLAIR AU CHOCOLAT est malheureusement encore au haras national de Graditz, alors que BRANTÔME et BUBBLES ont été transportés à Altefeld d'où ils seront rapatriés. À la fin de la guerre, plus de nouvelle d'ÉCLAIR AU CHOCOLAT : « Mr Poussin manager de Meautry pense qu'il a été pris par les armées soviétiques et placé en zone russe »[30].

Meilleur étalon de cette époque, père de nombreux vainqueurs des années 1940 à 1945 (notamment de LE PACHA, gagnant de l'Arc de Triomphe en 1941), BIRIBI est rentré en très mauvais état d'Allemagne. Il est mort à 23 ans en avril 1946 au haras des Marettes près de Trouville. Né en 1923, vainqueur de l'Arc de Triomphe en 1926, appartenant à Simon Guthmann, il stationnait au Haras de la Pomme en Normandie. Cette propriété des Guthmann est spoliée par les Allemands. Tous les pensionnaires du haras prennent la direction de l'Allemagne. René Crémière, l'administrateur provisoire[31] des biens de Roger Guthmann (fils de Simon) écrit le 17 décembre 1942 au Commissariat général aux questions juives : « il m'a été impossible d'avoir aucun

---

27 RÉVAY, T., *La course parfaite*, édition Tallandier, 2021.

28 Archives de la Société d'Encouragement, Les Franciscaines, Deauville.

29 Voir le détail par années et types de chevaux en annexe.

30 FITZGERALD A. et SETH-SMITH M., *Prix de l'Arc de Triomphe 1920-1948,* edition J.A. Allen, 1980.

31 Nommés par les préfets, les administrateurs provisoires exercent leur pouvoir sous le contrôle du Commissariat Général aux Questions Juives (CGQJ). Ils sont chargés de mettre en œuvre les différentes étapes de la procédure d'aryanisation des biens juifs : enquête, évaluation du bien, recherche d'acheteurs, vérification de l'aryanité de l'acheteur…

renseignement sur la destinée des chevaux qui composaient ses écuries ». À propos des chevaux de Roger Guthmann entraînés à Lamorlaye, rue de Senlis (actuelle voie de la Grange des Prés), Caroline Bitsch[32] mentionne le rapport de l'Administrateur provisoire René Crémière. « Les chevaux ont tous été vendus au cours de l'année 1938. Son entraîneur Juan Torterolo, argentin, a quitté la France à la mobilisation. L'établissement a changé de locataire et est occupé par le vicomte de Chambure. Dans ces conditions, il ne semble pas nécessaire de poursuivre les investigations sur cette écurie, sur laquelle il est d'ailleurs impossible d'avoir maintenant aucun renseignement. »

Les 14 meilleurs chevaux d'André Schwob, entraînés à Lamorlaye par Domingo Torterolo jusqu'à la mobilisation, ont rejoint l'écurie de Charles Clout à Maisons-Laffitte en novembre 1939. André Schwob, suivant le rapport du 18 avril 1942[33], a quitté la France pour l'Amérique en juin 1940. Avant son départ il a donné son accord pour la vente de 4 d'entre eux. Fin limier, René Crémière retrouve la trace de ces ventes à des « aryens » en 1940. André Schwob a tenté de protéger son champion LE PACHA, en le vendant le 6 novembre 1940 à Monsieur Hippolyte Randon[34]. Malheureusement ce dernier décède en 1941. « LE PACHA passa en vente au Tattersall[35] [de Neuilly] le 3 avril 1941 par les soins des Établissements Chéri »[36]. Charles Clout aurait aimé le garder mais LE PACHA fut adjugé à 500 000 francs à Philippe Gund qui le confia à John Cunnington et resta en France **(fig. 11)**.

---

32 BITSCH, C., « Aryanisation et spoliation des biens juifs à Chantilly 1940-1944 », *Les Cahiers de Chantilly*, N°10, mars 2018.
33 *Ibid*, Base ARYA, Pierrefitte, dossier AJ38/3191.
34 *Ibid*.
35 « C'est en 1849 qu'est créé l'Établissement Chéri par Isaac Chéri Salvador Ravel, dont l'originalité n'est pas d'être marchand de chevaux mais organisateur de ventes. La plupart des ventes sont publiques et officialisées par la présence d'un Officier ministériel. Bientôt Chéri possède une clientèle de qualité. Cependant, Chéri rencontre très vite un rival qui s'installe lui aussi dans le quartier des Champs-Élysées : le Tattersall Français. Il s'agit d'une société anonyme fondée en 1855 qui a pour premier Président Théodore de Varaigne. Dès lors, la concurrence entre l'Établissement Chéri et le Tattersall Français ne va cesser pendant près d'un siècle. La première vente de yearlings de l'histoire de Deauville s'est déroulée le 20 août 1887 dans l'enceinte du pesage de l'hippodrome de Deauville-La Touques. Le record du jour alla à une pouliche adjugée à 7 700 francs. C'est à l'Établissement Chéri que revient cette initiative, dont il assure seul l'organisation pendant 12 ans. En 1899, le Tattersall Français inaugure à son tour à Deauville une succursale destinée aux ventes annuelles de yearlings, provoquant l'admiration. On s'extasie alors sur les 76 boxes aménagés et, pour ne pas paraître inférieur à son rival, l'établissement est de nouveau agrandi en 1921 et 1926. Les deux sociétés appartiennent à partir de 1940 à Georges Courtois ». Notice du musée Carnavalet sur https://www.parismuseescollections.paris.fr/
36 TRARIEUX, J. ,*Journal d'un homme de courses*, édition A. Fayard, 1945, p. 281.

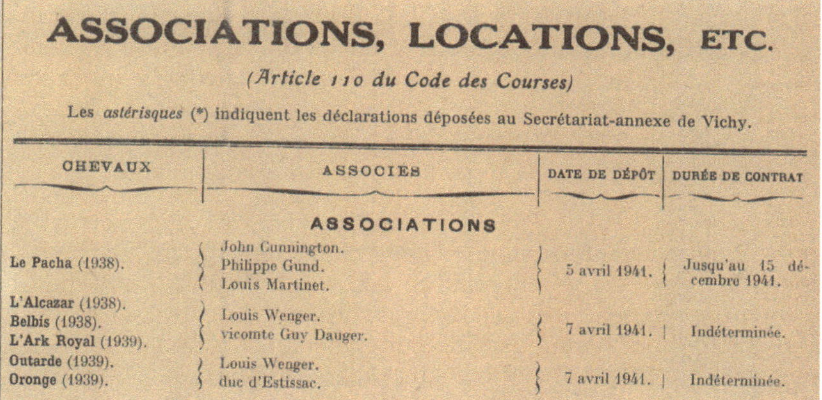

BULLETIN OFFICIEL
DES
COURSES DE CHEVAUX
PUBLIÉ
PAR LA SOCIÉTÉ D'ENCOURAGEMENT POUR L'AMÉLIORATION DES RACES DE CHEVAUX EN FRANCE

ASSOCIATIONS, LOCATIONS, ETC.

(Article 110 du Code des Courses)

Les *astérisques* (*) indiquent les déclarations déposées au Secrétariat-annexe de Vichy.

CHEVAUX	ASSOCIÉS	DATE DE DÉPÔT	DURÉE DE CONTRAT
	ASSOCIATIONS		
Le Pacha (1938).	John Cunnington. Philippe Gund. Louis Martinet.	5 avril 1941.	Jusqu'au 15 décembre 1941.
L'Alcazar (1938). Belbis (1938). L'Ark Royal (1939).	Louis Wenger. vicomte Guy Dauger.	7 avril 1941.	Indéterminée.
Outarde (1939). Oronge (1939).	Louis Wenger. duc d'Estissac.	7 avril 1941.	Indéterminée.

Fig. 11. Bulletin publié par la Société d'Encouragement - 10 avril 1941, coll. France Galop, Les Franciscaines, Deauville. Ce bulletin indique les changements dans les associations de propriétaires autour d'un cheval, les locations, les ventes, les engagements, les déclarations d'origine...
Ici, John Cunnington, Philippe Gund et Louis Martinet s'associent pour acheter LE PACHA.

SOUS L'OCCUPATION, DÉPART DES ANGLAIS ET DES GRANDS PROPRIÉTAIRES ÉTRANGERS.

Avec l'exode, Chantilly perd ses professionnels anglais non naturalisés. Le nombre d'entraîneurs passe de 43 en 1939 à seulement 17 fin 1940.

Certains sont partis rejoindre l'armée britannique : George Batchelor, Richard Carver, Elijah Cunnington, Dalton Watson, Percy Carter, William Pratt, Geoffrey Watson (qui fit brillamment campagne en Tunisie puis en Italie). D'autres sont internés pendant les quatre années à Royallieu puis Drancy et Saint-Denis jusqu'à la Libération **(fig. 12 et 13)**. Dès 1940 ces noms disparaissent des programmes de courses.

À Chantilly : Jean Doumen a remplacé George Batchelor, John Cunnington son oncle Elijah, Richard Carver junior son père et Charles Cunnington junior son père, R. Desgranges s'occupe de l'écurie William Pratt et Charles Defeyer des chevaux d' H. Harper. Les jockeys Elliot et Bridgland (engagé dans la R.A.F.) sont en Angleterre, Tucker est interné, Johnston est dans le Midi.

Pierre Bruneteau, dit *Perplexe*, journaliste hippique, témoigne des prête-noms qui apparaissent sur les programmes. C'est avec la connivence de la Société d'Encouragement que certains propriétaires ont pu prêter leur nom. Ces pseudo-propriétaires ont permis à de nombreux chevaux d'échapper à l'exportation. Quelques exemples : le baron Robert de Nexon pour les chevaux de Pierre Wertheimer, Jean Couturié pour ceux de l'Américain Joseph E. Widener, le marquis de Saint-Sauveur pour ceux de Lady Granard et Lord Derby ; les chevaux de l'écurie Wildenstein sont repris par M. Vezzani, ceux de la princesse de Faucigny-Lucinge courent sous le nom de M. Gros, ceux de Jean Stern sous le nom de son entraîneur A. Roberts puis de Gabriel Brun ; les chevaux de Ralph-Beaver Strassburger (américain) dirigés par René de Chambure courent sous les couleurs de Mme de Bonnand.

Malheureusement, cette situation ne pouvait durer, ces nouveaux propriétaires ne pouvant dissimuler plus longtemps qu'ils n'étaient que des prête-noms. En 1941, les 34 chevaux du baron Édouard de Rothschild encore à l'entraînement et qui couraient sous les couleurs de son entraîneur Lucien Robert sont réquisitionnés par l'Administration des Domaines et du Timbre[37] et sont tous vendus sans réserve **(fig. 12)** aux enchères du 30 octobre.

« Le bon sport a besoin d'écuries importantes. La disparition de tous les grands israélites et de tous les grands étrangers souligne singulièrement la perte de prestige », se lamentait Jean Trarieux dans son livre *Journal d'un homme de courses*. Les célèbres casaques des grandes écuries internationales ont disparu, celles de Lord Derby, Lady Granard, Martinez de Hoz, Édouard Esmond, Strassburger, Widener, Édouard et Maurice de Rothschild, la princesse de Faucigny Lucinge, Pierre et Paul Wertheimer, Wildenstein, Goudchaux, Stern, Veil-Picard, Fribourg...

Au début de l'année 1944, les SS exigent l'interruption des courses, voulant embarquer les pur-sang français vers l'Allemagne. La Fédération Nationale des Sociétés de Courses obtient leur maintien : « quoiqu'il advienne, il faut courir pour déjouer les convoitises des SS »[38]. En dépit des problèmes de ravitaillement et de transport, les courses continuent.

Juin 1944, les forces alliées débarquent en Normandie. Le Lieutenant Guy de Rothschild (fils d'Édouard), officier des Forces françaises libres affecté à l'état-major du Général Koenig, arrive en France et constate, consterné, les dégâts causés par la bataille de Normandie : au moins 300 étalons, poulinières et poulains y ont péri.

---

37 L'Administration des Impôts et du Timbre est une ancienne institution de l'État ayant existé de 1801 à 1948. C'est l'ancêtre de la Direction Générale des Impôts. Dans les *Chroniques du Turf* de 1941 figure cette vente sans réserve de 34 chevaux.
38 RÉVAY, T., *La course parfaite*, édition Tallandier, 2021.

27   VENTES DE PRODUITS DE PUR SANG 1941   28

JEUDI 30 OCTOBRE

**Vente sans réserves
à la requête de l'Administration
des Domaines et du Timbre**

1º CHEVAUX A L'ENTRAINEMENT

Cor Fleuri (1935), h., par Dampremy et Coriandre........ M. Billot   21.000
Arcanson (1937), m., par Dampremy et Castine .... M. Dupuy   56.000
Balustrade (1937), f., par Godiche et Bow Window. M. F. de Brignac   145.000
Cabernet (1937), m., par Puits d'Amour et Treille du Roi .. M. L. Robert   250.000
Coriaria (1937), h., par Veloucrème et Coriandre ... M. A. Bucquet   105.000
Nessir (1937), h., par Firdaussi et Nanaïa   M. G. Anselmi   80.000
Palemon (1937), h., par Brantôme et Calimande .... M. G. Anselmi   85.000
L'Aligoté (1938), m., par Tai Yang et La Tour Blanche .. M. G. Anselmi   145.000
La Perroquette (1938), f., par Brantôme et Perruche Bleue. Baron Empain   115.000
Le Pampre (1938), m., par Puits d'Amour et Treille du Roi. M. C. Morin   330.000
Ludovic Le More (1938), m., par Brantôme et Farnèse ... M. W. Head   275.000
Lyncée (1938), h., par Dampremy et Nanaïa .. Comte F. de Ganay   110.000
Rameau Vert (1938), m., par Puits d'Amour et Flowerless .... M. P. Wallon   80.000
Caldarium (1939), m., par Brantôme et Chaudière .... M. X. Sillon   460.000
Col des Aravis (1939), m., par Montrose et Char Lady   Vicomte P. de Léséleuc   110.000
Croydon (1939), m., par Brantôme et London Traffic ...... M. Coty   155.000
Electrargol (1939), m., par Godiche et Eleesh .... M. G. Anselmi   215.000
Funiculaire (1939), m., par Téléférique et Honeysuckle. M. Emile Marchand   260.000
Mycelium (1939), m., par Puits d'Amour et Vitamine ..... M. X. Sillon   500.000
Vertige (1939), m., par Téléférique et Fumerie d'Opium . Baron Empain   160.000
Windy Cliff (1939), m., par Brantôme et London Fog .... M. M. Anguenot   360.000
Abricotine (1939), f., par Bubbles et Sweet Gin ... M. Emile Marchand   270.000
Bijouterie (1939), f., par Fiterari et Minaudière ..... M. F. de Brignac   105.000
Buée (1939), f., par Téléférique et Buanderie .... M. Coty   220.000
Couronne Boréale (1939), f., par Téléférique et Voute Céleste. M. Léonard   90.000
Forcerie (1939), f., par Sunny Trace et Serre Chaude .. Comtesse Vigier   175.000
Godille (1939), f., par Godiche et Captain's Fancy . M. H. Ternynck   115.000
La Belle Topinambou (1939), f., par Brantôme et Farnèse .... M. F. de Brignac   240.000

La Rascasse (1939), f., par Puits d'Amour et Sphyrène .... M. Ferrès   75.000
La Tour Vesone (1939), f., par Brantôme et La Tour Blanche .... Baron S. de Lopez-Tarragoya   200.000
Parclose (1939), f., par Godiche et Parave .... M. Delfarguiel   85.000
Torchère (1939), f., par Puits d'Amour et Torbay .. M. F. de Brignac   155.000
Venerie (1939), f., par Rose Prince et Antilope .... M. Jean Lieux   155.000
Zintcolt (1939), f., par Sunny Trace et Fée Esterel ..... M. Jean Lieux   200.000

2º POULINIERES ET FOALS

Cerulea (1923), f., par Bay Cherry et Blue Pill . M. H. Céran-Maillard   36.000
Ceruleine (1941), f., par Victrix et Cerulea .... M. R. Wattinne   120.000
Buanderie (1924), f., par Sans Souci II et Spring Cleaning. M. R. Wattinne   100.000
Harvest Queen (1924), f., par Teddy et Maillezais .. M. H. Céran-Maillard   46.000
Inhibition (1936), f., par Godiche et Spring Cleaning M. R. Wattinne   225.000
Flouve Odorante (1937), f., par Godiche et Cicerole ..... M. L. Mathieu   190.000
Isabelle d'Este (1937), f., par Godiche et Farnèse .... M. J. Jariel   105.000
Courtine (1938), f., par Brantôme et Royal Camp .... M. L. Mathieu   180.000
Eliakim (1941), m., par Godiche et Eleesh ...... M. M. Le Baron   72.000
Wismar (1941), m., par Fiterari et Winnaretta .... M. Breyer   52.000
Hattiamy (1931), f., par Fiterari et La Catherine .... M. A. Lieux   60.000

JEUDI 13 NOVEMBRE

De diverses provenances

Nouveau Soldat (1939), m., par Fiterari et Nouvelle Armée . M. Oguinet   9.500
Le Planier (1937), m., par Pharos et L'Heure du Thé ..... M. Papillon   14.000
Le Connétable (1937), m., par Cappiello et Commanderie. Mme L. Freuchet   79.000
Hanxueuse (1934), f., par Nouvel An et Luxueuse .... M. Trochon   40.000
Helen Fox (1931), f., par Banstar et Helodea .... M. Delfarguiel   32.000
La Classe (1937), f., par Le Capucin et En Avance ..... M. A. Bucquet   47.000
Mosnes (1925), f., par Chaud et Ortie II   MM. Roy frères   15.000
Sommité (1931), f., par Abbot's Speed et Framée..... M. G.-L. de Mola   33.000
Monica (1923), f., par Brûleur et Mythology .... M. Beaumont   20.000
Double Shield (1924), f., par Bachelor's Double et Silver Shield. M. Thierry   25.000

Fig. 12. *Chroniques du Turf,* 1941, collection privée.
Dans cette liste figurent les 34 chevaux de l'écurie Édouard de Rothschild restant encore à l'entraînement, mis en vente par l'Administration des Domaines. On trouve notamment Le Pampre (racheté par M. Morin), un des espoirs du Baron ayant fini second « dead heat » du Jockey Club 1941 couru le 15 juin à Longchamp. Jean Trarieux écrivait « Le Pampre, un des derniers vestiges de l'écurie Édouard de Rothschild, courait alors sous le nom de Lucien Robert pour le compte de l'Administration des Domaines. La liquidation complète intervint peu après. » (TRARIEUX, J., *Journal d'un homme de courses,* p.282).

PREFECTURE DE L'OISE　　　　　　　BEAUVAIS, le 9 mai 1941

Cabinet du Prefet

12 MAI 1941

LE PREFET DE L'OISE

à Messieurs les Maires du département -

　　J'ai l'honneur de porter à votre connaissance la note ci-
dessous qui m'est adressée par M. le Feldkommandant de la Somme
et de l'Oise.
　　Je vous prie de faire placarder ce texte aux lieux d'affi-
chage habituels afin que toute la population soit informée des
dispositions édictées.

　　　　　　　　　　Le Prefet,
　　　　　　　　　　Paul VACQUIER -

Feldkommandantur Amiens-Beauvais
　　Abteilung I　　　　　　　　　Amiens, le Ier mai 1941

Objet : Hébergement des ressortissants anglais

　　　　　　À Monsieur le Prefet du département de
　　　　　　l'Oise - BEAUVAIS -

　　Je vous prie, M. le Prefet, de bien vouloir examiner encore
une fois, si les affiches concernant l'hébergement de ressortissants anglais dans les communes du département ont été collées
en quantité suffisante, et si les habitants en ont pris connaissance.
　　Le cas échéant, je vous prierais de bien vouloir faire col-
ler des affiches là où il en manque et de veiller à ce que la
population soit spécialement avertie que tout hébergement entraî-
nera la peine de mort.

　　　　　　　　　　Le Feldkommandant,
　　　　　　　　　　VON ALBERTI - Colonel -

　　" Il est requis d'informer la population par voie d'affi-
　　" che, de la disposition suivante :

ORDONNANCE

　　Toute personne hébergeant des Anglais est tenue à les déclarer à la Kommandantur allemande la plus proche avant le 20
octobre 1940. Les personnes qui, après cette date, continueront
à héberger des Anglais sans les avoir déclarés, seront fusillées.

　　　　　　　　　　Paris, le 13 octobre 1940

　　　　　　Pour le Commandant en Chef de l'Armée :
　　　　　Le Chef de l'Administration militaire
　　　　　en France -

Fig. 13. Ordre de la Kommandantur allemande de déclarer tout ressortissant anglais, transmis à la mairie de Chantilly par la préfecture de l'Oise, Archives municipales de Chantilly, 4H15.

CERTIFICATS D'INTERNEMENT

DE SUJETS BRITANNIQUES PAR LES ALLEMANDS
-:-:-:-

Noms et Prénoms	Adresse	Emargement
BENTLEY Alfred	Hôpital des Jockeys	*Bentley Alfred*
PEARCE Edmond	20 Rue du Connétable	*E Pearce*
RAMSELL Henry	10 Rue du Bois St-Denis	*Henry Ramsell*
RAMSELL Irène	10 Rue du Bois St-Denis	*Irène Ramsell*
HALL George	93 Rue du Connétable	*Hall Georges*
HALL Madeleine	93 Rue du Connétable	*Hall Madeleine*
BECKWITH Helena	14 Avenue de Joinville	*H Beckwith*
HOLT Frederick	6 Avenue de Joinville	*J C Holt*
MICKLETHWAITE Marie	3 Rue de Gouvieux	*Mme Micklethwaite*
MICKLETHWAITE John	3 Rue de Gouvieux	*J C Micklethwaite*
DAVIDSON George	78 Rue du Connétable	*Davidson*
JENNINGS William	7 Avenue de Chartres	*William Jennings*
JENNINGS Suzanne	7 Avenue de Chartres	*Suzanne Jennings*
SLINGER David	2 rue d'Aumale	*Slinger*
BREWER William	29 Avenue de Chartres	*W Brewer*
PRATT Frederick	97 Rue du Connétable	*Pratt Frederick*
PRATT Arthur	97 Rue du Connétable	*Pratt Arthur*
PRATT Edouard	97 Rue du Connétable	*Pratt Edouard*
PRATT Blanche	97 Rue du Connétable	*Pratt Blanche*
YOUNG William	6 Rue des Fontaines	*William Young*
YOUNG Marie	6 Rue des Fontaines	*Young Marie*
LISTER James	69 Rue du Connétable	*Lister James*
LISTER Marie-Louise	69 Rue du Connétable	*Lister M. Louise*
DENTON Georges	35 Rue du Connétable	*Denton George*

Fig. 14. Liste des Anglais habitant Chantilly, internés par les Allemands,
Archives municipales de Chantilly, 4H15.

Extrait du témoignage de Nina (Nelly) Bartholomew, fille de Charles Bartholomew. Née en 1930 à Chantilly, elle habite pendant la guerre dans une écurie 26 avenue du général Leclerc avec ses parents, ses deux frères et sa gouvernante anglaise.

« En août 1939 comme chaque année nous partons pour Deauville avec une douzaine de chevaux pour la saison des courses. Nos cousins anglais viennent nous rejoindre comme chaque année et nous nous amusons comme des fous sur la plage. Nous sommes tout à fait inconscients de ce qui se passe en Allemagne. [...] Le 1er septembre papa arrive en courant sur la plage en criant « Laissez tout et retournez à la villa, nous retournons à Chantilly ». Les douze chevaux qui profitent du sable et de l'air de mer repartent également. Les cousins prennent le bateau à Dieppe avec notre répétiteur, nous ne les reverrons plus avant 1946. [...] De retour à Chantilly mon père décide que je dois aller à l'école communale à côté de chez nous et apprendre le français. [...]

[En mai], C'est le début de l'exode. Maman veut repartir en Angleterre. Les familles anglaises se réunissent et parlent de mettre les chevaux en liberté. Les Allemands avancent si vite que les réfugiés sont de plus en plus nombreux. [...] Le lendemain nous commençons à évacuer les chevaux nous les emmenons à travers la forêt chez mon grand-père qui a des champs. Pendant trois jours nous faisons la navette entre Chamant et Chantilly. Quand tous les boxes sont vides, mes parents laissent les grilles ouvertes pour que les réfugiés puissent rentrer et donner du foin et de l'avoine à leurs chevaux. [...] Le lendemain nous quittons Chantilly, pour nous joindre aux réfugiés. Les Allemands ne sont plus très loin... Nous allons d'abord chez grand-père, il ne veut pas venir avec nous... Il veut rester avec les chevaux. [...] Nous allons voir les chevaux dans les champs et la prairie et nous partons.

[Après quelques jours, rattrapés par l'avancée allemande, la famille décide de rentrer à Chantilly.] Le lendemain nous allons tous chercher les chevaux. Ils n'ont pas trop dépéri mais ils n'ont pas tous envie d'être attrapés. L'eau a été coupée et chaque famille a droit à un seau par jour. Nous sommes obligés d'aller matin et soir au château pour faire boire les chevaux ou aux étangs de Commelles en forêt. [...] Un jour en revenant de la forêt nous sommes abordés par des hommes armés de bâtons : « à mort les Anglais ! ». Nous partons au galop vers l'écurie. Ce n'est que le lendemain que papa découvre la raison de cette haine : les Anglais avaient attaqué la flotte française à Mers El Kebir, coulé les bateaux et 1300 marins français étaient morts. La famille décide de ne plus parler anglais... Bientôt mes tantes et cousins nés en Angleterre sont internés à Saint-Denis. Grand père se suicide. Mes parents ne sont pas internés parce que mon père est né en France. Nanny [la gouvernante] par contre est internée. [...]

Comme les Allemands aiment beaucoup les courses, mon père et mes frères entraînent et la vie reprend son train-train habituel. On oublie presque les troupes d'occupation. [...] Pendant l'hiver de 1942 des chevaux et des soldats de la Wehrmacht de retour du front russe s'installent sur le terrain des Aigles. Soldats et chevaux sont dans un état lamentable, les hommes sont squelettiques et les bêtes couvertes d'horribles plaies. Bien vite les chevaux meurent et pourrissent sur le terrain des Aigles. Les entraîneurs vont se plaindre à la Kommandantur et ils obtiennent la permission d'enterrer les chevaux. [...] »

LA LIBÉRATION ET LE RETOUR EN FRANCE

Le 31 mars 1945, le haras d'Altefeld est remis sans résistance à l'administration militaire américaine. De nombreux chevaux sont alors envoyés aux USA au titre de butin de guerre.

Le 24 août 1945 le colonel Fred L. Hamilton, chef de l'U.S. Army remount service, accompagné de Louis G. Gidney, colonel de l'U.S. Army cavalry, se rendent à Altefeld et décident d'une première importation de 150 animaux dont 65 pur-sang. Partis de Bremerhaven (port situé sur l'estuaire de la Weser, à 60 km au nord de Brême), ils arriveront à Newport News en Virginie le 29 octobre 1945.

Au printemps 1946, le Colonel Hamilton choisit à nouveau 83 chevaux pour une seconde importation.

Dès la Libération, les poulinières du baron Édouard de Rothschild qui stationnaient en Angleterre regagnent le haras de Meautry dont les bâtiments ont peu souffert. Lucien Robert, son entraîneur, part en Allemagne sur les talons des Américains récupérer les étalons BUBBLES, BRANTÔME ET TÉLÉFÉRIQUE ainsi qu'une quarantaine de poulinières. François de Brignac[39] est mandaté par la Société d'Encouragement pour diriger le rapatriement de plusieurs pur-sang. **(fig. 15)**

PHARIS, le champion de Marcel Boussac, saisi en août 1940, est rapatrié en mai 1945. Reproducteur exceptionnel dès sa première production, il sera tête de liste des étalons français trois années de suite de 1951 à 1953. PHARIS mourra d'une embolie le 26 février 1957 à Fresnay-le-Buffard, le haras qui l'a vu naître en 1936.

La plus belle histoire de rapatriement des chevaux de course vers la France est assurément celle du Prince Ali Khan[40]. Racontée de manière un peu romancée par Mary S. Lovell dans *The Riviera Set*, elle mérite d'être relatée. L'histoire est confirmée par le correspondant du *Daily Express* auprès de la 3ème armée américaine dirigée par le Général Patton qui fait mention le 10 avril 1945 des chevaux de course appartenant à l'Aga Khan découverts à Altefeld. Au début de la guerre dès 1939, le Prince Ali est officier dans la Légion étrangère française en Syrie. En juin 1940, rejetant l'armistice franco-allemand, il gagne l'Égypte et, à Al Mansoura, il rencontre une unité de l'armée de terre britannique. Il est engagé par la propagande alliée, en tant que sous-lieutenant et sous les ordres du Major Alfred D. Wintle, il participe à la mise en place d'un réseau d'agents ismailis à travers le Moyen Orient. En août 1944,

---

39 François de Brignac est saint-cyrien, gentleman rider et propriétaire de la casaque pervenche toque cerise. Éleveur au haras de la Verrerie (Orne), il travaille aussi avec Marcel Boussac puis le Prince Aga Khan III et Ali Khan après la Seconde Guerre mondiale.

40 Le prince Ali Khan (1911-1960) est le fils de l'Aga Khan III (1877-1957), imam des ismaéliens, et le père de Karim Aga Khan IV (né en 1936).

COURSES

France libre

Direction-Rédaction : 31, rue du Louvre
10 lignes : Téléphone CEN. 67-60 et suite
Après 20 heures : 16, rue de Croissant (2e)
Tél. : CUT. 24-30
QUOTIDIEN DU MATIN
Fondé clandestinement en 1941
Cinquième année. — No 511 — 2 fr.
Mardi 25 septembre 1945

ABONNEMENTS
reçus à nos bureaux :
31, rue du Louvre
ou par petit compte-chèques postaux 4157-79
3 mois : 145 fr.
6 mois : 260 fr.
1 an : 500 fr.

NOS "PUR SANG" VOLÉS reviennent d'Allemagne

...où ils ont assuré leur descendance

Le pillage systématiquement organisé en France par les Allemands ne s'est pas borné aux produits industriels et alimentaires.

Chaque jour nous apporte la preuve que le rapt nazi s'étendait jusqu'aux trésors des musées et des collections particulières que l'on découvre, non sans stupeur, au fonds d'une mine de sel ou d'un puits de charbonnage de Saxe ou de Silésie.

Ces derniers mois, et c'est là que nous voulions en venir, nous avons récupéré plus de cent pur sang; tous ont été retrouvés en excellent état à Altefeld, le grand haras du « Feu Grand Reich ».

C'est là, en effet, que les nazis avaient rassemblé tous les chevaux de race razziés dans les pays envahis.

Nos produits sont revenus d'ailleurs en plus grand nombre qu'ils n'étaient partis, 25 poulinières suitées, dont 12 par Pharis, 8 par le cher vieux Bubbles et 5 par Mirza.

Et puis, nous ont été rendus également :

Brantôme, vainqueur du Prix de l'Arc de Triomphe en 1934 et qui gagna de 1933 à 1935 près de 4.000.000 de prix.

Pharis, à M. Boussac, vainqueur du Grand Prix de Paris en 1939; Antonym, Eclair au Chocolat, Mirza et Tricaméron faisaient partie du voyage et ont déjà réintégré, pour la plupart, leur haras.

8 poulinières sont pleines et donneront bientôt le jour à des produits de Mirza, de Brantôme, Pharis et Bubbles, auquel le changement d'air n'a pas trop mal réussi !

Nous donnons aujourd'hui la liste des poulinières et étalons retrouvés à Altefeld.

Nous sommes certains que l'intérêt de cette documentation n'échappera pas à tous ceux de la grande famille du turf.

M. P.

1° 48 poulinières françaises

a) POULINIÈRES SUITÉES :

1. ANAXO, 1935, Astérus et Divine, avec un poulain de Pharis, 26-3.
2. BAHLA, 1938, Rustom Pasha et Badan, avec un poulain de Pharis, 22-3.
3. CARRUADES, 1935, Blandford et Treille du Roi, avec un poulain de Pharis, 2-2.
4. COULOURS FLYING, 1934, Gainsborough et Toboggan, avec une pouliche de Pharis, 3-2.
5. CROISSY, 1938, Massine et Empire Crusade, avec un poulain de Pharis, 28-1.
6. ENGADINE, 1933, Bubbles et Beauté de Neige, avec un poulain de Mirza, 28-2.
7. FANFARONA, 1935, Mon Talisman et Fête Royale, avec une pouliche de Bubbles, 15-2.
8. HIGH LIGHT, 1937, Pharis et Edelweiss, avec une pouliche de Bubbles, 25-1.
9. IFA KARA, 1938, Rustom Pasha et Jan Ramee, avec un poulain de Mirza, 18-2.
10. JENNIE, 1938, Apelle et Lindos Cyos, avec une pouliche de Pharis, 3-4.
11. LILAO TIME, 1935, Pharos et Spring, avec une pouliche de Bubbles, 9-3.
12. LAVA, 1936, Ksar et Red Flame, avec un poulain de Mirza, 26-2.
13. MA TANTE, 1936, Fairway et Tantine, avec un poulain de Bubbles, 5-3.
14. MOIRA, 1932, Town Guard et Opaline, avec une pouliche de Bubbles, 15-3.
15. NILOUFER, 1933, Sansovino et Friars Daughter, avec une pouliche de Pharis, 11-3.
16. PAIX DES DAMES, 1934, Bubbles et Concorde, avec une pouliche de Pharis, 31-1.
17. PATOCHE, 1935, Astérus et Pataleta, avec une pouliche de Pharis, 29-3.
18. SAIMA, 1939, Sind et Rawena, avec une pouliche de Bubbles, 23-3.
19. SANJA, 1938, Bubbles et Singing Heart, avec un poulain de Pharis, 16-2.
20. TAKE IT EASY, 1926, Sourbier et Take a Step, avec une pouliche de Mirza, 15-3.
21. TASSE DE THE, 1936, Epinard et Kantara, avec un poulain de Bubbles, 4-3.
22. USAMBARA, 1939, Umidwar et Aldetta, avec un poulain de Pharis, 4-3.
23. VANDA TERES, 1932, Blandfort et Cerulea, avec une pouliche de Mirza.
24. VERACITE, 1936, Blenheim et Versatile, avec une pouliche de Pharis, 14-3.
25. THE SQUAW, 1939, Sickle et Minnewaska, avec une pouliche de Bubbles, 2-2.

b) POULINIÈRES PLEINES :

1. ARPETTE, 1930, Pharos et Arnoldiana, pleine de Mirza.
2. ASSURANCE, 1935, Pharos et Confidence, pleine de Brantôme.
3. ENID, 1937, Belfonds et Reine d'Ouilly, pleine de Mirza.
4. HILLA, 1932, Son in Law et Cos, pleine de Pharis.
5. LA FUTAYE, 1937, Gris Perle et La Futelaye, pleine de Pharis.
6. REINE ISAURE, 1931, Blandfort et Oriane, pleine de Pharis.
7. RAMBLER, 1936, Blenheim et Wood Violet, pleine de Bubbles.
8. VERANDA, 1940, Sind et Veracité, pleine de Mirza.

c) POULINIÈRES VIDES :

1. CONSPIRATRICE, 1935, Filarete et Camarilla.
2. CURL PAPER, 1931, Papyrus et Coyla.
3. DAMAS, 1934, Abbots Speed ou Sardanapale et On les aura.
4. ETHNICAL, 1935, Ethnarch et Miss Tickle.
5. FURANE, 1937, Château Bouscaut et Furlana.
6. GOSSIP, 1935, Sickle et Tatoule.
7. ISOLDE, 1936, Prince Rose et Malachite.
8. KASTANIE, 1941, Tal Akbar et Katinka.
9. MILDRED, 1932, Sansovino et Frankly.
10. MISS RUSTOM, 1937, Dastur et Mrs Rustom.
11. MINGALIA, 1941, Prince Rose et Mme Barcarolle.
12. STRATOSPHERE, 1932, Blenheim et Stéarine.
13. SERAPHITA, 1929, Alcantara et Sapériipopette.
14. TURLUPINADE, 1935, Comedy King et Castine.
15. MOOROSE, 1941, Admiral Drake et Mis Rustom.

2° 7 poulinières étrangères

1. COMTESSE LE MOTTE, 1929, Teddy et Splendori, avec un poulain de Pharis, 10-3.
2. FEUNA, 1935, Walzertraum et Feuersbrunst.
3. HIGH FORCE, 1929, Gainsborough et Phalange.
4. KA TINKA, 1933, Biribi et Kileen, avec une pouliche de Bubbles, 7-4.
5. GAY SONGSTRESS, 1929, Gay Crusader et Saliloqui.
6. NALEWSKA, 1932, Mah Yong et Hulanka, avec une pouliche de Bubbles, 5-3.
7. SEA BREECE, 1933, Coronach et Golden Clear, avec une pouliche de Mirza, 9-3.

Etalons

Antonym, Brantôme, Bubbles, Eclair au Chocolat, Mirza, Pharis, Tricaméron.

Poulinières

Arpette, Assomption, Assurance, Avila, Bahil, Coulours Flying, Carriades, Confidences, Conspiratrice, Curl Paper, Damas, Engadin, Ethnical, Fanfarona, Feuna, Fidra, Furane, Gossip, High Force, High Light, Hilla, Isolde, Jenney, Katinka, La Futaye, Lava, Lilac Metim, Ma Tante, Mauretania, Mildred, Miss Rustom, Moira, Niloufer, Paix des Dames, Patoche, Rambler, Reine Isaure, Sanya, Seraphita, Serre Chaude, Stratosphère, Survita, Take it Easy, Tasse de Thé, Turlupinade, Vanda Teres, Véracité.

Fig. 15. Article de *La France Libre*, 25 septembre 1945 © Bibliothèque nationale de France - Gallica.

le Prince est un agent de liaison de l'armée anglaise au service de l'armée américaine, avant-garde des forces de libération[41]. Au printemps 1945, il est basé à Heidelberg (dans le Bade-Wurtemberg au sud-ouest de l'Allemagne) au quartier général de la sixième armée américaine.

Un jour, circulant en jeep près d'Altefeld, il apercoit des pur-sang dans un pré. Il s'arrête et à sa grande stupéfaction en reconnaît certains. Le Prince était réputé être un fin connaisseur : il pouvait réciter par cœur les lignées des chevaux possédés par sa famille. Il s'approche, fait un tour des prés adjacents et repère une vingtaine de juments appartenant à son père. Se dirigeant vers l'écurie, il voit sortir de la graineterie un homme les mains levées. C'est à nouveau la stupéfaction : il s'agit de Robert Muller, le directeur-adjoint des écuries de l'Aga Khan à Deauville en 1939 ! Fait prisonnier, incarcéré en Pologne, il avait été transféré à Altefeld sur ordre de Ribbentrop. Responsable d'une partie du haras, il réussit à cacher une arme. Sachant que l'armée américaine est à quelques kilomètres, il tue les six soldats allemands qui stationnaient au haras, persuadé qu'ils n'hésiteraient pas à supprimer les chevaux pour ne pas les rendre. Muller sait où sont les juments. Avec le Prince, ils élaborent un plan pour les sauver : Muller va louer une écurie à Metz pour recevoir en toute sécurité « les volés » avant leur retour en Normandie. Le Prince, de retour à la base, prévient son commandant : une autorisation de voyager est établie pour Muller ainsi qu'une feuille d'absence pour lui et le Major Gordon Grand, avec un faux à l'en-tête de « Lieutenant-Colonel Prince Ali Khan en charge des chevaux du Général Eisenhower vers la France ».

CONCLUSION

La guerre vint frapper l'élevage français en plein succès. Grâce à la détermination de la Fédération des Sociétés de Courses et son action volontaire l'élevage fut sauvé. En rétablissant les courses rapidement après trois interruptions : quatre mois en 1939, cinq mois en 1940 et moins de deux mois en 1944, elle a permis d'éviter la réquisition totale des pur-sang et leur envoi vers l'Allemagne.

« L'année 1946 mérite d'être inscrite dans les annales du *Turf* comme une année record du triomphe de l'élevage du pur-sang français en Angleterre. Nos succès y furent aussi nombreux que sensationnels et la supériorité de nos chevaux s'affiche complète sur toutes les distances qu'il s'agisse de chevaux d'âge ou de 2 ans » - extrait du rapport des commissaires au comité sur les opérations de l'exercice 1946[42].

---

41 Il sera d'ailleurs décoré de la Légion d'honneur à titre militaire pour avoir servi dans l'armée américaine lors du débarquement allié dans le Midi de la France.

42 Archives de la Société d'Encouragement, Les Franciscaines, Deauville E.6T.4.t.5..

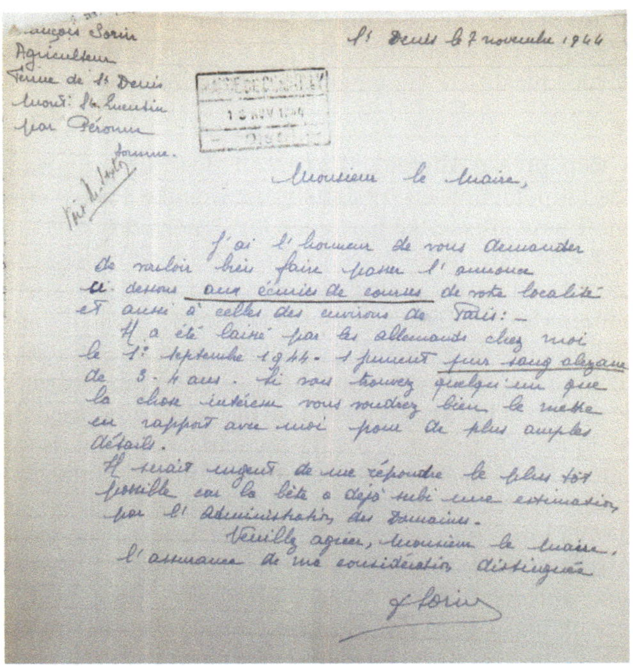

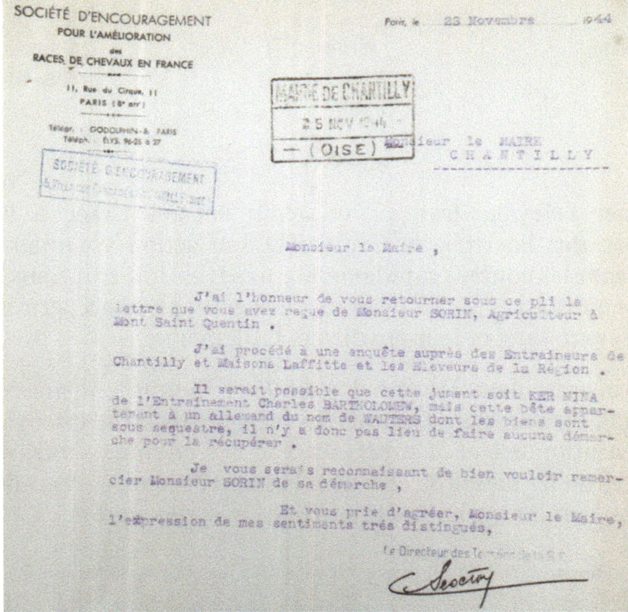

fig. 16. Échange de courriers concernant une jument pur-sang laissée près de Péronne par les Allemands chez un agriculteur qui cherche à la restituer à son propriétaire originel. Archives municipales de Chantilly 4H4.

Parlons aussi de la Société d'Encouragement qui dès le mois de novembre 1944 abolit la règle, établie par elle le 21 janvier 1944, restreignant le versement des primes à l'éleveur aryen et de nationalité française.[43] Elle verse aux éleveurs anglo-américains et israélites les primes portées depuis 1944 au poste n°2 du compte retour au fond de courses.

ÉPILOGUE, LES ÉCURIES DE COURSE FRANÇAISES APRÈS-GUERRE

Finalement, quel a été l'impact à long terme du vol de pur-sang français ? La disparition de certains des plus beaux étalons et poulinières a-t-elle entaché l'avenir des écuries de course françaises ? Quelle est la situation des trois écuries françaises qui en 1939 étaient les plus fameuses ?

L'écurie Aga Khan

Le prince Aga Khan III a subi de plein fouet comme tous les grands propriétaires le vol de pur-sang par les nazis. Mais depuis son refuge suisse, tout au long de la guerre, il continue d'acheter, de vendre et de faire courir ses chevaux en Angleterre. À la fin de la guerre, il fait verser les gains acquis par ses chevaux de course sur les hippodromes britanniques à « the Indian Army Fund »[44]. De 1924 à 1952, il remporte treize titres de « Champion Owner » dont cinq en 1944, 1946, 1947, 1948 et 1949. Son élevage a retrouvé son niveau d'avant-guerre. En 1954, estimant que le système français présente avec le pari mutuel des avantages, l'Aga Khan III transfère une partie de son effectif à Chantilly et le confie à Alec Head. Après son décès trois années plus tard, son fils, le Prince Ali reprend avec panache l'écurie familiale. En 1959, il se place au premier rang des propriétaires avec des cracks comme SAINT CRESPIN qui gagne l'Arc de Triomphe et PETITE ÉTOILE les Mille Guinées et les Oaks en Angleterre. Il est victime d'un accident de voiture fatal en 1960. Son fils, le prince Karim Aga Khan IV, fait face à un dilemme : « Je ne connaissais rien aux courses, ni à l'élevage. Je n'avais nullement l'intention d'être à la tête d'une écurie de troisième ordre après la gloire qu'elle avait connue sous mon grand-père et mon père. »[45] En rachetant la totalité des écuries de

---

43 Jusqu'en décembre 1943, les comptes de ces éleveurs [israélites ou anglo-américains] ont été crédités des primes remportées en courses par les produits de leurs élevages. Mais sur les injonctions du Commissariat général aux questions juives, et ensuite des S.S., les crédits de ces comptes furent à plusieurs reprises versés à la disposition de ces parties prenantes dans des banques indiquées par elles. source : rapport des commissaires aux comptes de 1944
44 LOVELL, M. S., *The Riviera Set*, édition Abacus, 2017.
45 RÉVAY, T., *La course parfaite*, édition Tallandier, 2021.

François Dupré (en 1977) et de Marcel Boussac (en 1978) Karim Aga Khan s'est donné tous les moyens pour atteindre son objectif fixé en 1960 : retrouver la place éminente qu'occupaient son grand-père et son père. En 2000 il est récompensé en Grande-Bretagne par le Daily Telegraph Award of Merit pour son œuvre en tant qu'éleveur propriétaire. En 2003 au décès de Jean-Luc Lagardère (premier Président de France Galop) il achète l'ensemble de son écurie et de sa jumenterie, soit 222 chevaux. Ce troisième apport est un véritable succès pour son élevage et le hisse désormais au plus haut rang des propriétaires éleveurs de pur-sang du monde.

L'écurie Boussac

La guerre a eu peu d'effet sur les exploits d'élevage et de courses de Marcel Boussac. Dès 1946, en Angleterre à Ascot il enlève l'Ascot Gold Cup avec CARACALLA , course qu'il gagnera quatre fois. De 1939 à 1949, il est tête de liste des propriétaires ayant le plus de victoires. Puis à nouveau en 1952, 1955 et 1956. En 1949, Boussac possède la plus belle jumenterie de France. Il est classé 17 fois meilleur éleveur de 1939 à 1974, 14 fois au premier rang des propriétaires de 1939 à 1956. Il détient le record de victoires dans le Jockey Club avec 12 succès de 1922 à 1978. Il est également co-détenteur du record de victoires dans l'Arc de Triomphe avec 6 victoires entre 1936 et 1949. Au début des années 1960, Marcel Boussac subit quelques revers avec la mort de ses grands étalons : TOURBILLON en 1954, suivi de PHARIS en 1957 et de DJEBEL en 1958. Mais la fin de l'écurie Boussac n'est pas due aux performances hippiques. Son empire textile, bâti au début du siècle, décline inexorablement sous la poussée de la concurrence asiatique jusqu'à la faillite totale. En 1978 il est contraint de vendre la totalité de son écurie. Celle-ci est rachetée par l'Aga Khan qui grâce à AKIDYA remporte pour la première fois le prix de L'Arc de Triomphe avec Yves Saint-Martin en 1982.

L'écurie Rothschild

Dès la Libération, le baron Édouard de Rothschild reconstitue le haras de Meautry. Il rapatrie des poulinières stationnées en Angleterre et son entraîneur Lucien Robert fait le voyage jusqu'en Allemagne dans le sillage des Américains pour récupérer les chevaux volés pendant la guerre. BUBBLES, BRANTÔME et TÉLÉFÉRIQUE rentrent en France ainsi qu'une quarantaine de juments, pour la plupart pleines ou suitées. À la mort d'Édouard de Rothschild en juin 1949, son fils Guy prend la suite et fait une entrée spectaculaire dans le monde du turf avec trois cracks VIEUX MANOIR, ALIZIER et OCARINA. En 1950, il obtient la première place des propriétaires éleveurs, titre qu'il remportera trois autres fois de 1963 à 1965. Son fils Édouard, passionné d'équitation, possède sous ses propres couleurs une écurie de course qui connaîtra un succès certain entre 1986 et 2006. En 2004, il succède à Jean-Luc Lagardère à la présidence de France Galop. Réélu en 2015, il ne se représentera pas en 2023.

BIBLIOGRAPHIE

FITZGERALD, A. et SETH SMITH, M., *Prix de l'Arc de Triomphe 1920-1948*, éditions J.A. Allen & Co Ltd, 1980.

LOVELL, M. S., *The Riviera Set*, Edition Abacus 2017.

RÉVAY, T., *La course parfaite*, édition Tallandier, 2021.

THIBAULT, G., *Un siècle de galop, 1900-2000*, éditions Filipacchi, 2001.

THIBAULT, G., *Un autre regard sur les courses*, éditions du Castelet, 2007.

TRARIEUX, J., *Journal d'un homme de courses*, édition A. Fayard, 1945.

De Pharis à Ardan l'histoire des courses de 1940 à 1945, édité sous le patronage de l'association générale des jockeys de galop, conçu et réalisé par le Centre d'Études Techniques et de Réalisations Publicitaires le 29 novembre 1946.

ANNEXES

Liste des chevaux perdus lors de l'invasion et « acquis » par l'Occupant - Année 1940.

Extrait du rapport des commissaires aux comptes de la Société d'Encouragement pour l'année 1940, Archives France Galop Les Francisaines - Deauville.

Voici, d'une part, la liste des 92 chevaux reconstitués comme perdus au cours des semaines d'invasion et d'exode :

Nouvel An	M.	b.	1915	Jacobi et Niche	Haras de Neuvillette (Oise).
Miquette	F.	b.	1922	Picrochole et Musette II	Haras de Neuvillette (Oise).
Pitchoury	M.	b.	1922	Cannobie et Prude	Haras de Villers (Seine-Inférieure).
Usicka	F.	b.	1922	Pilliwinkie et Vizcaya	Saint-Just-des-Marais (Oise).
Mon Talisman	M.	b.	1924	Craig an Eran et Ruthene	Haras d'Auteuil (Oise).
Rye Water	F.	bb.	1925	Buchan et Confey	Haras de Grisy-les-Plâtres (Seine-et-Oise).
Diatribe	F.	b.	1926	Poisoned Arrow et La Basoche	Haras de Mongeroult (Seine-et-Oise).
The Mac Nab	M.	b.	1926	Abbot's Trace et Sunny Moya	Souday (Loir-et-Cher).
La Souricière	F.	gr.	1930	Mac Kinley et La Panade	Neuville (Orne).
Reine des Neiges	F.	b.	1930	Sardanapale et Neigeuse	Haras de Grisy-les-Plâtres (Seine-et-Oise).
Mar Bella	F.	b.	1931	Vermilion Pencil et Rayonnante II	Haras de Grisy-les-Plâtres (Seine-et-Oise).
Bleuette	F.	b. ou bb.	1932	Rialto et Balalaïka	Haras de Saint-Maurice (Eure-et-Loir).
Bronzino	H.	bb.	1932	Guido Reni et Barbichon	Haras de Villeras (Seine).
Cousine	F.	b.	1933	Deiri et Jennie	Haras de Grisy-les-Plâtres (Seine-et-Oise).
Evianbis	F.	b.	1933	Joyeux Drille et Evaporée	Haras de Villeras (Seine).
Pont Neuf	H.	al.	1933	Pomme de Terre et Nausicaa	Haras de Lonray (Orne).
Bastan	M.	b.	1934	Vineuil et Babel	Maisons-Laffitte.
Carthage	F.	b.	1934	Amfortas et Camarina	Haras de Villers (Seine-Inférieure).
Clairvoyant	M.	b.	1934	Mon Talisman et Cestona	Haras d'Auteuil (Oise).
Girardière	F.	b.	1934	Mc Kinley et Grotte des Fées	Haras de Saint-Maurice (Eure-et-Loir).
Meretrix	H.	al.	1934	Ksar et Mérida	Maisons-Laffitte.
Radian	H.	b.	1934	Fiterari et Minute	Maisons-Laffitte.
Richelieu	H.	al.	1934	Rose Prince et Prioress	Champigné (Maine-et-Loire).
Zürs	M.	al.	1934	Ksar et Mar Saba	Haras de Villeras (Seine).
Bumire	H.	al.	1935	Bubbles et Cachemire	Maisons-Laffitte.
Fanfarona	F.	al.	1935	Mon Talisman et Fête Royale	Haras de Saint-Patrick (Oise).
Montferrand	H.	al.	1935	Brabant et Marianna	Maisons-Laffitte.
Polesden	M.	bb.	1935	Dark Japan et Poor Relation	Souday (Loir-et-Cher).
Brahma	M.	gr.	1936	Belfonds et Cestona	Haras d'Auteuil (Oise).
Carat	H.	al.	1936	Amfortas et Pièce d'Or	Maintenon (Eure-et-Loir).
Lord April	M.	b.	1936	April the fifth et Ladyhood	Dammarie-en-Puisaye (Loiret).

Nom	Sexe/robe	Année	Origine	Lieu
Monôme	H. b.	1936	Collaborator et Maharanée	Haras de Lonray (Orne).
Muguet III	H. b.	1936	Mandar et La Gargalle	Haras de Lonray (Orne).
Rurik	M. gr.	1936	Tourbillon et Cingalaise	Maisons-Laffitte.
Seidah	F. b.	1936	Filarete et Schoura	Haras de Neaufles-Saint-Martin (Eure).
Tribis	F. b.	1936	Trigo et Triolette	Haras de Saint-Maurice (Eure-et-Loir).
Vire Vire	F. bb.	1936	Vatout et Tire Lire	Haras de Bois-Roussel (Orne).
Ad Unum	H. bb.	1937	Prince Velasquez et Astre Radieux II	Champigné (Maine-et-Loire).
Arys	H. b.	1937	Metchoui ou Zagreus et Absinthe	Maisons-Laffitte.
Bargain	F. b.	1937	Cappiello et Barclays	Haras de Grisy-les-Plâtres (Seine-et-Oise).
Blue Daisy	F. b.	1937	Blue Skies et The Duenna	Haras de Grisy-les-Plâtres (Seine-et-Oise).
Bonnette	F. al.	1937	Artist's Proof et Apothéose	Haras de Hénonville (Oise).
Dame Galante	F. b.	1937	Brantôme et Come Along II	Haras de Grisy-les-Plâtres (Seine-et-Oise).
Evianquatre	M. bb.	1937	Joyeux Drille et Evaporée	Haras de Villeras (Seine).
Excelsior	M. gr.	1937	Xandover et Sheen	Dammarie-en-Puisaye (Loiret).
Hilary	M. gr.	1937	Xandover et Hilda	Blois (Loir-et-Cher).
Kora	F. bb.	1937	Bonny Boy et Kandy	Haras de Villers (Seine-Inférieure).
La Roche Giffard	F. al.	1937	Gris Perle et Forêt de Teillay	Haras de Hénonville (Oise).
Le Fiasco	M. b.	1937	Château Bouscaut et Fianna	Blois (Loir-et-Cher).
Makkari	H. bb.	1937	Château Bouscaut et Makalla	Chantilly.
Moneta	F. al.	1937	Massine et Argentée	Haras de Lonray (Orne).
Mont d'Aubrac	H. al.	1937	Mandar et Sadness	Haras de Lonray (Orne).
Reine d'Egypte	F. bb.	1937	Admiral Drake et Cleopatra	Haras de Bois-Roussel (Orne).
Terror II	F. bb. ou gr.	1937	Xandover et Nelly's Legend	Haras de Hénonville (Oise).
Toute Belle	F. bb.	1937	Vatout et Yssel II	Haras de Bois-Roussel (Orne).
Veinard	H. al.	1937	Porte Veine et La Cantine	Haras de Lonray (Orne).
Wait and See	M. bb.	1937	Xandover et Sundew	Dammarie-en-Puisaye (Loiret).
Adeline	F. bb.	1938	Admiral Drake et Colleen	Haras de Bois-Roussel (Orne).
Anthony	M. b.	1938	Fiterari et Antinoha	Maintenon (Eure-et-Loir).
Crisenoy	M. al.	1938	Rodosto et Cremorne	Chantilly.
Dompierre	M. al.	1938	Foxhunter et De Medicis	Chantilly.
Evangile	H. b.	1938	Fiterari et Eve	Chantilly.
Galon d'Or	M. gr.	1938	Pontet Canet et Grey Puss	Blois (Loir-et-Cher).
Grand Veneur	M. al.	1938	Rodosto et Gonfalon	Chantilly.
Hermine	F. b.	1938	Pontet Canet et Her Excellency	Maisons-Laffitte.
L'Ami Victor	H. b.	1938	Mont Bernina et La Vincente	Chantilly.
La Réunion	F. al.	1938	Maravédis et Ripe Fruit	Champigné (Maine-et-Loire).
Last Love	F. al.	1938	Vatout et Nell Gwynne	Haras de Bois-Roussel (Orne).
Lasvy	M. bb.	1938	Deiri et Laurentia	Chantilly.
Meilleur Ami	H. al.	1938	Louqsor et Valdivia	Chantilly.
Miracle	M. b.	1938	Pitchoury et Embrasée	Haras de Villers (Seine-Inférieure).
Montaigu	M. b.	1938	Barneveldt et Guerlina	Blois (Loir-et-Cher).
Neptune V	M. b.	1938	Take my Tip et Nell	Champigné (Maine-et-Loire).
Ophir	M. bb.	1938	Indus et The Fire	Maisons-Laffitte.
Pakristan	M. b.	1938	Barneveldt et Pamphilla	Chantilly.
Parthenac	H. al.	1938	Coronach et Parthian Queen	Chantilly.
Pig Tail	F. bb.	1938	Felicitation et Rat's Tail	Haras de Grisy-les-Plâtres (Seine-et-Oise).
Pouniaket	H. b.	1938	Fiterari et Chouky	Chantilly.
Premier Grand Cru	H. b.	1938	Le Gosse et Courgette	Chantilly.
Quimora	F. b.	1938	Priori et Imonora	Champigné (Maine-et-Loire).
Rose Avelon	F. b.	1938	Charlemagne et Usicka	Maintenon (Eure-et-Loir).
Sainte Honorine	F. b.	1938	Assuerus et Symphorine	Haras de Lonray (Orne).
Salama	F. b.	1938	Manna et Skip	Maintenon (Eure-et-Loir).
Sergentale	F. b.	1938	Le Capucin et Miranda II	Maisons-Laffitte.
Snow White	F. bb.	1938	Foxhunter et Sa Parade	Haras de Lonray (Orne).
Sœmias	F. al.	1938	Château Bouscaut et Sundry	Maintenon (Eure-et-Loir).
Swanee River	F. b.	1938	Palais Royal et Swansea	Haras de Grisy-les-Plâtres (Seine-et-Oise).
Torrent	H. bb.	1938	Indus et White Hollow	Chantilly.
N—	F. b.	1940	Indus et Alcmène	Sainte Gauburge (Orne).
N—	M. b.	1940	Grey Fox II et Dillénie	Sainte Gauburge (Orne).
N—	M. b.	1940	Indus et Franconia	Sainte Gauburge (Orne).
N—	M. b.	1940	Grey Fox II et La Perruche	Sainte Gauburge (Orne).

Voici, d'autre part, la liste des 303 chevaux acquis à partir de l'occupation avec l'indication pour chacun d'eux de l'acheteur et de la date de délivrance du certificat d'exportation :

Nom	Sexe/robe	Année	Origine	Acheteur	Date
London Fog	F. bb.	1922	Sunstar et Pretty Dark	Président Weber	30 oct.
Biribi	M. bb. ou gr.	1923	Rabelais et La Bidouze	Président Weber	30 oct.
Caravelle	F. al.	1924	Sans Souci II et Sea Moss	Président Weber	8 nov.
Fairy Legend	F. b.	1924	Dark Legend et Congressiste	Conseiller Wagner	14 oct.
Farnèse	F. bb.	1924	Mime et Françoise	Président Weber	8 nov.
Messaline	F. b.	1924	Passebreul et Purity	Président Weber	8 nov.
Vitamine	F. b.	1924	Clarissimus et Viridiflora	Président Weber	8 nov.
Bocchetta	F. al.	1925	Passebreul ou La Farina et Beauté de Neige	Président Weber	8 nov.
Bubbles	M. al.	1925	La Farina et Spring Cleaning	Oberkomm. des Heeres	2 oct.
La Futelaye	F. b.	1925	Collaborator et La Française	Oberkomm. des Heeres	4 oct.
Pourville	F. b.	1925	Amadou et Potala	Oberkomm. des Heeres	18 oct.
Echappade	F. al.	1926	Montmaur et Erastina	M. Karl Druschkowitz	27 déc.
Innoxa	F. al.	1926	Sans le Sou et Reine des Crèmes	Président Weber	8 nov.
May Fair	F. b.	1926	Sans Souci II et Shoreditch	Président Weber	8 nov.
Miss Eos	F. b.	1926	Papyrus et Eos	Oberkomm. des Heeres	30 déc.
Spring Tide	F. b.	1926	Sans Souci II et Spring Cleaning	Président Weber	8 nov.
Take it Easy	F. bb.	1926	Sourbier et Take a Step	Oberkomm. des Heeres	4 oct.
Bouillotte	F. b.	1927	Bruleur et Zanetta	Président Weber	8 nov.
Bow Window	F. bb.	1927	Grand Parade et Sunbow	Président Weber	8 nov.
Eagle's Prey	F. al.	1927	White Eagle et Suncroft	Conseiller Wagner	15 oct.
Honey Sweet	F. bb.	1927	Kircubbin et Honeysuckle	Président Weber	8 nov.
Kill Lady	F. b.	1927	Trespasser et Kilkerley	Capit. Walter	24 oct.

Nom	Robe	Année	Origines	Naisseur	Date
Marylebone	F. al.	1927	La Farina et Shoreditch	Président Weber	30 oct.
Mignonette	F. b. ou bb.	1927	Phalaris et Santa Minna	Président Weber	20 nov.
Castine	F. bb.	1928	Massine et Stéarine	Président Weber	8 nov.
Lilas Pourpre	F. b.	1928	Dark Legend et Diamond Star	M. Karl Druschkowitz	27 déc.
Mélianthe	F. b.	1928	Antivari et Sainte Mélaine	Oberste Behörde	9 déc.
Parthian Queen	F. b.	1928	Parth et Queen Wasp	Oberkomm. des Heeres	30 déc.
Seraphita	F. bb.	1928	Alcantara II et Saperlipopette	Oberkomm. des Heeres	30 oct.
Suavita	F. b. ou bb.	1928	Alcantara II et Shocking	Oberkomm. des Heeres	30 oct.
Yadélé	F. al.	1928	Saint Just et Yomala	Président Weber	8 nov.
Eponge	F. b.	1929	Cadum et Sea Moss	Président Weber	8 nov.
Fée Estérel	F. b.	1929	Cadum et Reine Mab	Président Weber	8 nov.
Fidra	F. al.	1929	Pharos et Redhead	Oberkomm. des Heeres	22 oct.
La Bécassine	F. b.	1929	Pilliwinkie et Royale Brioche	Oberste Behörde	9 déc.
La Bourrasque	F. b.	1929	Zionist et Indépendance	Oberste Behörde	9 déc.
Nanaïa	F. b.	1929	Kircubbin et Lanette	Président Weber	8 nov.
Serre Chaude	F. b.	1929	Blandford et Flowerless	Oberkomm. des Heeres	2 oct.
Tarte Maison	F. b.	1929	Tetratema et Blanc Mange	Oberste Behörde	11 déc.
Annonciade	F. al.	1930	Sardanapale et Italy	Oberste Behörde	9 déc.
Arabia	F. al.	1930	Biribi et Smyrna	Président Weber	8 nov.
Armoise	F. b.	1930	Blandford et Coriandre	Président Weber	8 nov.
Arpette	F. al.	1930	Pharos et Arnoldiana	Oberkomm. des Heeres	30 oct.
Chi Lo Sa	F. b.	1930	Bruleur et La Mecque	Conseiller Wagner	15 oct.
Coque de Noix	F. al.	1930	Epinard et Caravelle	Président Weber	8 nov.
Vieille Canaille	F. b.	1930	Zionist et Ficelle	Président Weber	8 nov.
Avila	F. b.	1931	Alcantara II et Auberive	Oberkomm. des Heeres	30 oct.
Brantôme	M. b.	1931	Blandford et Vitamine	Oberkomm. des Heeres	2 oct.
Cave à Liqueurs	F. b.	1931	Cadum et Sweet Gin	Président Weber	8 nov.
London Traffic	F. bb.	1931	La Farina et London Fog	Président Weber	8 nov.
Reine d'Ouilly	F. b.	1931	Pharos et Hésione	Oberste Behörde	9 déc.
Reine Isaure	F. b.	1931	Blandford et Oriane	Oberkomm. des Heeres	2 oct.
Torbay	F. al.	1931	La Farina et Torlinda	Président Weber	30 oct.
Voute Céleste	F. b.	1931	Legatee et La Grande Ourse	Président Weber	8 nov.
Accroche Cœur	F. b.	1932	Ecouen et Virgin's Tears	M. Georges Strasser	15 nov.
Anath	F. bb.	1932	Massine et Ygerne	Président Weber	8 nov.
Anecdote	F. al.	1932	Grand Guignol et Amycla	Président Weber	8 nov.
Bokbul	M. b.	1932	Blandford et Buanderie	Président Weber	8 nov.
Buchanite	F. b.	1932	Son in Law et Buchaness	Président Weber	20 nov.
Crudité	F. b.	1932	La Farina et Vitamine	Oberkomm. des Heeres	2 oct.
Fumerie d'Opium	F. b.	1932	Dark Japan et Lupercale	Président Weber	8 nov.
Lady Constance	F. al.	1932	Palais Royal et Lotus Lily	Oberste Behörde	9 déc.
Lady Sarah	F. b.	1932	Blandford et Nancy Stair	Président Weber	20 nov.
La Pawlova	F. b.	1932	Papyrus et La Mauri	Oberste Behörde	11 déc.
Mildred	F. al.	1932	Sansovino et Frankly	Oberkomm. des Heeres	2 sept.
Moira	F. bb.	1932	Town Guard et Opaline	Oberkomm. des Heeres	4 oct.
Mousmée	F. bb.	1932	Van et Mandarine V	M. Joseph Diebold	23 oct.
Reine des Abeilles	F. b.	1932	Blandford et Honeysuckle	Président Weber	8 nov.
Stratosphère	F. al.	1932	Blenheim et Stéarine	Oberkomm. des Heeres	2 oct.
Vanda Teres	F. bb.	1932	Blandford et Cerulea	Oberkomm. des Heeres	2 oct.
Vendaval	M. al.	1932	Town Guard et New Star	Oberkomm. des Heeres	27 sept.
Vignes du Segneur	F. al.	1932	Biribi et Treille du Roi	Président Weber	8 nov.
Amalia	F. b.	1933	Hotweed et Ygerne	Président Weber	8 nov.
Bon Alliage	H. al.	1933	Caligula et Pièce d'Or	Oberkomm. des Heeres	4 oct.
Crèvecœur	H. b.	1933	Guido Reni et Môme Crevette	M. Georges Strasser	15 nov.
Echauguette	F. bb.	1933	Cadum et Bow Window	Président Weber	30 oct.
Engadine	F. al.	1933	Bubbles et Beauté de Neige	Oberkomm. des Heeres	2 oct.
Kiglia	F. b.	1933	Biribi et Kill Lady	Oberste Behörde	9 déc.
Bhavani	F. b.	1934	Blandford et Honeysuckle	Président Weber	8 nov.
Bibi Sahiba	F. bb.	1934	Blenheim et Becti	Oberste Behörde	9 déc.
El Galgo	H. b.	1934	Passebreul et Kirganelle	M. Joseph Diebold	23 oct.
Fitz	M. b.	1934	Comedy King et Fussy Girl	M. Vanderstraten (Belg.)	11 oct.
Magdala	F. al.	1934	Ksar et Magdalena	Président Weber	8 nov.
Mansourah	M. al.	1934	Catimini et Marie de France	Président Weber	22 nov.
Minaudière	F. bb.	1934	Bubbles et Mignonette	Président Weber	8 nov.
Mon Cher Maitre	M. b.	1934	Banstar et Mrs Siddons	Oberkomm. des Heeres	27 août.
Neil Bella	F. bb.	1934	Fils de France et Neil Girl	M. J. de Hasse (Belg.)	22 nov.
Paix des Dames	F. al.	1934	Bubbles et Concorde	Oberkomm. des Heeres	2 oct.
Poupée du Roi	F. b.	1934	Bubbles et Royal Camp	Président Weber	8 nov.
Sainte Alice	F. bb.	1934	Fiterari et Dalmatic	Oberste Behörde	9 déc.
Shabash	F. b.	1934	Rustom Pasha et Seistan	M. Karl Druschkowitz	27 déc.
Téléférique	M. al.	1934	Bactériophage et Beauté de Neige	Président Weber	8 nov.
Windmill	F. al.	1934	Palais Royal et Winnaretta	Président Weber	8 nov.
Antonym	M. al.	1935	Vatout et Antonine	Oberkomm. des Heeres	27 août.
Bathysphère	F. b.	1935	Biribi et Buanderie	Capit. Walter	29 oct.
Belledame	F. b.	1935	Belfonds et Sainte Mandane	Oberste Behörde	9 déc.
Bon Apôtre II	H. gr.	1935	Motley et M'Amy	Oberkomm. des Heeres	2 sept.
Brochet	H. al.	1935	Veloucrème et Ligne de Fond	M. André Bauer	24 oct.
Carruades	F. bb.	1935	Blandford et Treille du Roi	Oberkomm. des Heeres	2 oct.
Castor II	M. al.	1935	Monarch et Glottis	Oberkomm. des Heeres	23 sept.
Conspiratrice	F. b.	1935	Filarete et Camarilla	Oberkomm. des Heeres	4 oct.
Dampt	M. bb.	1935	Ptolemy et Dame de Pique	Oberkomm. des Heeres	2 sept.
Eclair au Chocolat	M. bb.	1935	Bubbles et Honey Sweet	Oberkomm. des Heeres	21 déc.
Empretta	F. b.	1935	Nouvel An et Empress Zita	Oberkomm. des Heeres	4 oct.
Estrambord	H. b.	1935	Mousko et Entreprise	Oberkomm. des Heeres	27 août.
Ethnical	F. gr.	1935	Ethnarch et Miss Tickle	Oberkomm. des Heeres	27 août.
Féerie	F. b.	1935	Massine et Fairy Legend	Conseiller Wagner	14 oct.
I Cy Ba	H. bb.	1935	Balmoral et Cyllene Lassie	M. Adolphe Gerteiss	23 oct.
Loggia	F. bb.	1935	Bubbles et Bow Window	Président Weber	8 nov.

Nom		Année	Origines	Spoliateur	Date
Martingale	F. al.	1935	Veloucrème et La Dame de Trèfle	Président Weber	8 nov.
Mirza	M. b.	1935	Blenheim et Mumtaz Mahal	Oberkomm. des Heeres	2 oct.
Nymphe Dicté	F. b.	1935	Diolite et Nanaïa	Président Weber	8 nov.
Paillac	H. b.	1935	Dark Legend et Picnic	M. Gaston Muri	7 nov.
Patoche	F. b.	1935	Astérus et Pataleta	Oberkomm. des Heeres	2 sept.
Poncé	M. bb.	1935	Mc Kinley et Océane	Oberkomm. des Heeres	2 sept.
Sifflet	M. b.	1935	Brûledur et Spae Lass	Oberkomm. des Heeres	19 août.
Simiha	F. al.	1935	Rustom Pasha et Seistan	Capit. von Wangenheim	18 déc.
Spacieuse	F. bb. ou gr.	1935	Blenheim et Spicebox	Oberste Behorde	9 déc.
Spotty	F. b.	1935	Ptolemy et Mark the Spot	Mlle Marg. Laesch	24 oct.
Turlupinade	F. bb.	1935	Comedy King et Castine	Oberkomm. des Heeres	2 oct.
Zone d'Alpage	F. bb.	1935	Felstead et Brenta	Président Weber	30 oct.
Bibi Sultan	F. b.	1936	Blenheim et Sultan Ranee	Oberste Behorde	11 déc.
Birikil	M. b.	1936	Biribi et Kill Lady	Capit. Walter	24 oct.
Bramouse	F. b.	1936	Cappiello et Pérégrine	Oberste Behorde	9 déc.
Capitol	M. al.	1936	Cappiello et Italia	Oberkomm. des Heeres	22 oct.
Colombe Poignardée	F. al.	1936	Veloucrème et Perruche Bleue	Président Weber	8 nov.
Empire Column	M. b.	1936	Empire Builder et Columbine	M. Edmond Goedlin	13 nov.
Jacqui	H. b.	1936	Blue Skies et Tulipe Jaune	M. Gaston Muri	7 nov.
Jennie	F. b.	1936	Apelle et Lindos Ojos	Oberkomm. des Heeres	27 août.
Koval	H. b.	1936	Kopi et Valescure	Conseiller Wagner	16 août.
Le Bosphore	M. al.	1936	Godiche et Silent Joan	M. Gaston Muri	7 nov.
Lactone	F. al.	1936	Bactériophage et Eponge	Président Weber	8 nov.
La Romanche	F. al.	1936	Bubbles et Hurly Burly	Président Weber	8 nov.
Mandalay	F. b.	1936	Singapore et Confidence	Oberste Behorde	9 déc.
Ma Tante	F. bb.	1936	Fairway et Tantine	Oberkomm. des Heeres	2 sept.
Moins Cinq	H. gr.	1936	The Mac Nab et Haute Savoie	M. Gaston Muri	7 nov.
Pierre de Rosette	F. b.	1936	Ksar et Castine	Président Weber	8 nov.
Saute Ruisseau	M. b.	1936	Lovelace et Septante	M. Vanderstraten (Belg.)	18 nov.
Taconnet	M. bb.	1936	Scaramouche et La Traviata	Oberkomm. des Heeres	30 oct.
Tartaglia	M. b.	1936	Rialto et Talavera	Oberkomm. des Heeres	30 oct.
Toretta	F. b.	1936	Belfonds et Farizade	Oberste Behorde	9 déc.
Transtévère	M. al.	1936	Bubbles et Farnèse	Président Weber	8 nov.
Tricaméron	M. b.	1936	Bubbles et Trie Château II	Oberkomm. des Heeres	21 déc.
Véracité	F. bb.	1936	Blenheim et Versatile	Oberkomm. des Heeres	7 nov.
Vieille Maison	F. b.	1936	Finglas et Vieille Canaille	Président Weber	8 nov.
Yonne	F. bb	1936	Indus et Yenna	Oberste Behorde	9 déc.
Zip II	M. al.	1936	Epinard et Zillah	Oberkomm. des Heeres	17 déc.
Aïcha	F. b.	1937	Chubasco et Aïssé	Leutn. Specht	18 déc.
Aurélia	F. b.	1937	Scaramouche et Avila	Colonel Otzen	25 nov.
Brumal	M. al.	1937	Brumeux et Halpine	Oberkomm. des Heeres	30 déc.
Camerota	M. gr.	1937	Cameronian et Tetrema	Oberkomm. des Heeres	27 août.
Charance	F. b.	1937	Admiral Drake et Miss Bachelor	Oberste Behorde	9 déc.
Chef d'Œuvre	M. b.	1937	Cappiello et Nitakrit	Oberkomm. des Heeres	22 oct.
Codor	M. b.	1937	Finglas et Laune River	Oberkomm. des Heeres	28 août.
Cordelia	F. b.	1937	Filarete et Cocodette	M. Joseph Diebold	26 nov.
Coroner	M. b.	1937	Xandover et Cortina	Oberkomm. des Heeres	28 août.
Enid	F. gr.	1937	Belfonds et Reine d'Ouilly	Oberkomm. des Heeres	27 août.
Flammèche	F. b.	1937	Astérus et Ksara	Oberste Behorde	9 déc.
Flying Call	M. b.	1937	Rodosto et Carte de Visite	Oberkomm. des Heeres	21 août.
Fortona	F. b.	1937	Amfortas et Badalona	M. Gaston Muri	8 nov.
Fric Frac II	F. al.	1937	Nouvel An et La Frégate	Mlle Marg. Laesch	24 oct.
Gros Chou	M. b.	1937	Aethelstan et Chouky	Oberkomm. des Heeres	21 août.
Highlight	F. b.	1937	Pharos et Edelweiss	Oberkomm. des Heeres	28 nov.
Hors Ligne	M. al.	1937	Fiterari et Her Excellency	Oberkomm. des Heeres	2 sept.
Hyacinte Rigaud	M. al.	1937	Artist's Proof et Yadélé	Président Weber	8 nov.
Indian Love	M. b.	1937	Indus et Perfect Love	General Dr Schulze	20 août.
La Futaie	F. b.	1937	Gris Perle et La Futelaye	Oberkomm. des Heeres	3 sept.
Le Brenner	M. b.	1937	Aethelstan et Cibraine	Oberkomm. des Heeres	27 août.
Le Furkahorn	M. al.	1937	Rodosto et La Furka	Oberkomm. des Heeres	21 août.
Lubac	M. al.	1937	Pharos et Farizade	Conseiller Wagner	15 oct.
Majunga	F. al.	1937	Rustom Pasha et Mille Feuilles	General von Stultnitz	19 août.
Montagnana	F. b.	1937	Brantôme et Mauretania	Président Weber	8 nov.
Montliard	M. al.	1937	Monarch et Nesta	Oberkomm. des Heeres	23 sept.
Mouche du Coche	F. al.	1937	Godiche et Hurly Burly	Président Weber	30 oct.
Murielle	F. gr.	1937	Maravédis et Murcia	Oberleutn. Limpert	12 déc.
Palsembleu	M. al.	1937	Singapore et Princess Orby	Oberkomm. des Heeres	27 août.
Prince Igor	M. b.	1937	Massine et Ofelita	Oberkomm. des Heeres	21 août.
Rhodium	M. b.	1937	Hazareh et Rose Sang II	M. Georges Strasser	26 nov.
Roi de Rome	H. al.	1937	Rialto et Hatpin	Leutn. Schwerdtfeger	18 déc.
Salamanque	F. bb.	1937	Lovelace et Septante	M. Gaston Muri	8 nov.
Sarazin	M. b.	1937	Château Bouscaut et Sans un Atout	M. Georges Strasser	26 nov.
Sherbet	M. al.	1937	Solario et Blanc Mange	M. Georges Strasser	26 nov.
Skylark	F. b.	1937	Spike Island et Etoile d'Orient	Oberkomm. des Heeres	17 déc.
Strabon	M. al.	1937	Amfortas et Stratosphère	Colonel Otzen	25 nov.
Volkameria	M. bb.	1937	Artist's Proof et Vanda Térès	Oberkomm. des Heeres	21 déc.
Admiration	F. b.	1938	Admiral Drake et Sabine	Conseiller Wagner	15 oct.
Alaska	F. al.	1938	Casterari et Neigeuse	Oberste Behorde	9 déc.
Albula	M. al.	1938	Nino et Engadine	Capit. Walter	29 oct.
Amalasonte	F. b.	1938	Le Capucin et Amalia	Président Weber	8 nov.
Aragonais	M. b.	1938	Admiral Drake et Katherine of Aragon	Oberkomm. des Heeres	25 août.
Araire	M. al.	1938	Brantôme et Harvest Queen	Président Weber	8 nov.
Argentello	M. b.	1938	Le Val d'Enfer et Argentée II	Rittm. R. H. Jobst	18 déc.
Argyrophédrine	F. al.	1938	Bubbles et Eleesh	Président Weber	8 nov.
Aricie	M. b.	1938	Rialto et Aïssé	Oberkomm. des Heeres	30 oct.
Ariette d'Amour	F. b.	1938	Puits d'Amour et Cerulea	Président Weber	8 nov.

**

Soufflé au Chocolat	M. b.	1939	Sandwich et Blanc Mange	Oberste Behorde	9 déc.
Sovrani	M. al.	1939	Sind et Princess Spiramonde	Oberste Behorde	9 déc.
Starola	F. bb.	1939	Banstar et Dénébola	Oberste Behorde	9 déc.
Tancred	M. bb.	1939	Taj Akbar et Sainte Alice	Oberste Behorde	9 déc
Taranco	M. b.	1939	Motrico et Tarantella	M. Morel (Belg.)	9 déc
Tera Rani	F. bb.	1939	Taj Akbar et Tikka Rani	Oberste Behorde	9 déc
Thotmès Trois	M. b.	1939	Taj Akbar et Tarte Maison	Oberste Behorde	9 déc
Triboulet	M. b.	1939	Brantôme et Mignonette	Oberkomm. des Heeres	21 déc
Trinquette	F. al.	1939	Téléférique et Caravelle	Président Weber	8 nov.
Uranium	M. al.	1939	Bubbles et Castine	Oberkomm. des Heeres	21 déc.
Vaniteux	M. b.	1939	Sind et Vanille	M. Charles Bourg (Belg.)	24 déc.
Cerberus	M. bb.	1940	Bubbles et Curl Paper	Oberkomm. des Heeres	17 déc.
Clavigo	M. b.	1940	Prince Rose et Crudité	Oberkomm. des Heeres	17 déc.
Eisenhammer	M. bb.	1940	Brantôme et Engadine	Oberkomm. des Heeres	17 déc.
Jahvesfeier	F. bb.	1940	Mirza et Jennie	Oberkomm. des Heeres	17 déc.
Meerkönig	M. al.	1940	Brantôme et Mauretania	Oberkomm. des Heeres	17 déc.
Pfingstrose	F. bb.	1940	Dampremy et Paix des Dames	Oberkomm. des Heeres	17 déc.
Rheinlied	F. al.	1940	Bubbles et Reine Isaure	Oberkomm. des Heeres	17 déc.
Skorpion	M. b.	1940	Bubbles et Serre Chaude	Oberkomm. des Heeres	17 déc.
Variante	F. bb.	1940	Bubbles et Vanda Térès	Oberkomm. des Heeres	17 déc.
Viola III	F. al.	1940	Sind et Véracité	Oberkomm. des Heeres	17 déc.

Voici la récapitulation de ces acquisitions :

	Foals	Yearlings	2 ans	3 ans	4 ans	5 ans	6 ans et +	TOTAUX
Oberkommando des Heeres	10	11	7	18	8	15	24	93
Président Weber	»	5	20	3	6	4	45	83
Oberste Behörde für Vollblutzucht und Rennen.	»	22	7	2	5	2	11	49
Conseiller Wagner	»	5	2	1	1	1	3	13
Divers (Allemagne)	»	8	9	14	5	6	8	50
Divers (Belgique)	»	3	9	»	1	»	2	15
Totaux	10	54	54	38	26	28	93	303

Liste des chevaux exportés - Année 1941.

Extrait du rapport des commissaires aux comptes de la Société d'Encouragement pour l'année 1940, Archives France Galop Les Francisaines - Deauville.

Voici d'ailleurs la liste complète des 397 chevaux exportés au cours de l'année 1941, dont 259 en Allemagne, 41 en Belgique, 18 en Hollande, 28 en Hongrie et 51 en Espagne :

Nom		Année	Origines	Acquéreur	Date
Camarilla	F. al.	1922	Yverdon et Cirta	Espagne	15 janv.
Cabale	F. bb.	1924	Sardanapale et On les Aura	Conseiller Wagner	12 avril.
Devonshire House	F. n.	1924	Swynford et Picardel	Oberste Behörde	7 oct.
Palais Royal	M. al.	1925	Bruleur et Puntarenas	J. Wittouck (Belg.)	17 nov.
Symetha	F. al.	1925	Frère Luce et Salamine	Espagne	15 janv.
Kopi	M. b.	1926	Spion Kop et Suncroft	P. Hartmann (Hong.)	17 août.
Catimini	M. al.	1927	Saint Just et Côte Rôtie	P. Hartmann (Hong.)	23 déc.
Clochette d'Argent	F. b.	1927	Alcantara II et Sainte Chapelle	Espagne	15 janv.
Cocodette	F. b.	1927	Alcantara II et Chamarande	Espagne	15 janv.
Saltcellar	F. al.	1927	Tetrameter et Lot's Wife	Espagne	15 janv.
Acacia	F. b.	1928	Jus d'Orange et Arbaa	M. Bauwens (Belg.)	30 oct.
Antonine	F. b.	1928	Belfonds et Santa Antonia	Oberste Behörde	1er oct.
King's Girl	F. b.	1928	King's Cross et Gandourah	Leut. Stapenhorst	21 juin.
Mimy Thérèse	F. gr.	1928	Radamès et Mère Zizi	M. Bauwens (Belg.)	29 déc.
Symphonie	F. al.	1928	Sans le Sou et Soldanelle	Espagne	15 janv.
Fleur des Neiges	F. al.	1929	Sardanapale et Neigeuse	Oberste Behörde	1er oct.
Perruche Bleue	F. b.	1929	Biribi et Blue Pill	Conseiller Wagner	11 avril.
Cap d'Antibes	F. b.	1930	Zambo et Cap d'Ail	Conseiller Wagner	11 avril.
Carigay	F. al.	1930	Gay Crusader et Carissima	Leut. Stapenhorst	21 juin.
Epopée	F. bb.	1930	Sardanapale et Mary Legend	Oberste Behörde	1er oct.
Grisette	F. gr.	1930	Grey Fox II et Maymart	Espagne	15 janv.
Kartika	F. b.	1930	Astérus et Merry Polly	Oberste Behörde	3 oct.
Kraya	F. b.	1930	Bruleur et Kitty Tchin	Président Weber	5 juin.
La Tagharma	F. bb.	1930	Le Traquet et La Tramontane	Oberste Behörde	1er oct.
Sabine	F. bb.	1930	Sardanapale et Fornella	Conseiller Wagner	12 avril.
Vendange	F. b.	1930	Belfonds et Treille du Roi	Conseiller Wagner	29 janv.
Beldada	F. ro.	1931	Radamès et Beldad	F. van Brée (Belg.)	30 oct.
Campha Mine	F. al.	1931	Clarissimus et Mousse du Ciel	Leut. Stapenhorst	21 juin.
Carolina	F. al.	1931	Teddy et Babiroussa	Espagne	15 janv.
Magic Grey	F. gr.	1931	Motley et Magic City	Karl Assmann	9 juin.
Schoura	F. al.	1931	Sans le Sou et Symetha	Espagne	15 janv.
Souricière	F. b.	1931	Chicambaut et Savoyarde	Espagne	15 janv.
Tatiana	F. b.	1931	Sourbier et Tahiti	Oberste Behörde	1er oct.
Tête d'Or	F. al.	1931	Sans le Sou et Thessalie	Espagne	15 janv.
Anne de Bretagne	F. bb.	1932	Teddy et Our Liz	Président Weber	5 juin.
Asturie	F. b.	1932	Astérus et Durban	Oberste Behörde	1er oct.
Bouquetière	F. al.	1932	Sans le Sou et Banane	Espagne	15 janv.
Fitlight	F. al.	1932	Fiterari et Orlight	Oberste Behörde	1er oct.
Gaidanne	F. b.	1932	Chubasco et Gainsborough Girl	Oberkomm. des Heeres	18 juil.
Impalla	F. al.	1932	Astérus et Merry Girl	Oberste Behörde	1er oct.
Katherine of Aragon	F. bb.	1932	Vatout et Royal Mistress	Conseiller Wagner	11 avril.
Orientale	F. b.	1932	Sardanapale et Bergamotte	Conseiller Wagner	12 avril.
Serdoba	F. al.	1932	Sans le Sou et Sainte Chapelle	Espagne	15 janv.
Sténobée	F. al.	1932	Saõ Paulo et Soléine	Espagne	15 janv.
Antilope	F. gr.	1933	Le Capucin et Algazelle	Conseiller Wagner	29 janv.
Astucieuse	F. gr.	1933	Astérus et Zaca	Karl Assmann	9 juin.
Aurangzeb	M. b.	1933	Sardanapale et Fairy Legend	Conseiller Wagner	12 avril.
Bon Alliage	H. al.	1933	Caligula et Pièce d'Or	Oberkomm. des Heeres	29 janv.
Coralmy	F. bb.	1933	Ptolemy et Coral Reef	Conseiller Wagner	11 avril.
Demi Solde	F. al.	1933	Sans le Sou et Sainte Chapelle	Espagne	15 janv.
Empressor	H. b.	1933	Nouvel An et Empress Zita	Oberkomm. des Heeres	27 oct.
Horncastle	F. b.	1933	Rialto et Hornet's Law	Oberste Behörde	1er oct.
Houssière	F. al.	1933	Cerfeuil et Brocéliande	Oberkomm. des Heeres	18 juil.
Josepha	F. b.	1933	Xandover et Soun	F. van Brée (Belg.)	30 oct.
Katinka	F. b.	1933	Biribi et Killeen	Oberkomm. des Heeres	18 juil.
La Chouette	F. gr.	1933	Chubasco et Bachelette II	Oberkomm. des Heeres	24 janv.
Limac	M. b.	1933	The Mac Nab et Lilysol	P. Hartmann (Hong.)	12 fév.
Sanda	F. b.	1933	Dark Japan et Sans Galanterie	Espagne	15 janv.
Sea Breeze	F. al.	1933	Coronach et Golden Clear	Oberkomm. des Heeres	19 déc.
Serdab	H. al.	1933	Tourbillon et Likka	J. Kruithof (Holl.)	7 juil.
Subra	F. bb.	1933	Irismond et Starlolotte	Capit. von Gustedt	18 fév.
Suniade	F. b.	1933	Bruleur et Sun Grits	Oberste Behörde	1er oct.
Taloche	F. al.	1933	Sans le Sou et Tempé	Espagne	15 janv.
Wizzard	F. bb.	1933	Winalot et Zambelli	Oberste Behörde	1er oct.
Ada	F. b.	1934	Tourbillon et Orlanda	Oberste Behörde	1er oct.
Belle Mab	F. b.	1934	The Mac Nab et Bouche Bée	Leut. Stapenhorst	21 juin.
Callisto	F. al.	1934	Tourbillon et Lasarte	Oberste Behörde	1er oct.
Cinara	F. al.	1934	Tourbillon et Expérience	Oberste Behörde	1er oct.
Daïdha	F. b.	1934	Astérus et Diadème	Oberste Behörde	1er oct.
Damas	F. bb.	1934	Abbot's Speed ou Sardanapale et On les Aura	Oberkomm. des Heeres	26 juin.
Fierville II	H. al.	1934	Canapé et Lily III	Oberkomm. des Heeres	5 août.
Ginko Biloba	H. b.	1934	Veloucrème et Cicérole	Julius Bührer	7 mars.
Lavardac	H. gr.	1934	Epinard et La Faloterie	Oberkomm. des Heeres	19 nov.
Livie	F. al.	1934	Yverdon et Linaigrette	Espagne	15 janv.
Madreperla	F. b.	1934	Deïri et Isola Madre	Oberste Behörde	3 oct.
Manine	F. bb.	1934	Monarch et La Minerva	P. Hartmann (Hong.)	1er août.
Nouvelle Armée	F. b.	1934	Nouvel An et Jeune Armée	Oberste Behörde	1er oct.
Opalia	F. b.	1934	Solario et Flowerless	Président Weber	5 juin.
Osbor	F. b.	1934	Amfortas et Oureq	Oberkomm. des Heeres	27 oct.
Radian	H. b.	1934	Fiterari et Minute	Oberkomm. des Heeres	29 janv.
Sultan Mahomed	M. gr.	1934	Massine et Rollybuchy	P. Hartmann (Hong.)	1er août.
Tonnelle	F. b.	1934	Bubbles et Bow Window	Conseiller Wagner	29 janv.
Trame	F. b.	1934	Rabican ou Pour le Roi et Tramontane	Leut. Stapenhorst	21 juin.

Vlasta	F. b.	1934	Blandford et Penthésilée	Oberste Behörde	4 oct.
Voragine	M. b.	1934	Feb et Valencia	P. Hartmann (Hong.)	12 fév.
Wissimy	F. al.	1934	Godiche et Winged Bird	Oberste Behörde	1er oct.
Anaxo	F. b.	1935	Astérus et Divine	Oberkomm. des Heeres	19 déc.
Assurance	F. al.	1935	Pharos et Confidence	Oberkomm. des Heeres	27 janv.
Astaria	F. b.	1935	Astérus et Diamond Star	Oberste Behörde	1er oct.
Bougainville	M. b.	1935	Blandford et Caravelle	P. Hartmann (Hong.)	12 fév.
Cantharide	F. bb.	1935	Kantar et Rymenhild	Conseiller Wagner	11 avril.
Dardanelles	M. b.	1935	Rustom Pasha et Cap d'Ail	P. Hartmann (Hong.)	28 juil.
Délinquante	F. al.	1935	Press Gang et Delicia	Oberkomm. des Heeres	24 janv.
Diamantée	F. gr.	1935	Blue Skies et Diane de Savoie	Col. Oberst. von Wolff	22 janv.
Duchess Sarah	F. al.	1935	Blenheim et Cnidos	Oberste Behörde	1er oct.
Fanfarona	F. al.	1935	Mon Talisman et Fête Royale	Oberkomm. des Heeres	1er mars.
Guignol's Pride	F. b.	1935	Grand Guignol et Hector's Pride	J. Kruithof (Holl.)	7 juil.
Ksarine	F. al.	1935	Ksar et Ksara	Conseiller Wagner	12 avril.
Lanterne Magique	F. al.	1935	Brumaire et La Lézarde	Oberkomm. des Heeres	28 août.
L'Heure d'Eté	F. bb. ou n.	1935	Pharos et L'Heure du Thé	Conseiller Wagner	12 avril.
Lilac Time	F. b.	1935	Pharos et Spring	Oberkomm. des Heeres	29 janv.
Montferrand	H. al.	1935	Brabant et Marianna	Oberkomm. des Heeres	29 janv.
Motilla	F. bb.	1935	Motrico et Djezirah	Col. Lorentz	13 fév.
Nordir	H. al.	1935	Ksar et Chope du Nord	Oberkomm. des Heeres	17 mars.
Nova Sabaudia (½ s.)	F. b.	1935	Orange Peel et Raguse (½ s.)	Conseiller Wagner	12 avril.
Ocre	F. bb.	1935	Deïri et Oceana	F. van Brée (Belg.)	30 oct.
Palestrina	F. al.	1935	Astérus et Pompéïa	Oberste Behörde	1er oct.
Palk	M. bb.	1935	Papyrus et Eroïca	F. J. Jenezon (Holl.)	13 mai.
Phénicien	H. al.	1935	Pharos et La Grêlée	Oberkomm. des Heeres	29 janv.
Quadrantal	M. b.	1935	Hazareh et Queskella	F. J. Jenezon (Holl.)	13 mai.
Vigilante	F. b.	1935	Massine et Voie Lactée	Oberste Behörde	1er oct.
Accord Parfait	M. al.	1936	Bubbles et Concorde	Conseiller Wagner	29 janv.
Ampella	F. al.	1936	Balmoral ou Motrico et Ample	Oberkomm. des Heeres	20 mars.
Aronde	F. bb.	1936	Le Bécau et Ariana	Maj. von Madeyski	25 sept.
Balsamo	M. al.	1936	Angelico et Bizkorra III	Capit. Walter Graef	17 avril.
Beaujolais	M. al.	1936	Catimini et Black Arrow	Espagne	15 janv.
Bon Voyage	M. b.	1936	Xandover et Belle Aventure	J. Kruithof (Holl.)	8 juil.
Bou Saada	F. bb.	1936	Vatout et Baucis	Oberkomm. des Heeres	26 juin.
Duroc	M. b.	1936	Call Boy et Dodder	Gersen (Holl.)	22 déc.
Episcope	M. al.	1936	Epinard et Eléda	Oberkomm. des Heeres	27 janv.
Etalon Or	M. al.	1936	Massine et La Savoyarde	Oberkomm. des Heeres	14 nov.
Etna	H. bb.	1936	Pitchoury et Emersy	F. J. Jenezon (Holl.)	13 mai.
Evianter	F. b.	1936	Joyeux Drille et Evaporée	Stud Axtberg	1er fév.
Feuille de Chêne	F. b.	1936	Van et Ivy Leaf	P. Hartmann (Hong.)	1er août.
Gargamelle	F. b.	1936	Filarete et Galanterie	Espagne	15 janv.
Golden Hind	F. al.	1936	Banstar et Divine	Oberste Behörde	1er oct.
La Rosines	F. bb.	1936	Epinard et Fairy Legend	Conseiller Wagner	12 avril.
Last Hope II	H. bb.	1936	Motrico et Roseline	Oberkomm. des Heeres	14 nov.
Looc Mô	M. al.	1936	Dictateur VIII et Lady Maureen	F. J. Jenezon (Holl.)	13 mai.
Lucky Dancer	F. b.	1936	Massine et Lucky Sarah	P. Hartmann (Hong.)	1er août.
Magnor	H. b.	1936	Charlemagne et Moisson d'Or	Gersen (Holl.)	21 oct.
Manmadin	M. al.	1936	Catimini et Sainte Marcienne	Espagne	15 janv.
Marcassin	H. b.	1936	Indus et Cassandre	Oberkomm. des Heeres	5 août.
Marguy	H. b.	1936	Grand Guignol et La Marnière	F. J. Jenezon (Holl.)	13 mai.
Norriton	M. b.	1936	Le Phare et Caille	Julius Bührer	7 mars.
Pharis	M. bb. ou n.	1936	Pharos et Carissima	Col. Otzen	20 janv.
Phine	F. al.	1936	Coronach et Pax Romana	Conseiller Wagner	29 janv.
Prestissima	F. al.	1936	Cappiello et Ksara	Président Weber	9 juin.
Quatre à Quatre	M. al.	1936	Monarch et Quatre Saisons	Georges Strasser	15 janv.
Quercy	M. b.	1936	Finglas et Queen's Gain	F. J. Jenezon (Holl.)	13 mai.
Rambler	F. bb.	1936	Blenheim et Wood Violet	Oberkomm. des Heeres	27 janv.
Reina	F. b.	1936	Casterari et Rigolade II	Oberkomm. des Heeres	27 janv.
Ripaton	H. b.	1936	Lovelace et Rachel II	Président Weber	21 avril.
Rurik	M. gr.	1936	Tourbillon et Cingalaise	Oberkomm. des Heeres	24 janv.
Sérigny	H. al.	1936	Laeken et Séverine II	Capit. von Gustedt	18 fév.
Siny	F. b.	1936	Chubasco et Sintille	Oberkomm. des Heeres	24 janv.
Syringa	M. al.	1936	Stingo et Saltcellar	Espagne	15 janv.
Tasse de Thé	F. n.	1936	Epinard et Kantara	Oberkomm. des Heeres	23 août.
Top Hat	M. al.	1936	Foxlaw et How's That	Gaston Muri	29 juil.
Valse de Vienne	F. al.	1936	Lovelace et Voilà Mauri	Oberkomm. des Heeres	24 janv.
Vaunoise	F. b.	1936	Monsieur le Maréchal et Valada	Oberkomm. des Heeres	5 août.
Xaurado	M. bb. ou n.	1936	Town Guard et Alness	Bishoff	21 avril.
Abbazia	F. b.	1937	Fiterari et Ahmar Kaddou	Oberkomm. des Heeres	28 août.
Arys	H. b.	1937	Metchoui ou Zagreus et Absinthe	Oberkomm. des Heeres	29 janv.
Astéryva	F. b.	1937	Astérus et Souryva	Oberste Behörde	1er oct.
Beauvallon	M. b.	1937	Filarete et Bassara	Espagne	15 janv.
Bijapur	M. al.	1937	Felicitation et Badr ul Molk	Conseiller Wagner	29 janv.
Bily	M. b.	1937	Scaramouche et Balilla	F. J. Jenezon (Holl.)	13 mai.
Boies	F. al.	1937	Cappiello et Caille	E. de Mossner	13 fév.
Camail	H. b.	1937	Bactériophage et Vareuse	Oberkomm. des Heeres	5 août.
Canichon	M. b.	1937	Filarete et Sainte Chapelle	Espagne	15 janv.
Cabernet	M. bb.	1937	Puits d'Amour et Treille du Roi	Président Weber	3 nov.
Corviglia	M. bb.	1937	Charlemagne et Confiserie	Henry Junk	12 juin.
Escarbotin	M. b.	1937	Amfortas et Erinnye	Col. Stein	16 juin.
Fontgillarde	F. al.	1937	Epinard et Iturea	P. Hartmann (Hong.)	1er août.
Furane	F. b.	1937	Château Bouscaut et Furlana II	Prof. Docteur Schulze	3 sept.
Gapiko	H. b.	1937	Kopi et Galipette	Oberkomm. des Heeres	11 août.
Grand Kudu	H. al.	1937	Dampremy et Algazelle	Conseiller Wagner	12 avril.
Grue Couronnée	F. al.	1937	Brantôme et Perruche Bleue	Conseiller Wagner	29 janv.
Guerrière	F. bb.	1937	Indus et Hostility	Bishoff	21 avril.

Herbaudière	F. bb.	1937	Palais Royal et Haudriette	Col. Curt Panse	3 fév.
Karnac	M. al.	1937	Louqsor et Adounja	du Roy de Blicquy (Belg.)	30 sept.
Lady Law	F. b.	1937	Vatout et Lady Maureen	Oberste Behörde	4 oct.
Lauréole	F. bb.	1937	Van et Ivy Leaf	Oberkomm. des Heeres	5 août.
Mac Mellan	M. b.	1937	The Mac Nab et Sainte Mélaine	F. J. Jenezon (Holl.)	13 mai.
Midland	F. bb.	1937	Papyrus et Manly	Oberkomm. des Heeres	24 janv.
Miss Rustom II	F. b.	1937	Dastur et Mrs Rustom	Oberkomm. des Heeres	26 juin.
Moriau	H. al.	1937	Niño et Somme Copse	Oberleut. Neyslinger	6 mai.
Nicanor	M. b.	1937	Macaroni et Napée	Georges Strasser	15 janv.
Orlinda	F. b.	1937	Thor et Heldifann	Oberste Behörde	1er oct.
Othello	H. gr.	1937	Belfonds et Opaline	Oberkomm. des Heeres	7 mai.
Peel II (½ s.)	H. b.	1937	Orange Peel et Sachée (½ s.)	Conseiller Wagner	12 avril.
Perdita	F. b.	1937	Pharos et Kartika	Oberste Behörde	1er oct.
Pétarade	F. al.	1937	Palais Royal et Pierre de Feu	F. van Brée (Belg.)	30 oct.
Pharina	F. b.	1937	Pharos et Tsianina	Oberste Behörde	1er oct.
Sannat	H. bb.	1937	Vatout ou Southern et Sardonia	Col. Gag	18 fév.
Sidi	M. b.	1937	Niño et Sidonia	S. A. Grouppe Hessen	4 juil.
Sidonien	H. al.	1937	Le Grand Cyrus et Sidon	Oberkomm. des Heeres	5 août.
Tamango	M. b.	1937	Catimini ou Filarete et Taloche	Espagne	15 janv.
Tonkelstan	F. al.	1937	Aethelstan et Tonka	du Roy de Blicquy (Belg.)	30 sept.
Trésor	M. bb.	1937	Louqsor et Thérouanne	Président Weber	21 avril.
Varte	F. b.	1937	Comedy King et Princesse de Bagdad	Gaston Muri	29 juil.
Xaronval	M. b.	1937	Xandover et Nymphea	Oberkomm. des Heeres	1er déc.
Xucar	M. gr.	1937	Badruddin et Xuanloc	Henry Junk	12 juin.
Admiral's Pride	M. b.	1938	Admiral Drake et Pride of Hainault	Conseiller Wagner	11 avril.
Aladin II	M. gr. ou r.	1938	Belfonds et Donia Sol	M. Sengier (Belg.)	11 oct.
Astérelle	F. b.	1938	Astérus et Albarelle	Oberste Behörde	1er oct.
Bab Caïd	M. bb.	1938	The Mac Nab et Canalette	Oberkomm. des Heeres	28 mai.
Béobyla	F. b.	1938	Admiral Drake et Bourgogne	P. Hartmann (Hong.)	1er août.
Blocus	M. b.	1938	Filarete et Bouquetière	Espagne	15 janv.
Capri	M. b.	1938	Filarete et Carolina	Espagne	15 janv.
Coffre Fort	M. b.	1938	Tapin et Cassette d'Or	Georges Strasser	15 janv.
Conte de Fées	M. b.	1938	Dampremy et Anecdote	Conseiller Wagner	12 avril.
Cyclotron	M. b.	1938	Belfonds et Crudité	Conseiller Wagner	29 janv.
Duc Duc	M. b.	1938	Niño et Quatre Sous	L. Lambiotte (Belg.)	15 sept.
Elfe	F. bb.	1938	Comedy King et La Chaconne	Baron Empain (Belg.)	30 sept.
Ernita	F. b.	1938	Epinard et Lady Eileen	Baron du Four (Belg.)	11 oct.
Géranium	M. b.	1938	Filarete et Grisette	Espagne	15 janv.
Grande Chérie	F. b.	1938	Amfortas et L'Ure	Stud Axtberg	1er fév.
Ifakara	F. bb.	1938	Rustom Pasha et Jan Ranee	Oberkomm. des Heeres	26 juin.
Kopipa	M. b.	1938	Kopi et Palette	Heeresrennstall	16 déc.
La Coureuse	F. b.	1938	Gouspin et The Trail	Gaston Muri	3 janv.
Le Béguin	M. bb.	1938	Le Bécau et Vasounda	F. J. Jenezon (Holl.)	13 mai.
L'Etourneau	M. gr.	1938	Le Val d'Enfer et L'Ecervelée	Gaston Muri	3 janv.
Louason	F. al.	1938	Rodosto et Lady Chatterley	S. A. Grouppe Hessen	4 juil.
Mnémosyne	F. al.	1938	Brantôme et Honey Sweet	Conseiller Wagner	29 janv.
Montfermeil	M. b.	1938	Filarete et Sainte Marcienne	Espagne	15 janv.
Mouna Forta	F. bb.	1938	Amfortas et Moune	P. Hartmann (Hong.)	29 sept.
Nembutal	M. al.	1938	Niño et Bachelette II	Oberkomm. des Heeres	28 mai.
Nini Galette	F. gr.	1938	Xandover et Cortina	Gaston Muri	3 janv.
Pasha	M. b.	1938	Rustom Pasha et Pietra	Stoof	7 avril.
Petite Vertu	F. al.	1938	Kopi et Petite Musique	Baron K. de Wangenheim	17 fév.
Pindarella	F. gr.	1938	Indus et La Pitchi Grise	Henry Junk	12 juin.
Quetsche	F. al.	1938	Massine et Cave à Liqueurs	Conseiller Wagner	29 janv.
Rarahu	F. b.	1938	Lovelace et Rachel II	J. de Hasse (Belg.)	15 déc.
Rose Deep	F. bb.	1938	Astérus et Rama	Oberste Behörde	1er oct.
Sanya	F. bb.	1938	Bubbles et Singing Heart	Oberkomm. des Heeres	26 juin.
Saulieu	M. al.	1938	Catimini et Sanda	Espagne	15 janv.
Savonnerie	F. al.	1938	Niño et Demi Solde	Espagne	15 janv.
Sea Lord	M. bb.	1938	Admiral Drake et Good Bess	Président Weber	22 avril.
Sémillante	F. b.	1938	Filarete et Symphonie	Gersen (Holl.)	21 oct.
Sésame	M. b.	1938	Filarete et Souricière	Espagne	15 janv.
Slavkov	M. gr.	1938	Xandover et Slavey	Stoof	7 avril.
Solidor	F. b.	1938	Lovelace et Septante	Gersen (Holl.)	22 oct.
Stolen Apple	F. b.	1938	Theft et Masse de Pommes	Conseiller Wagner	12 avril.
Taïtou	F. al.	1938	Catimini et Tête d'Or	Espagne	15 janv.
Talon Rouge	M. b.	1938	Filarete et Taloche	Espagne	15 janv.
Tempérance	F. b.	1938	Filarete et Tempé	Gersen (Holl.)	21 oct.
Witch	F. b.	1938	Black Devil et Wizzard	Baron du Four (Belg.)	11 oct.
Admiral's Smile	F. b.	1939	Admiral Drake et Point Pleasant	Conseiller Wagner	11 avril.
Apollon II	M. b.	1939	Parth et Aissette	R. de Tauzia (Esp.)	5 fév.
Arigèle	F. bb.	1939	Sir Nigel et Arria	Heeresrennstall	16 déc.
Azalea	F. b.	1939	Sickle et Barberybush	Oberkomm. des Heeres	27 janv.
Benjoin	M. b.	1939	Filarete et Berquinade	Espagne	15 janv.
Bombe	F. al.	1939	Niño et Bassara	Espagne	15 janv.
Bouquet	M. b.	1939	Filarete et Bouquetière	Espagne	15 janv.
Brasier	M. al.	1939	Firdaussi et Braisette	Président Weber	21 avril.
Buée	F. al.	1939	Téléférique et Buanderie	Ecole de Cavalerie SS	3 nov.
Carélie	F. b.	1939	Filarete et Clochette d'Argent	Espagne	15 janv.
Cheetah	M. b.	1939	Black Devil et Chara	Capit. von Zastrow	22 déc.
Colerette	F. al.	1939	Catimini et Ma Commère	Espagne	15 janv.
Constantin	M. al.	1939	Come In et Lady Constance	Oberkomm. des Heeres	14 nov.
Cornucopia	F. al.	1939	Palais Royal et Copia	Oberkomm. des Heeres	10 avril.
Croydon	M. b.	1939	Brantôme et London Traffic	Ecole de Cavalerie SS	3 nov.
Cuir de Russie	M. al.	1939	Catimini et Camarilla	Espagne	15 janv.
Dammartin	M. gr.	1939	Admiral Drake et Debraise	J. de Hasse (Belg.)	29 déc.
Drakenberg	M. b.	1939	Admiral Drake et Donia Sol	Président Weber	21 avril.

Nom	Robe	Année	Père et Mère	Éleveur	Date
First Love	F. b.	1939	Firdaussi et Amourette IX	P. Hartmann (Hong.)	1er août.
Fructidor	M. b.	1939	Firdaussi et Blue Bear	Prof. Docteur Schulze	13 mai.
Grand Fleet	F. b.	1939	Admiral Drake et Chi Lo Sa	P. Hartmann (Hong.)	1er août.
Grise Mine	F. gr.	1939	Filarete et Grisette	Espagne	15 janv.
Her Ladyship	F. b.	1939	His Grace et Dilbur	Conseiller Wagner	12 avril.
Heure d'Eté	F. bb.	1939	Pampeiro et Heure Espagnole	Président Weber	21 avril.
Kassandra	F. b.	1939	Sir Nigel et Kan Sou	Président Weber	21 avril.
L'Epinette	F. bb.	1939	Epinard et Djerba	Hans Lohkamp	17 sept.
Le Pourtanel	M. bb.	1939	Le Val d'Enfer et Poldhu	Ed. Boulvin (Belg.)	11 oct.
Le Val d'Onin	M. b.	1939	Le Val d'Enfer et Donine	Ed. Boulvin (Belg.)	11 oct.
Lord Admiral	M. b.	1939	Admiral Drake et Lady Elinor	Conseiller Wagner	11 avril.
Moselle	F. b.	1939	Louqsor et Magic Grey	Karl Assmann	9 juin.
Moyar	M. b.	1939	Assuérus et Nanu Oya	Heeresrennstall	16 déc.
Niveld	M. bb.	1939	Barneveldt et Dolorès	Nauwelaerts (Belg.)	30 sept.
Ombre Légère	F. al.	1939	Rodosto et Officine	J. de Hasse (Belg.)	29 déc.
Paquerette IX	F. b.	1939	Dean Swift et Altéa	S. A. Grouppe Hessen	4 juil.
Pivert	M. al.	1939	Hazareh et Porquerolles	R. de Tauzia (Esp.)	5 fév.
P. M. U.	M. b.	1939	Blue Skies et La Mute	Leut. Leisten	22 déc.
Quick Cast	F. aub.	1939	Casterari et Hurry Off	Conseiller Wagner	11 avril.
Randi	F. b.	1939	Massine et Jan Ranee	Conseiller Wagner	12 avril.
Sacoche	F. b.	1939	Filarete et Schoura	Espagne	15 janv.
Saint Clochard	M. b.	1939	Filarete et Cocodette	Espagne	15 janv.
Sainte Marguerite	F. b.	1939	Filarete et Sainte Marcienne	Heeresrennstall	16 déc.
Sandale	F. b.	1939	Catimini et Sanda	Espagne	15 janv.
Sarcophage	M. al.	1939	Catimini et Souricière	Espagne	15 janv.
Sea Beauty	F. b.	1939	Admiral Drake et American Beauty	Conseiller Wagner	11 avril.
Serpentine	F. b.	1939	Rialto et Sidonia	Oberkomm. des Heeres	30 juin.
Sianina	F. b.	1939	Filarete et Symetha	Espagne	15 janv.
Somptueuse	F. al.	1939	Catimini et Serdoba	Espagne	15 janv.
Sukkar	M. b.	1939	Sind et Penang	Conseiller Wagner	12 avril.
Tarentaise	F. bb.	1939	Filarete et Tempé	Espagne	15 janv.
The Squaw	F. b.	1939	Sickle et Minnewaska	Oberkomm. des Heeres	27 janv.
Tomi	M. gr.	1939	Motley et Iona	F. J. Jenezon (Holl.)	13 mai.
Tromblon	M. al.	1939	Catimini et Tête d'Or	Espagne	15 janv.
Admiral Cook	M. b.	1940	Admiral Drake et Coquerelle	Visart de Bocarmé (Belg.)	11 oct.
Affectueuse	F. al. ou gr.	1940	Mandar et Astucieuse	Karl Assmann	9 juin.
Armor	M. b.	1940	Téléférique et Armoise	Président Weber	2 avril.
Belle Iole	F. b.	1940	Rialto et Black Vixen	M. Bauwens (Belg.)	17 nov.
Bigorre	M. b.	1940	Taj Akbar et Bibi Sultan	P. Hartmann (Hong.)	28 juil.
Bizda	F. b.	1940	Biribi et Zone d'Alpage	Président Weber	2 avril.
Blue River	F. b.	1940	Blue Skies et Amapola	Ed. Delcroix (Belg.)	12 nov.
Bollène	F. b.	1940	Taj Akbar et Bouillabaisse	P. Hartmann (Hong.)	1er août.
Bombe II	F. al.	1940	Mieuxcé et Bibi Sahiba	Oberste Behörde	1er oct.
Colette	F. al.	1940	Easton ou Coronach et Vlasta	Prof. Docteur Schulze	2 août.
Danilo	M. al.	1940	Château Bouscaut et Double Yolk	Oberkomm. des Heeres	27 sept.
Deiripalme	F. b.	1940	Deïri et Palmeraie II	M. Decloedt (Belg.)	11 oct.
Diable Rusé	M. b.	1940	Black Devil et Ruse	Sengier (Belg.)	11 oct.
Echo	F. b.	1940	Brantôme et Echauguette	Président Weber	4 juin.
Epode	F. b.	1940	Brantôme et Eponge	Président Weber	2 avril.
Erle	F. bb.	1940	Midday Sun et Eagle's Prey	Conseiller Wagner	2 juil.
Erlkönig	M. al.	1940	Mirza et Ethnical	Oberkomm. des Heeres	24 janv.
Escarcelle	F. b.	1940	Deïri et Emigrante	P. Hartmann (Hong.)	13 sept.
Excuse	F. al.	1940	Rialto et Arabia	Président Weber	2 avril.
Fehrbellin	M. b.	1940	Massine et Fairy Legend	Conseiller Wagner	2 juil.
Flingot	M. b.	1940	Indus et Arquebuse	M. Bauwens (Belg.)	11 oct.
Fouafouade	F. al.	1940	Prince Rose et Tramond	Visart de Bocarmé (Belg.)	17 nov.
Fumisterie	F. b.	1940	Téléférique et Fumerie d'Opium	Président Weber	2 avril.
Gabatch	M. al.	1940	Château Bouscaut et Giovanna Dupré	Oberkomm. des Heeres	27 sept.
Hagen	M. b.	1940	Taj Akbar et Her Sister	Conseiller Wagner	13 juin.
Jindamir	M. b.	1940	Mirza et Jan Rance	P. Hartmann (Hong.)	28 juil.
Kattegatt	M. b.	1940	Salmon Leap et Cabale	Conseiller Wagner	2 juil.
Kerbillon	F. b.	1940	Tourbillon et Kérite	P. Hartmann (Hong.)	13 sept.
Kilro	M. b.	1940	Rodosto et Kill Lady	Président Weber	2 avril.
Kitmer	M. b.	1940	Château Bouscaut et Katinka II	Prof. Docteur Schulze	2 sept.
Königgratz	M. b.	1940	Casterari et Katherine of Aragon	Conseiller Wagner	13 juin.
Kürassier	M. b.	1940	Amfortas et Coralmy	Conseiller Wagner	13 juin.
La Bormida	F. b.	1940	Rialto et La Bure	M. Bauwens (Belg.)	17 nov.
Ladmon	M. al.	1940	Monarch et Lady Sarah	Président Weber	2 avril.
La Maya	F. bb.	1940	Puits d'Amour et La Païva	M. Bauwens (Belg.)	11 oct.
Landsknecht	M. b.	1940	Mirza et L'Heure d'Eté	Conseiller Wagner	13 juin.
Logiste	M. bb.	1940	Victrix et Loggia	Président Weber	2 avril.
Lotterie	F. al.	1940	Brantôme et London Fog	Président Weber	4 juin.
Martin Pêcheur	M. b.	1940	Finglas et Martingale	Président Weber	2 avril.
Marylou	F. al.	1940	Téléférique et Marylebone	Président Weber	2 avril.
Méchéria	F. al.	1940	Fantastic et Mademoiselle Sallé	M. Bauwens (Belg.)	17 nov.
Mondaine	F. bb. ou g.	1940	Maravédis et Magic Grey	Karl Assmann	9 juin.
Mysia	F. b.	1940	Casterari et Mystical Rose	M. Bauwens (Belg.)	11 oct.
Nerine	F. al.	1940	Prince Rose et Needle Run	P. Hartmann (Hong.)	13 sept.
Nightcap	M. bb.	1940	Rialto et Arabian Nights	J. de Hasse (Belg.)	11 oct.
Nymphenbourg	M. bb.	1940	Puits d'Amour et Nymphe Dicté	Président Weber	2 avril.
Oloufer	F. b.	1940	Oleander et Niloufer	Oberkomm. des Heeres	5 août.
Orès	M. b.	1940	Fiterari et Dolorès	J. van Stalle (Belg.)	25 nov.
Pedro	M. b.	1940	Rodosto et Bizoulette	M. Decloedt (Belg.)	17 nov.
Preislied	F. bb.	1940	Admiral Drake et Parsan	Oberkomm. des Heeres	5 août.
Rabash	F. b.	1940	Casterari et Shabash	Karl Druschkowitch	8 janv.
Royal Pourpoint	M. bb.	1940	Bois Josselyn et Royale Bouquetière	Karl Druschkowitch	3 mars.
Saint Amour	M. b.	1940	Mirza et Sainte Alice	P. Hartmann (Hong.)	28 juil.

Salva II	F. al.	1940	Louqsor et Sardonia	P. Hartmann (Hong.)	13 sept.
Segelfalter	M. b.	1940	Rialto et Séraphita	Oberkomm. des Heeres	24 fév.
Segoviane	F. b.	1940	Casterari et Sofia	P. Hartmann (Hong.)	13 sept.
Sister Jerab	F. b.	1940	Abjer et Sister Nell	P. Hartmann (Hong.)	13 sept.
Sorglos	F. b.	1940	Rodosto et Sabine	Conseiller Wagner	2 juil.
Syra	F. b.	1940	Lovelace et Septante	J. J. Rouget (Belg.)	25 nov.
Tic Pourpre	M. b.	1940	Fantastic et Lilas Pourpre	Karl Druschkowitch	8 janv.
Trévières	F. al.	1940	Fantastic et Trique Madame	M. Bauwens (Belg.)	17 nov.
Trinacrie	F. b.	1940	Rialto et Talavera	M. Bauwens (Belg.)	17 nov.
Vera	F. bb.	1940	Mirza et Vitrics	Prof. Docteur Schulze	2 sept.
Vita Nuova	F. b.	1940	Bubbles et Vitamine	Président Weber	2 avril.
Windau	M. al.	1940	Bubbles et Windmill	Président Weber	2 avril.
Xingu	M. al.	1940	Téléférique et Xuanloc	Sengier (Belg.)	17 nov.
Yakko	F. b.	1940	Bokbul et Yadélé	Président Weber	2 avril.
Aga Mirza	M. b.	1941	Mirza et Anne de Bretagne	Président Weber	3 déc.
Arel	F. bb.	1941	Fiterari et Ary	Oberkomm. des Heeres	1er sept.
Bab Srir	F. b.	1941	Taj Akbar et Katinka	Oberkomm. des Heeres	23 août.
Bénarès	M. b.	1941	Casterari et Bonne Espérance	Oberkomm. des Heeres	1er sept.
Brindille II	F. b.	1941	Pampeiro et Belle Mab	Leut. Stapenhorst	4 sept.
Camille	F. al.	1941	Rodosto et Josepha	F. van Brée (Belg.)	30 oct.
Campanile	M. b.	1941	Sir Nigel et Campha Mine	Leut. Stapenhorst	30 oct.
Capitan Pasha	M. b.	1941	Admiral Drake et Pamina	Oberkomm. des Heeres	23 août.
Chamsi	M. b.	1941	Mirza et Ziraleet	Président Weber	3 déc.
Dodécanèse	M. n.	1941	Pou du Ciel et Devonshire House	Oberste Behörde	7 nov.
Exilé	M. al.	1941	Kopi et Acacia	M. Bauwens (Belg.)	30 oct.
Exmes	M. b.	1941	Astrophel et Lady Law	Oberkomm. des Heeres	23 août.
Greiz	F. b.	1941	Casterari et Greekford	Leut. Stapenhorst	26 août.
Hidalgo	M. bb.	1941	Assuérus et Hespéride	Oberkomm. des Heeres	1er sept.
Kaïmahan	M. al.	1941	Sultan Mahomed et Houssière	Oberkomm. des Heeres	23 août.
King's Devil	F. b.	1941	Black Devil et King's Girl	Leut. Stapenhorst	1er août.
Kray	M. b.	1941	Sirtam et Kraya	Président Weber	24 nov.
La Coquenne	F. b.	1941	Admiral Drake et Miss Rustom II	Oberkomm. des Heeres	20 août.
Laisser Courre	M. b.	1941	Foxlight et Lucky Dancer	P. Hartmann (Hong.)	18 août.
La Sikkah	F. b.	1941	Victrix et Bou Saada	Oberkomm. des Heeres	3 sept.
Le Maori	M. b.	1941	Canot et Tatiana	Oberste Behörde	23 oct.
Magon	M. al.	1941	Canot et Wissimy	Oberste Behörde	23 oct.
Novat	M. b.	1941	Fiterari et Nouvelle Armée	Oberste Behörde	1er oct.
Opitz	M. b.	1941	Finglas et Opalia	Président Weber	24 nov.
Palais Azem	M. b.	1941	The Mac Nab et Damas	Oberkomm. des Heeres	18 août.
Parody	F. b.	1941	Fair Copy et Bavella	Behr.	1er oct.
Popelin	M. b.	1941	Kantar et Popingaol	Président Weber	24 nov.
Pouganine	F. b.	1941	Pougatchev et Manine	P. Hartmann (Hong.)	19 août.
Prestigieuse	F. al.	1941	The Mac Nab et Prestissima	Président Weber	1er août.
Princesse Lointaine II	F. al.	1941	Prince Rose et Madam Barcarolle	Oberkomm. des Heeres	23 août.
Prosper	M. b.	1941	Epinard et Beldada	F. van Brée (Belg.)	30 oct.
Saïtagraha	F. b.	1941	Indus et Loterie Nationale	Oberkomm. des Heeres	23 août.
Sobrino	M. b.	1941	Assuérus et Sun Goddess	Oberkomm. des Heeres	1er sept.
Subito	M. b.	1941	Vatellor et Suniade	Oberste Behörde	21 oct.
Tambor	M. b.	1941	Plassy et Tasse de Thé	Oberkomm. des Heeres	1er sept.
Tours	M. b.	1941	Casterari et Tarentella	Oberkomm. des Heeres	1er sept.
Trameur	M. b.	1941	Téléférique et Trame	Leut. Stapenhorst	1er août.
Vestale II	F. b.	1941	Pampeiro et Feuille de Chêne	P. Hartmann (Hong.)	19 août.
Xinglar	M. gr.	1941	Fiterari et Xamalfi	Oberkomm. des Heeres	1er sept.

Voici la récapitulation de ces acquisitions :

	Foals	Yearlings	2 ans	3 ans	4 ans	5 ans	6 ans et +	Totaux
Oberkommando des Heeres	16	6	5	4	10	13	21	75
Président Weber	6	16	4	1	2	2	3	34
Oberste Behörde für Wollblutzucht und Rennen	5	1	»	2	5	1	25	39
Conseiller Wagner	»	8	7	6	4	3	15	43
Divers (Allemagne)	6	8	11	11	12	9	11	68
Divers (Belgique)	3	18	5	6	3	»	6	41
Divers (Hollande)	»	»	1	4	2	7	4	18
Divers (Hongrie)	3	10	2	2	1	2	8	28
Divers (Espagne)	»	»	17	9	3	4	18	51
Totaux	39	67	52	45	42	41	111	397

En ajoutant ces chiffres à ceux de l'exercice précédent, on arrive à un total de 700 exportations, dont 547 pour l'Allemagne (soit 168 par l'Oberkommando des Heeres, 117 par le Président Weber, 88 par l'Oberste Behörde, 56 par le Conseiller Wagner, 118 par divers) et 153 pour les autres pays (soit 56 pour la Belgique, 18 pour la Hollande, 28 pour la Hongrie et 51 pour l'Espagne).

Extrait du livre de Paul Blanc,

Jockey chez Rothschild, éditions S.E.P.L.O, 1965.

Témoignage sur l'évacuation des chevaux de l'écurie Rothschild en 1940.

---

42   JOCKEY CHEZ ROTHSCHILD

Je le répète : j'étais heureux. Nous étions tous heureux. Mais les nuages s'amoncelaient. Ils allaient craquer à Deauville, dont c'est le destin de recevoir des nuages, et ceux-là étaient de taille.

J'appris la déclaration de guerre chez un marchand de bicyclettes où j'étais venu faire réparer le vélo du premier garçon. Le soir même, toute l'écurie rentrait à Chantilly.

Tout le long de la route, par la fenêtre du van qui nous ramenait, je vis défiler des convois de camions militaires.

J'allais en voir passer bien d'autres, quelques mois plus tard, au moment de l'exode.

L'avance allemande nous surprit à Chantilly, où nous continuions d'entraîner les chevaux pour des lendemains meilleurs.

C'était un peu la pagaille à l'écurie.

Le baron Edouard était aux Etats-Unis, Lucien Robert mobilisé.

Alors que les Allemands étaient déjà à Lille, nous reçûmes l'ordre d'évacuer l'écurie sur Maisons-Laffitte. Il n'y avait plus de train, plus de vans. Il fallait partir à cheval. Nous nous mîmes en selle et, par de petites routes, rejoignîmes Maisons-Laffitte dans la journée. Les chevaux, qui n'avaient jamais accompli de telles marches, étaient exténués. Le lendemain, nouvel ordre : il nous fallait rejoindre Rambouillet où, paraît-il, des wagons à bestiaux attendaient pour évacuer toute l'écurie sur Le Lude, dans la Sarthe. Mais il n'y avait pas de wagons et nous fîmes tout le trajet Maisons-Laffitte-Rambouillet-Le Lude en selle sur nos chevaux. Pitoyable spectacle que celui de ces pur-sang, parmi les meilleurs du monde, ravalés au rang de cheval de selle, et contraints de couvrir leurs 50 kilomètres par jour.

A plusieurs reprises, nous fûmes mitraillés par des pilotes allemands qui, sans doute, croyaient se trouver en présence d'un détachement de cavalerie. Un de nos chevaux fut tué, un autre blessé.

Nous atteignîmes enfin Le Lude. Les Allemands y étaient arrivés avant nous.

Nous restâmes sur place un mois, attendant des ordres. Ceux-ci arrivèrent : ils nous prescrivaient de rentrer à Chantilly avec les chevaux, cette fois par le train. Hélas, l'écurie ne se regroupait que pour être mieux dissoute.

Arrivés à Chantilly, les chevaux furent saisis, comme « bien juif ». Certains furent emmenés en Allemagne, d'autres mis en vente. Lucien Robert, qui avait été démobilisé, racheta en sous-main quelques juments comme Torchère et Bijouterie. Je pense que, ce faisant, il suivait les instructions que lui avait fait parvenir le baron Edouard.

Il avait décidé, puisque l'écurie était dissoute, de ne plus entraîner. Il proposa à tous ses apprentis d'entrer chez un entraîneur de ses amis : Cristobal. Bien entendu, j'acceptai, ainsi que Faugerat, Gilbert et Pierre Donguy.

Un soir, il nous fit ses adieux. Nous fûmes très émus. Pour nous, c'était un saut dans l'inconnu. Chez Rothschild, notre route était toute tracée : le meilleur deviendrait le jockey de la maison ; les autres, parés d'une telle marque de fabrique, trouveraient à se placer.

Chez Cristobal, il n'existait aucune garantie similaire.

Lucien Robert nous rassura, nous laissant entrevoir que c'était seulement une situation provisoire. En fait, pour lui, c'était une situation définitive. A la Libération, il s'occupa à nouveau de l'écurie Rothschild. Mais il ne fut plus jamais entraîneur en nom. Il devint chef du service des Accrédités de la Société d'Encouragement. A ce poste, il fut, en 1947, au centre d'une ténébreuse affaire.

Les Accrédités sont des sortes de commissionnaires du P.M.U. Ils officient dans l'enceinte des balances. Un propriétaire veut-il jouer un cheval, sans avoir à aller au guichet et sans courir le risque d'être filé par des « suiveurs » qui calqueront leur jeu sur le sien et feront baisser la cote ? Il fait signe à un Accrédité. Celui-ci, dans les secondes qui précèdent la fin des opérations, va retirer à un guichet spécial, le « guichet des Accrédités », les tickets correspondant aux paris qui lui ont été commandés.

Chaque Accrédité a sa « clientèle ». Dans celle de Lucien Robert figurait Aly Khan. Ce dernier venait

Récapitulatif de carrière de Mark Georges Sherwood

Document issu des archives d'Irène Sherwood, secrétaire de Marcel Boussac, communiqué à l'Association Lamorlaye Mémoire et Accueil (ALMA) par l'église St Peter's. On y voit le sort réservé aux entraîneurs anglais durant l'Occupation.

```
RECAPITULATION DE CARRIERE

    M.SHERWOOD Mark Georges
            né le 30 Avril I904 à Croydon(Angleterre)


    Arrivé en France avec ses parents en I9II


(   Apprenti-jockey chez Harry DAVISON en I9I9- à CHANTILLY
(   Garçon de voyages et Ier garçon de I923 à I933

    Entraineur salarié chez Guy de MOLA I933 à Novembre I940

    Arrèté en I942 à BUZANCAIS (Indre) après avoir contacté une,
    Interné par les Allemands de I942 à I944(St.Denis) (fillière

    M.de MOLA, malgré ses promesses faites lorsque M.SHERWOOD
    a sauvé ses meilleurs chevaux en les enmenant en évacuation
    en Juin I940, n'a pas repris d'Entraineur à la libèration.

    Découragé, M.SHERWOOD est parti en Angleterre en I946 après
    une occupation d'interprète auprès des Américains à Chantilly.

            Stagiaire chez M.R.H.TURNER
            à Greyfriars Farm
            GUILDFORD (Surrey) de Novembre I946
                        au 27 Juillet I95I


        chez M.LEGG  (gentleman farmer)
        Colgate (Sussex)
                    de Juillet I95I
                    au I4 Aoùt I954(exploitat.
                                    vendue)


        chez M.H.CRIPPS (gentleman farmer)
        actuellement
            Witham Friary
            (Somerset)  depuis:I5 Aoùt I954
```

Indiquer les noms des personnes chez lesquelles l'entraineur, le jockey ou l'homme d'écurie a exercé sa profession ainsi que le nombre d'années de service dans chaque maison.

Apprenti-jockey chez Harry DAVISON à Chantilly en 1919

garçon de voyages et Ier garçon de 1923 à 1933
chez Entraineur H.DAVISON
et Entraineur REEVES
pour M.de MOLA

Entraineur salarié chez M.de MOLA-1933 à Novembre 1940

le demandeur doit indiquer sommairement ci-contre la nature de son infortune.

Arrêté par les Allemands en 1942 dans l'Indre où il avait conduit en évacuation les meilleurs chevaux de M.de MOLA.
Interné à St.Denis de 1942 à 1944.
A la libération, M.de MOLA n'a pas repris d'Entraineur.
Découragé,M.SHERWOOD est parti en Angleterre en 1946 après une occupation d'interprète auprès des Américains à Chantilly.
Emplois en Angleterre dans l'agriculture et élevage depuis 1946
actuellement fait un petit service d'entretien dans la propriété de M.H.CRIPPS à Witham Friary(Somerset pour suppléer sa pension de retraite, accordée à l'age de 65 ans- soit le 30/4/69.

M.SHERWOOD a l'honneur de solliciter de votre bienveillance l'attribution de retraite complémentaire par l'intermédiaire de sa soeur, Melle Irène SHERWOOD, secrétaire aux Ecuries M.BOUSSAC depuis le Ier Janvier 1930.

signé:

Fig 1. Photographies de Germaine, Régine et Suzanne Rosenthal, 1902. Cliché fourni par Geneviève Lespagnol, arrière-petite-nièce de Maurice Rosenthal.

DE LA POLOGNE À CHANTILLY, DU 5 PLACE DE L'HÔPITAL À LA LOUISIANE : LE PARCOURS DE LA FAMILLE ROSENTHAL

par Mathilde MARGUERIT-HOUTE
Professeure d'histoire au Lycée Jean Rostand

Depuis plusieurs années, je travaille sur la famille Smolensky, une famille juive, propriétaire d'une boutique de chapeaux durant la Seconde Guerre mondiale. Leur commerce était situé « place de l'Hôpital », aujourd'hui place Omer Vallon[1]. Cette famille meurt exterminée à Sobibor en 1943. En cherchant leur date d'arrivée à Chantilly dans les archives municipales[2], je les ai trouvés en 1924. Les propriétaires précédents étaient les Rosenthal. Rapidement, je me suis posé de nombreuses questions : ces deux familles avaient-elles des liens ? Se connaissaient-elles parce qu'elles avaient des amis communs à Paris ou à Chantilly ? Ou seule, une annonce dans les journaux commerciaux avait mis les deux familles en contact ? Je décidai alors de m'intéresser de plus près aux Rosenthal.

Comment, à partir de quelques documents et informations, peut-on remonter le fil d'histoires familiales ? Quelles traces ont laissé les membres de cette famille ? Finalement malgré l'enthousiasme du début, j'ai dû accepter la déception engendrée par le vide, le manque d'archives. L'objectif de cet article est de montrer, par conséquent, les limites de cette recherche, de susciter des interrogations et d'ouvrir des pistes.

Pour démarrer, je suis partie du recensement des habitants de la ville de Chantilly en 1921[3] : sept membres de la famille Rosenthal - Maurice, Rosa, Suzanne, Germaine, Régine, Dora et Berthe - vivent bien à cette date au numéro 5 de la place de l'Hôpital **(fig. 2)**. Je poursuivis alors des recherches généalogiques sur des sites spécialisés et je découvris que la mère et deux des cinq filles ont pris le bateau en 1924 (année de la reprise de la boutique par les Smolenski) pour rejoindre l'Amérique.

---

1 La boutique se situait entre l'actuel supermarché Auchan 5 place Omer Vallon et l'hôtel Le Chantilly situé au n° 9 de la même place.

2 Plus précisément dans les registres d'impôts et taxes foncières, Archives municipales de Chantilly, Série G : Contribution – Administration financière.

3 Je remercie Sarah Gillois, cheffe de projet au service du patrimoine, et Marion Labbe du même service du patrimoine pour leur précieuse aide tout au long de mes recherches.

Désignation	N° maison	N° ménage	N° individu	Noms de famille	Prénoms	Année de naissance	Lieu de naissance	Nationalité	Situation par rapport au chef de ménage	Profession	Pour les patrons / employés
			1	Rosenthal	Maurice	1856	Souwalki	Polonais	Chef	Chapelier	Patron

— 81 —

Désignation	N° maison	N° ménage	N° individu	Noms de famille	Prénoms	Année de naissance	Lieu de naissance	Nationalité	Situation par rapport au chef de ménage	Profession	Pour les patrons / employés
		2	2	Rosenthal	Rosa	1870	Vienne	Polonais	femme		
			3	id	Suzanne	1893	Paris	id	fille		
			4	id	Germaine	1894	Paris	id	fille		
			5	id	Régine	1898	Chantilly	id	fille		
			6	id	Dora	1905	id	id	fille		
			7	id	Bertha	1907	id	id	fille		
			2	Miller	Bertha	1900	Compiègne	Français	Domestique	Domestique	Rosenthal
Place	5	3	1	Leclerc	Constant +	1877	Oingel	id	Chef	Palefrenier	
			2	id	Marguerite	1893	Chantilly	id	femme		
de l'			3	id	Georges	1913	Orry Ste Ristine	id	fils		
			4	id	Henriette	1914	Chantilly	id	fille		
			1	Moereman	Alfred Emil +	1870	Requeil	id	Chef	Chef de train	ch. de fer du Nord
Hôpital			2	id	Albine	1877	Runningham	id	femme	Ménagère	

Fig. 2. Recensement de la ville de Chantilly, 1921, pages 80 et 81 © Archives municipales de Chantilly, 1F4.
On retrouve Maurice Rosenthal né en 1856 en Pologne et Rosa, sa femme, née en 1870, puis leurs 5 filles : Suzanne et Germaine nées à Paris en 1893 et 1894 puis Régine, Dora et Berthe nées en 1898, 1905 et 1907 à Chantilly.

   Pour vérifier ces informations, j'ai cherché dans la liste des passagers d'Ellis Island consultable sur internet. Après de nombreux efforts, je découvris alors dans les archives de l'émigration américaine un dossier avec trois photos de femmes et un document officiel[4], sur lequel il est écrit : Rosa, Dora, Bertha Rosenthal. Respectivement 54 ans, 19 ans et 17 ans : la mère de famille avec ses deux plus jeunes

---

4 National Archives and Records Administration (NARA). Washington D.C, Series : Passport Applications, January 2, 1906 - March 31, 1925 ; volume 2559 - Certificates: 436850-437349, 09 Jun 1924-09 Jun 1924.

filles. Trois femmes au même port altier et au regard profond qui vivent à cette date à Chantilly. Trois femmes qui demandent à pouvoir rejoindre l'Amérique **(fig. 3)**.

Fig 3. Rosa, Dora et Bertha en 1924, photographies extraites du dossier de naturalisation, © National Archives and Records Administration (NARA). Washington D.C,

Parallèlement, mon intense recherche généalogique sur ces sites fut remarquée car je fus contactée par une descendante directe de la famille Rosenthal[5]. Elle m'envoya alors une photo **(fig. 1)** datant de 1902 sur laquelle on voit trois des cinq filles de Maurice Rosenthal : Suzanne, Germaine et Régine alors enfants[6]. Trois petites filles aux allures timides, habillées de leur plus belle robe peut-être, regardent le photographe, la plus petite tenant un panier de fleurs à la main. Ce cliché a-t-il été pris par un photographe de Chantilly ? Il y en a plusieurs, rue du Connétable, à cette époque[7]. Mais après avoir comparé de nombreux portraits, j'ai observé que le photographe Dubosq[8] utilisait le même décor (des arbustes sur le côté). Certes il s'agit peut-être d'un fond standardisé, mais il est possible que les trois fillettes aient pris la pose chez ce commerçant.

Happée par cette histoire, je décidai de mener l'enquête. Qui sont les Rosenthal ? D'où viennent-ils ? Que sait-on de cette famille qui a été cantilienne ? Pourquoi quitter Chantilly ? Le départ est-il prévu depuis longtemps ? Pourquoi les trois femmes partent-elles seules sans homme à leur côté ?

---

5 Il s'agit de la petite-nièce de Maurice Rosenthal, le père de ces jeunes femmes.
6 Dora et Berthe ne naîtront qu'en 1905 et 1907.
7 Messieurs Privat, Malherbe et Dubosq, rue du Connétable.
8 Georges Alfred Paul Dubosq est né le 5 mai 1860 à Caen (Calvados). Il a vécu à Paris et dans plusieurs villes de province. Il ouvre en 1895 un atelier à Chantilly (Oise) à l'enseigne « Photographie hippique ». En 1896, il est recensé passage de l'Hôpital puis, en 1901 et 1906, 81, rue du Connétable (sur le site internet spécialisé Portrait Sépia).

Cette enquête menée sur plusieurs mois m'a permis de confirmer des faits de la société d'alors comme par exemple la place du départ et de l'immigration en cette période du XIXe siècle et du début du XXe siècle. Les Rosenthal venus de Pologne pour immigrer à Paris puis vivre à Chantilly ne sont pas des exceptions. Ils ne craignaient pas le départ. C'est une famille qui bouge, qui migre pour des raisons politiques, économiques, familiales. Tout comme des millions d'individus à cette époque, la perspective d'une autre vie, loin parfois, est envisagée.

Cette enquête m'a aussi permis de voir les limites de mes recherches. Alors que les Rosenthal vont vivre de 1894 à 1924 à Chantilly, il y a finalement peu de traces d'eux dans les archives. En effet, il a été plus facile de retrouver leurs traces sur les différents navires qui les ont menés en Amérique que de les suivre entre Paris et Chantilly.

SAMUEL ROSENTHAL : LE PARCOURS D'UN JUIF POLONAIS QUI DEVINT UN MAÎTRE INTERNATIONAL DU JEU D'ECHECS

Le père des jeunes femmes et des fillettes sur les photographies est Maurice Rosenthal. Dans un encart évoquant son décès à Chantilly en 1924, il est indiqué qu'il est le fils du très grand joueur d'échecs international, Samuel Rosenthal. Je remontai facilement le lien familial. Samuel a été une personnalité connue mondialement.

Samuel est né en 1837 dans une Pologne sous domination tsariste. Son nom polonais est Mooscha Gerchon Rosenthal **(fig. 4)**. À l'âge adulte, il dirigeait une étude de juristes. De ses parents, on ne sait pas grand-chose actuellement[9]. Alors qu'il a vingt ans, dans les années 1860, son pays est secoué par de nombreux soulèvements[10]. C'est le temps de la conscription forcée et des combats violents entre les Russes et les insurgés polonais. Le pays est à feu et à sang. Samuel Rosenthal, dans le camp de l'opposition au tsar, est nommé en 1863 secrétaire du ministère de l'intérieur du gouvernement provisoire[11]. On le sait grâce à un article paru dans la presse de la communauté juive lors de ses funérailles en 1902[12]. Mais en 1864, les Russes parviennent à remporter les derniers combats et très rapidement les insurgés sont réprimés par le pouvoir. Des chefs du gouvernement provisoire sont pendus à la citadelle de Varsovie en août 1864. Des milliers d'autres personnes sont arrêtées, leurs biens sont confisqués. Samuel Rosenthal fait le choix d'émigrer en France pour assurer la sécurité de sa famille menacée par la répression tsariste.

---

9 Rachel Aronovna et Hirsch Pierszonowisch Rosenthal.

10 Norman Davies, *Histoire de la Pologne*, 1986, 542 pages, Fayard.

11 Le Gouvernement national provisoire de Pologne est un gouvernement provisoire sans reconnaissance internationale créé le 19 janvier 1863. Il publie un manifeste dans lequel il se définit comme le seul gouvernement légitime et appelle à la lutte armée pour la liberté, l'égalité et l'indépendance de la Pologne.

12 *L'Univers israélite* (1849-1940), 19 septembre 1902, p. 85.

Le parcours de la famille Rosenthal

Fig. 4. Samuel Rosenthal (1837-1902), http://chesshistory.com/winter/winter58.html, Public domain, via Wikimedia Commons.

Mais dans quelles conditions est-il arrivé en France ? Ses biens ayant été confisqués, quelle était sa situation en arrivant en France ? A-t-il reçu des appuis politiques en arrivant dans la capitale ? Sans aucun doute. La France est en effet une terre d'accueil depuis longtemps pour les exilés polonais. Les Polonais, qui se sont soulevés déjà en 1830, ont un réseau d'entraide sur place en France. À Paris, le nombre de Polonais est important. La vie sociale, culturelle et intellectuelle des exilés est intense. Il y a des liens entre les familles parties plus tôt et celles nouvellement arrivées. Dans les milieux polonais plutôt aisés et bourgeois, les liens sont tout aussi étroits que dans les catégories sociales plus pauvres. Dans les milieux littéraires et artistiques français, la place des intellectuels polonais est importante. Associations, écoles polonaises, bibliothèques, imprimeries, librairies et paroisses polonaises sont très nombreuses[13]. On estime à environ 30 000 le nombre de Polonais qui émigrent en France entre 1831 et 1870 avec pour rêve et projet de retrouver un jour leur patrie perdue libérée. On appelle cette période la « Grande Émigration ».

Avant son départ pour la France, Samuel - marié à Cyrla Sarah Abranovna Jerasalimskaïa - a 6 enfants tous nés à Suwalki : cinq filles et un garçon nés entre 1851 et 1865. Sa dernière fille, Beila, est née à Suwalki en 1865. Cela signifie que Samuel est parti avant eux, car il est à Paris dès 1864. On imagine la situation difficile engendrée par une telle séparation dans un contexte politique très dangereux pour les opposants. Samuel Rosenthal va très rapidement se faire connaître. Non en raison de ses positions politiques, mais pour ses talents de joueur d'échecs. Bien qu'autodidacte, en quelques mois, il devient la référence française du jeu de plateau. Il passe son temps au Café de la Régence **(fig. 5)**, situé alors rue Saint-Honoré dans le 1er arrondissement, qui est le lieu des échecs à Paris. Dans le journal mensuel *Le Palamède Français*[14], on évoque le déroulement d'un match entre Kolish et Rosenthal, présenté comme un amateur polonais de grande réputation. Samuel Rosenthal rencontre le succès assez rapidement. Il participe à de grands tournois dès les années 1865-1867. En 1867, il représente la France au grand tournoi international

---

13 Urszula Krol, historienne de l'art, Musée Chopin à Varsovie.
14 Créé par des joueurs passionnés du Café de la Régence.

de Paris, organisé à l'occasion de l'Exposition universelle. Dans le très beau bâtiment construit sur le Champ de Mars, Samuel montre son talent. En 1870, il participe au tournoi international de Baden-Baden. Vienne en 1873, Paris en 1878, Londres en 1883 : Samuel Rosenthal accumule les réussites.

Fig. 5. Joueurs d'échecs au Café de la Régence à Paris, 1874, dessin de Horsin-Déon gravure de Chapon, *Le Monde Illustré*, 7 mars 1874. Public domain, via Wikimedia Commons.

Il est ainsi le meilleur joueur français de cette période capable de battre des joueurs du monde entier. Il organise également des tournois auxquels il participe. Un public composé de la haute aristocratie et du gotha européen y assiste. En mars 1874, il emporte 20 parties sur 26 après une nuit de jeu devant un parterre composé de marquis, de comtes, de membres de l'Assemblée nationale et d'artistes[15]. Entouré de véritables supporteurs[16], il est l'attraction de tous les tournois. De nombreux dessins, dans les journaux et les revues, le représentent lors des exhibitions.

Samuel Rosenthal travaille surtout comme journaliste. En effet, il est l'éditeur du journal d'échecs français *La Stratégie*[17]. Il publie de nombreux articles dans différents journaux (comme *Le Monde Illustré*[18]). À côté de cela, il gagne de quoi vivre

---

15 *Le sport*, le journal des gens du monde, 4 mars 1874, article de Jena Preti : « M. Rosenthal a surpris les spectateurs par son jeu à la fois solide, brillant et correct. Conduisant simultanément vingt-six parties, il a eu la gloire d'en gagner vingt, d'en annuler cinq et de n'en perdre qu'une ! »

16 Le journal *Liberté*, 14 septembre 1902.

17 *La Stratégie : Journal d'Échecs* est une revue en langue française, consacrée au jeu d'échecs, qui est parue entre 1867 et 1940.

18 À la une du *Monde illustré* du 1er janvier 1897, on annonce les articles de Rosenthal sur les échecs. *Le Monde illustré*, 1er janvier 1897, BNF - Gallica.

en enseignant les échecs. Ses élèves appartiennent au beau monde. Parmi eux on peut compter la princesse Murat, la duchesse de La Trémoille, ou la duchesse de Gramont. Samuel Rosenthal a vécu à Paris jusqu'en 1890. Dans le 4ᵉ arrondissement (rue des Barres, rue Nonnains d'Hyères) et dans le 6ᵉ arrondissement. Il avait sa table attitrée au café de la Régence où il se rendait presque tous les jours. On sait également que Samuel Rosenthal était de santé fragile. À plusieurs reprises, on a pu lire qu'il avait dû renoncer à des tournois car souffrant[19]. Souvent en villégiature en Allemagne ou à Deauville[20] entre autres, il se rend dans les villes d'eaux dont on vante les mérites à l'époque.

Samuel Rosenthal est naturalisé français en décembre 1889[21]. Dans son dossier, on peut lire sa lettre de motivation et les lettres de recommandation. Son ami, Joseph Reinach, directeur du journal *La République Française*, souligne le fait que Samuel a représenté la France à l'étranger et ce brillamment. Côté vie privée, la famille Rosenthal est grande. Grands-parents d'au moins quinze petits-enfants, Samuel et sa femme, Cyrla Rosenthal, déclarée selon les documents administratifs professeure de piano ou pianiste, ont assisté au mariage de tous leurs enfants. Leur fille Pauline est dans le commerce de la casquette avec son mari. Maurice est négociant en vins lors de son mariage. Rachel et son mari sont chapeliers. Caroline, placière avant son mariage, épouse Léon qui travaille dans le commerce. Célestine fait des études de médecine et épouse un médecin. Beila, la petite dernière, épouse un professeur de piano. Dans la presse, on évoque la carrière de Samuel Rosenthal et son succès qui lui a permis de vivre confortablement. On dit qu'il est parvenu à doter « convenablement » ses trois filles et qu'elles sont bien mariées[22]. La petite dernière a épousé un célèbre pianiste, Arnold Reitlinger, relate-t-on dans les journaux. Les Rosenthal appartiennent donc au monde de la bourgeoisie ou des commerçants aisés. On verra plus tard que ce qui unit les membres de cette famille, au-delà du commerce, c'est la musique.

Samuel Rosenthal quitte Paris pour l'avenue de Roule à Neuilly-sur-Seine dans les années 1890. Il est électeur de la ville en 1891[23]. Il passe les dernières années de sa vie dans une très belle maison, la villa Mequillet. À son enterrement, il y a beaucoup de monde, et du « beau » monde comme le souligne la presse[24]. Henri des Houx dans le journal *Le Français* lui rend hommage en soulignant que l'homme qui vient de disparaître était un « être extraordinaire » qui laissera une « place vide »[25].

---

19 Il ne peut participer au grand tournoi d'échecs de Vienne de 1882 en raison de son état de santé. *Le Figaro*, 20 mai 1882, BNF - Gallica.

20 En 1885 il est en villégiature à Deauville où il a été sévèrement attaqué par 3 personnes alors qu'il rentrait à pied. *L'Intransigeant*, 5 septembre 1885.

21 Décret de naturalisation du 26 décembre 1889 (BB/34/397), cote : 5180 X 84.

22 On explique l'origine de ses biens : des legs, des bénéfices de paris dans de grandes parties internationales. *Le Français*, 15 septembre 1902, p. 1, Retronews.

23 Recensement de 1891, Archives de Neuilly-sur-Seine, 1K41.

24 Le journal, *Liberté*, 14 septembre 1902, p. 1, BNF - Gallica.

25 Dans le journal *Le Français*, 15 septembre 1902, p. 2, Retronews.

MAURICE ROSENTHAL : L'HOMME D'AFFAIRES QUI RÊVAIT D'AMÉRIQUE ET QUI TRAVERSA L'ATLANTIQUE MAIS MOURUT A CHANTILLY

Maurice Rosenthal, le futur propriétaire du magasin de chapeaux à Chantilly, le fils de Samuel, est né en 1856. C'est le deuxième de la fratrie, le seul garçon. Il avait sept ans au moment de l'exil de son père en France. Il a vécu son enfance et son adolescence à Paris dans le quartier de la rue de Turenne dans le 3e arrondissement. À l'âge adulte, alors que son père est reconnu internationalement, il occupe la profession de marchand de vins. Mais, à cette date, je ne dispose que de peu d'éléments sur Maurice le Parisien[26].

En revanche, en menant des recherches sur ses sœurs (Caroline et Pauline) parties aux États-Unis, je suis allée vérifier s'il avait lui aussi répondu positivement à l'appel de l'Amérique. Dans les archives des immigrants descendus à Ellie Island, Maurice Rosenthal fait partie des millions de personnes ayant posé le pied sur le sol américain.

On retrouve sa trace sur un bateau au départ du Havre pour le port de New York en 1886[27]. Il a embarqué à bord de l'*Amérique*. Comme des milliers de Polonais attirés par le rêve américain[28], Maurice Rosenthal voulait tenter sa chance. Mais cela est possible, ou du moins plus facile, car il peut certifier de la présence de deux de ses sœurs qui ont fondé leur famille aux États-Unis, en Louisiane plus précisément. Les recherches généalogiques-permettent de rassembler de nombreux éléments. Caroline, sa jeune sœur, est partie avec son époux[29] en 1882 à La Fourche, puis à Lafayette. Son mari est propriétaire d'une boutique de produits alimentaires[30]. L'autre sœur Pauline a rejoint La Nouvelle Orléans après son mariage, en 1872, à Paris, avec Victor Lévy[31]. Mère de trois enfants, elle rejoint les États-Unis en 1888. Naturalisée citoyenne américaine en 1898, elle et sa

---

26 De cette vie parisienne, je pense que l'on pourrait apprendre davantage en allant plus loin dans les recherches. En effet, cette famille de la haute bourgeoisie, propriétaires de magasins et de résidences, a certainement laissé des documents dans les archives notariales. Les lieux fréquentés par les membres de la famille tels que les écoles peuvent être aussi un axe intéressant à étudier. La fréquentation des lieux de culte ou la trace des Rosenthal dans les archives de la communauté juive peuvent être l'une des pistes à suivre. Suivre une famille c'est aussi apprendre à devoir accepter de prendre son temps. Il reste encore beaucoup d'archives à aller voir, même si la déception de ne rien trouver est aussi possible.

27 In the New York, U.S., Arriving Passenger and Crew Lists, 1820-1957.

28 L'émigration polonaise est ancienne (dès le début des années 1820 vers les États-Unis, le Canada, l'Australie, la Nouvelle Zélande, la France et l'Amérique du Sud). Les premiers émigrés venant des régions sous contrôle russe, appartenaient aux districts de Suwalki et de Łomża. La plupart étaient Juifs. Les décennies suivantes, les émigrants s'installèrent au Texas, dans le Michigan, et dans la région de Chicago et de New York. Entre 1870 et 1914, on estime à 3 600 000 le nombre des Polonais ayant quitté leur pays sous la domination des trois empires.

29 Henry Heyman, en 1880 à Paris. Ils partent aussitôt pour les États-Unis.

30 Archives de la police de La Fourche de 1910 (microfilm: 1374530).

31 Il meurt à la Nouvelle Orléans. D'après *The Daily Advertiser*, Lafayette, 4 juin 1925. C'était un businessman très apprécié.

famille – sept enfants – vivent en Louisiane. Le père est « revendeur », courtier à La Nouvelle-Orléans[32].

Assuré du soutien de sa famille, pouvant garantir d'une adresse aux États-Unis, comme il était exigé lors de la demande de passeports, Maurice Rosenthal a rejoint les terres de Louisiane pour y faire commerce. La Nouvelle-Orléans est une ville prospère et dynamique à cette époque. C'est la treizième ville des États-Unis avec 240 000 habitants. Maurice Rosenthal espère y faire affaire car la ville bénéficie des retombées économiques liées au transport ferroviaire et aux activités portuaires qui se développent. La Nouvelle-Orléans est une porte d'entrée principale du trafic océanique et continental. La ville s'est étalée malgré les contraintes du territoire[33].

En effectuant des recherches dans l'annuaire des commerçants de la ville, j'ai retrouvé le nom de Maurice Rosenthal. En 1890, il tient un magasin de couteau au numéro 196, Canal Street. À côté de son téléphone, figure la mention « cutlery » (coutellerie)[34]. J'apprends aussi qu'il a obtenu rapidement la nationalité américaine. En effet, il a multiplié les demandes à la fin des années 1880 et obtient les papiers en 1891[35]. Il est donc bien installé. Célibataire, 35 ans environ, propriétaire d'un magasin, Maurice Rosenthal est parvenu à s'installer à La Nouvelle-Orléans. A-t-il tourné le dos définitivement à la France ? Non, puisque son nom apparaît au recensement de la ville de Chantilly en 1896[36]. Finalement, il est resté très peu de temps sur le sol américain. Naturalisé depuis quelques années à peine, il rentre pourtant. Pourquoi ce retour ? C'est pour rejoindre sa fiancée que Maurice regagne la France[37].

Mais qu'allait-il faire de son commerce ? Avant de rejoindre le pays d'adoption de son père, Maurice Rosenthal devait régler ses affaires. On lit que celui-ci a proposé au beau-père de sa sœur, Pauline, de reprendre le commerce (définitivement ? provisoirement ?). Mais Pauline écrit dans sa déposition **(fig. 6)** que celui-ci avait déjà une entreprise à gérer[38]. Il ne peut donc pas se charger de la reprise. On envisage alors de confier le commerce au beau-frère de Pauline, mais on estime finalement qu'il est trop jeune et inexpérimenté. Ainsi, ne trouvant pas de repreneur au sein de la famille, Maurice vend l'affaire. Mais selon la déposition de sa sœur, il avait l'intention d'ouvrir une autre affaire à son retour aux États-Unis. Le retour sur le sol de la Louisiane est donc envisagé. Ce n'est qu'un éloignement provisoire semble-t-il.

---

32 Après la mort de son mari, en 1925, elle part pour le Mississipi.

33 Jean-Marc Zaninetti, « Dynamiques urbaines de la Nouvelle-Orléans avant Katrina : étalement urbain et ségrégation raciale », *Annales de géographie,* 2007/2 (n° 654), pages 188 à 209.

34 Dans le journal, *New Orleans, Louisiana, City Directory,* 1890.

35 Card index to naturalizations in Louisiana, 1831-1906 (microfilm P2087), The National Archives in Washington, D.C.

36 Archives départementales de l'Oise en ligne. Recensement de 1896. 6 MP 163.

37 Je suis repartie du document des archives de l'émigration américaine car je me rappelais avoir lu une déposition de sa sœur Pauline expliquant pourquoi son frère était reparti en France et quelles étaient ses intentions.

38 National Archives and Records Administration, Washington D.C.; NARA Series: Passport Applications, January 2, 1906 - March 31, 1925; Roll #: 2559; Volume #: Roll 2559 - Certificates: 436850-437349, 09 Jun 1924-09 Jun 1924.

Fig. 6. Déposition de Pauline, la sœur de Maurice Rosenthal, devant le notaire public de la ville de la Nouvelle-Orléans en 1924 © National Archives and Records Administration, Washington D.C.

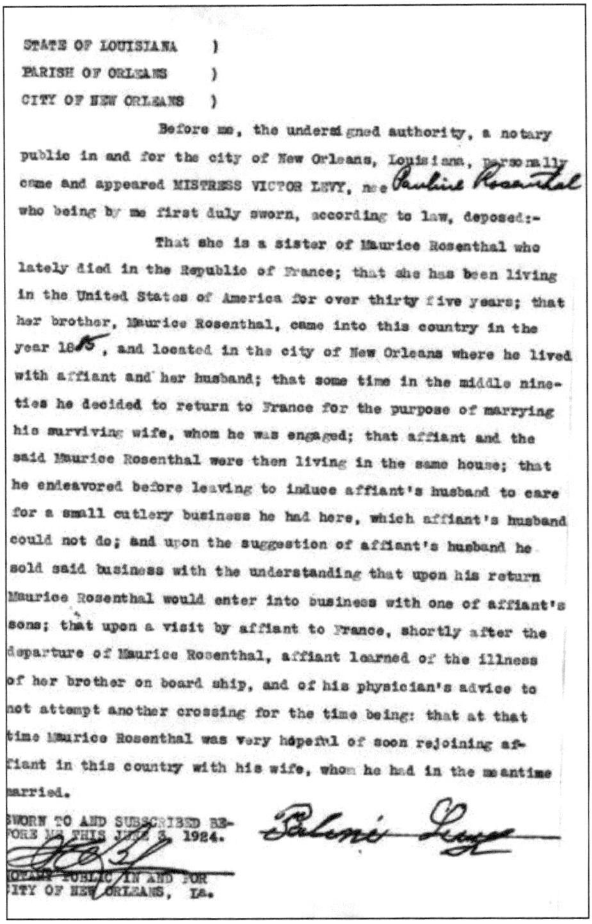

STATE OF LOUISIANA)

PARISH OF ORLEANS)

CITY OF NEW ORLEANS)

Before me, the undersigned authority, a notary public in and for the city of New Orleans, Louisiana, personally came and appeared MISTRESS VICTOR LEVY, née *Pauline Rosenthal* who being by me first duly sworn, according to law, deposed:-

That she is a sister of Maurice Rosenthal who lately died in the Republic of France; that she has been living in the United States of America for over thirty five years; that her brother, Maurice Rosenthal, came into this country in the year 18__, and located in the city of New Orleans where he lived with affiant and her husband; that some time in the middle nineties he decided to return to France for the purpose of marrying his surviving wife, whom he was engaged; that affiant and the said Maurice Rosenthal were then living in the same house; that he endeavored before leaving to induce affiant's husband to care for a small cutlery business he had here, which affiant's husband could not do; and upon the suggestion of affiant's husband he sold said business with the understanding that upon his return Maurice Rosenthal would enter into business with one of affiant's sons; that upon a visit by affiant to France, shortly after the departure of Maurice Rosenthal, affiant learned of the illness of her brother on board ship, and of his physician's advice to not attempt another crossing for the time being: that at that time Maurice Rosenthal was very hopeful of soon rejoining affiant in this country with his wife, whom he had in the meantime married.

SWORN TO AND SUBSCRIBED BEFORE ME THIS JUNE 3, 1924.

NOTARY PUBLIC IN AND FOR CITY OF NEW ORLEANS, LA.

État de Louisiane
Ville de la Nouvelle-Orléans

Par-devant moi, l'autorité soussignée, notaire public de la ville de La Nouvelle-Orléans, Louisiane, est venue et a comparu Mme VICTOR LEVY, née Pauline Rosenthal qui, étant par moi dûment assermentée, conformément à la loi, a déposé :
qu'elle est la sœur de Maurice Rosenthal qui est décédé dernièrement en France ; qu'elle vit depuis plus de trente-cinq ans aux États-Unis d'Amérique ; que son frère Maurice Rosenthal est arrivé dans ce pays en 1885, et s'est installé dans la ville de la Nouvelle-Orléans où il a vécu avec la témoin et son mari ; qu'au milieu des années 1890, il a décidé de retourner en France pour y vivre et se marier avec sa femme à laquelle il était fiancé ; que la témoin et ledit Maurice Rosenthal vivaient alors dans la même maison ; qu'il s'est efforcé, avant de partir, d'inciter le mari de la témoin à s'occuper d'une petite entreprise de coutellerie qu'il avait ici, ce que le mari de Mme Levy ne pouvait pas faire ; et sur la suggestion du mari de la témoin, il a vendu ladite entreprise, étant entendu qu'à son retour, Maurice Rosenthal ferait affaire avec l'un des fils de la témoin ; que lors d'une visite de la témoin en France, peu après le départ de Maurice Rosenthal, l'intéressée a appris la maladie de son frère à bord du navire et de l'avis de son médecin de ne pas tenter une autre traversée pour le moment : qu'à ce moment-là, Maurice Rosenthal avait bon espoir de rejoindre bientôt la déposante dans ce pays avec sa femme, qu'il avait entre temps épousée.
Juré et souscrit devant moi le 3 juin1924 notaire public dans et pour la ville de New Orleans, LA.

Le parcours de la famille Rosenthal

Maurice a bien épousé sa fiancée. Le 3 janvier 1893, sur les marches de la mairie du 3ᵉ arrondissement, ils sont sans doute nombreux à féliciter les jeunes mariés. Rosa Reitlinger épouse Maurice Rosenthal. Sur les documents de l'état civil, il est indiqué que le père de Rosa est négociant en vins et sa mère professeure de piano. Ils vivent rue de Turenne dans le 3ᵉ arrondissement. Rosa Reitlinger est une émigrée elle aussi. Mais c'est une Autrichienne. Elle est née à Vienne. Issue d'une famille de huit enfants, elle arrive à Paris à l'âge de dix ans. Ses parents sont bijoutiers. Ils vivent au 11 rue Meslay dans le 3ᵉ arrondissement. Mais c'est à Neuilly-sur-Seine que les parents terminent leur vie[39]. Le père est devenu français la même année que Samuel Rosenthal, en 1889[40]. Les Reitlinger partagent le goût et le talent pour la musique. Rosa est une excellente pianiste, tout comme ses frères Arnold (brillant premier prix de piano du Conservatoire en 1886), Pierre et Guy. Ils se produisent à Paris dans des concertos et sont souvent récompensés par des prix[41]. Arnold épouse Beila la soeur de Maurice Rosenthal en 1892. On voit bien ici l'étroitesse des réseaux : on se marie au sein de cercles restreints.

Rapidement, la famille s'agrandit : en effet, le couple Rosenthal a deux filles nées en 1893 et en 1894, Suzanne et Germaine. Puis ils quittent Paris pour Chantilly en 1894[42]. Là aussi, on aimerait savoir pourquoi Chantilly ? Ils logent au 5 place de l'Hôpital. Ils habitent un logement qu'occupaient des gendarmes avant eux. En effet lors du recensement de 1891[43], on constate qu'une brigade de gendarmerie occupe le lieu avant d'être déplacée au bout de la rue du Connétable quelques années plus tard. Ils sont cinq gendarmes (dont le maréchal des logis) et leurs familles à vivre au numéro 5. Il y a donc de l'espace. En 1896, ce sont les Rosenthal qui vivent à quatre dans cet immeuble au-dessus de leur commerce. Existait-il déjà une boutique de chapeaux avant leur arrivée ou un autre commerce ? À cette date, on ne sait pas encore.[44]

Sur une photographie de la place vers 1900 **(fig. 7)**, on voit la boutique avec l'enseigne « Chapellerie moderne » et les inscriptions « Chapeaux et casquettes » et « Englese Hatter »[45], chapelier anglais. La présence du chapeau haut de forme visible de loin donne une identité forte au magasin. Les mots en anglais ont-ils été choisis par les Rosenthal ou est-ce le propriétaire précédent ? En tous les cas, à cette époque, cette boutique est entourée de magasins à l'esprit britannique : la taverne Franco-

---

39 Acte de décès de Léopolod Reitlinger, le 28 février 1907, Archives départementales des Hauts-de- Seine.

40 Décrets de naturalisation de l'année 1889, Cote du dossier : 13968 X 88, sous-série BB/11.

41 *Le Siècle*, 20 mars 1898.

42 Dans le dossier de la demande de passeport pour les États-Unis, il est indiqué qu'ils sont à Chantilly en 1894.

43 Archives départementales, 6 MP 163.

44 La recherche dans les archives municipales n'a pas été un succès. Les documents concernant les impôts et les taxes foncières de cette époque sont parcellaires malheureusement. On aurait voulu connaître le nom des anciens propriétaires pour approfondir la recherche.

45 J'adresse des remerciements au groupe cartes postales Chantilly dont certains membres m'ont aidée à déchiffrer l'enseigne.

Anglaise ou le « Sporting Taylor » sont dans le même secteur. Chantilly est bien une ville qui vit à l'heure anglaise.

Fig. 7. La boutique des Rosenthal, petite place Omer Vallon, collection privée.

Le magasin de chapeaux est entouré de nombreuses boutiques : un commerce de voitures hippomobile, un marchand de vins, un hôtel… [46]. Et puis non loin de là, il y a la rue de Paris, elle aussi très commerçante avec une boutique de textiles et de chapeaux également. Lorsqu'on étudie en détail le recensement de la ville, comme celui de 1911, on peut imaginer la population environnant la boutique Rosenthal. Dans les immeubles numérotés de 1 à 7, les habitants exercent les professions de menuisier, blanchisseuses, repasseuse, couturière, employé des postes, distillateur, sellier, peintre, giletière, maçon, libraire, hôtelier, épicier. Ce n'est pas l'univers de la haute bourgeoisie mais plutôt des catégories sociales situées dans le monde du commerce, de l'artisanat, de petits rentiers. Là aussi je reste perplexe. Les Rosenthal dont la famille appartient au monde de la bourgeoisie parisienne sont finalement venus s'installer à Chantilly dans un immeuble sans grande prétention, à proximité de petits commerçants et d'artisans, alors que le grand-père vit dans une belle villa de Neuilly-sur-Seine, et ce pendant trente ans ?

---

46 À côté de la pharmacie, au n° 4 de la rue de Creil, se trouve une épicerie. Au n° 6, une menuiserie, au n° 10, un commerce de peinture, au n° 16, la Taverne Franco-Anglaise, au n° 18, la boutique « le Sporting Taylor », tailleur. Une boulangerie au n° 24 et une graineterie au n° 26.

En 1896, deux ans après leur arrivée, un drame touche la famille. C'est l'année du deuil. Maurice et Rosa Rosenthal perdent une petite fille à la naissance et le déclarent à la mairie le 3 août[47]. Mais à 49 ans, Maurice Rosenthal sera père à nouveau. Sa femme Rosa, âgée de 35 ans, donne naissance à Dorothée (dite Dora) le 27 octobre 1905 et à Berthe le 24 novembre 1907[48]. C'est donc un homme entouré de sa femme et de ses quatre filles qui vit au centre de Chantilly dans les années dix et début des années vingt. Le projet américain semble enterré. Les filles aînées font leurs études à Paris (elles doivent certainement y loger). Elles ont intégré le lycée Lamartine qui a ouvert en mai 1896 une section musicale[49]. Elles fréquentent le conservatoire. Elles sont toutes des pianistes douées comme leur mère et leurs oncles.

Durant leur vie cantilienne, les parents ont peut-être reçu la visite de leur sœur et belle-sœur, Caroline, qui se rend en France en 1903[50], en 1920 et en 1923. Par recoupement archivistique, notamment son courrier déposé dans le dossier de demande de passeport de Dora Rosenthal, on suppose qu'elle se rend en France au lendemain du décès de son père Samuel Rosenthal mort en 1902, pour voir sa sœur très malade en 1920 et peut-être en 1923, pour rendre visite à Maurice dont la santé est très fragile à cette date.

En effet, Maurice Rosenthal décède en 1924. Je l'ai appris en lisant le dossier de demande de passeport de Rosa Rosenthal pour les États-Unis. Elle explique que son mari est mort il y a peu de temps. Je vérifie donc dans l'état civil de la ville et effectivement, à la date du 15 février 1924, le décès est inscrit[51]. Dans le journal *Le Matin*[52], on annonce sa disparition **(fig. 8)**. On le présente comme le fils du célèbre champion d'échecs. Les Heymann et Lévy, exilés aux États-Unis, sont cités ainsi que les musiciens Reitlinger, frères de Rosa, et la mère de Maurice. On apprend que les obsèques se tiennent à Neuilly-sur Seine et qu'il est enterré au cimetière de Neuilly-Nouveau[53]. Aujourd'hui c'est dans la partie du cimetière situé derrière l'Arche de la Défense que l'on peut trouver le caveau familial. La tombe de Maurice Rosenthal se trouve dans la division 3B, ligne 3 tombe numéro 2[54]. Dans le journal de la communauté juive, *L'Univers Israélite* du 22 février 1924, on évoque dans la partie « inhumations », le décès de Maurice Rosenthal[55].

<hr>

47 Archives municipales, 3E141/68, Juillet à décembre 1896.

48 Archives municipales, 3E141/90, Juillet à décembre 1905 et 3E141/94, Juillet à décembre 1907.

49 On le sait en lisant le parcours de Berthe Rosenthal dans les diverses nécrologies lors de son décès (voir dernière partie).

50 The National Archives in Washington, DC, USA; Passenger and Crew Lists of Vessels Arriving at New York, New York, 1897-1957; Microfilm Serial or NAID: T715; RG Title: Records of the Immigration and Naturalization Service, 1787-2004; RG: 85.

51 Archives municipales de Chantilly, 3E141/113.

52 Le journal *Le Matin*, 17 février 1924, p. 2.

53 Le cimetière nouveau de Neuilly-sur-Seine est un cimetière communal dont l'entrée se trouve 40, rue de Vimy à Nanterre dans le département des Hauts-de-Seine. Il est situé sur le territoire de la commune de Puteaux, mais l'entrée située de ce côté a été fermée à la suite du réaménagement au pied de la Grande Arche de La Défense.

54 Article sur Samuel Rosenthal sur le blog du Café de la Régence.

55 *L'Univers israélite*, 22 février 1924, p. 4, Gallica.

On annonce le décès de M. Maurice Rosenthal, fils du célèbre champion d'échecs, Samuel Rosenthal (de Chantilly). Les obsèques auront lieu le lundi 18 courant. Réunion cimetière de Neuilly-Nouveau (Défense de Courbevoie), à 3 h. 30. Ni fleurs ni couronnes. De la part de Mme Maurice Rosenthal, sa veuve, de ses enfants, des familles Levy, Wichegrod, Heymann, Perlis, Reitlinger, Kohn et Zoukermann. Le présent avis tient lieu de faire-part.

Fig. 8. Annonce du décès de Maurice Rosenthal, journal *Le Matin*, 17 février 1924, p. 2 © Bibliothèque nationale de France - Gallica.

UN DÉPART DEFINITIF EN AMÉRIQUE POUR LES FILLES ROSENTHAL ET LEUR MÈRE

Peu de temps après la mort de Maurice, sa femme dépose une demande de passeport pour rejoindre les États-Unis. Dans les documents qu'elle doit remplir, elle précise que son mari est un Américain naturalisé, qu'ils se sont mariés en France et qu'il souhaitait revenir aux États-Unis avec elle et ses deux enfants après 1894. Mais son état de santé très fragile l'en avait empêché à cette époque. Dans le dossier de demande de passeport, on apprend que les deux autres filles, Suzanne et Germaine, sont déjà installées aux États-Unis depuis quelques années. Elles sont parties en 1922. Célibataires, à 28 et 27 ans, elles rejoignent New York à bord du bateau *La Savoie*[56]. On lit sur le document des passagers leur adresse : « Place de l'Hôpital at Chantilly ». Elles déclarent vouloir habiter à La Nouvelle Orléans pour rejoindre de la famille. Rosa, Dora et Bertha qui ont respectivement 54, 19 et 17 ans quittent, quant à elles, la place de l'Hôpital en 1924. Comme des millions d'immigrants (12 millions entre 1894 et 1924), elles empruntent un navire, nommé *Le France*, le 20 août 1924 et débarquent à New York[57]. Rosa déclare en montant à bord du bateau l'adresse de leur future résidence à Lafayette en Louisiane chez des parents américains[58]. Elle cite le nom de ses belles-sœurs : Miss Lévy (Pauline Rosenthal) et Miss Heyman (Caroline).

---

56 La construction du paquebot *La Savoie* a débuté en 1899. Il appartient à la Compagnie Générale Transatlantique. Il relie Le Havre et New-York pour la première fois le 31 août 1901 (le dernier voyage a lieu en 1927).

57 Le France entre en service en août 1919. Le luxe du paquebot séduit. La clientèle américaine savoure les vins de la Loire et la haute gastronomie. Le France transporte aussi des émigrants, principalement d'Europe centrale, vers les États-Unis. Les catégories les moins aisées peuvent séjourner dans des cabines de quatre à six lits avec sanitaires indépendants et peuvent accéder à des fumoirs, des bars et des bibliothèques.

58 Liste des passagers à bord du bateau.

Mais l'obtention du passeport ne fut pas aisée. À la lecture du dossier, on comprend que l'administration américaine a un doute sur la réponse positive à donner à Mme Rosenthal. En effet, un agent écrit que le départ de Maurice Rosenthal en France, deux ans à peine après avoir obtenu la nationalité, ressemble à « une présomption d'expatriation, mais aussi une présomption de naturalisation frauduleuse ». Le texte est ferme. On précise qu'un certificat a été établi par un médecin de Chantilly, le Docteur Maurat, 56 rue du Connétable. Ce dernier, dans une lettre manuscrite, indique que Maurice a failli mourir à son retour des États-Unis sur le navire. Il l'a soigné pendant 15 ans. Mais l'agent souligne que Rosenthal était rentré il y a trente ans. Il achève son texte ainsi : « je ne crois pas que la demanderesse ait expliqué de manière satisfaisante sa résidence prolongée à l'étranger ou celle de son mari, ni qu'elle ait droit à la protection en tant que citoyenne américaine ». La suspicion de l'agent est écrite noir sur blanc.

Mais d'autres témoignages accompagnent le dossier. Ainsi la sœur de Maurice souligne la volonté très forte de ce dernier de revenir aux États-Unis. Elle explique aussi qu'elle savait que le voyage pour la France avait été très douloureux pour son frère et qu'il avait failli mourir à bord du navire. Elle jure que son frère « espérait beaucoup retrouver son pays avec sa femme ». Finalement, les arguments des membres de la famille ont été persuasifs puisque les deux femmes embarquent avec leur mère. Elles arrivent quelques mois après la loi d'immigration (Act of 1924), loi très restrictive votée sous la présidence de Calvin Coolidge. Les quotas sont abaissés[59]. Les Rosenthal sont juives mais leur origine française leur accorde sans doute un avantage. Elles arrivent à Lafayette qui comptait 8 000 habitants en 1924. Ce n'est donc pas une énorme ville comparée à Chantilly et ses 5 500 habitants. Elle est située à 200 kilomètres seulement à l'ouest de La Nouvelle-Orléans. Entourée de bayous, d'anciens méandres du fleuve Mississipi tout proche, c'est une zone très marécageuse. Le dépaysement a dû être important. Mais la présence de leurs parents (les tantes Caroline et Pauline) et de leurs sœurs (Germaine et Suzanne) a dû faciliter les choses. Régine, la dernière fille Rosenthal restée en France, les rejoint en octobre 1924 **(fig. 9)**. Quel est le parcours de ces cinq sœurs et de leur mère sur le sol américain ? Cela devrait presque faire l'objet d'un autre article. On peut cependant faire un rapide descriptif de leur vie outre-Atlantique.

---

59 La loi limite à 2 % par an l'entrée de nouveaux immigrés, par rapport au nombre de résidents de chaque nationalité vivant aux États-Unis, que l'on calcule désormais sur le recensement de 1890. Cette loi vise en particulier les immigrés en provenance d'Asie. Cette loi a été prise dans un contexte de forte xénophobie visant les immigrants d'Europe orientale et méridionale comme les Juifs issus des pays slaves, les Italiens, les Grecs, les Slaves et les Asiatiques.

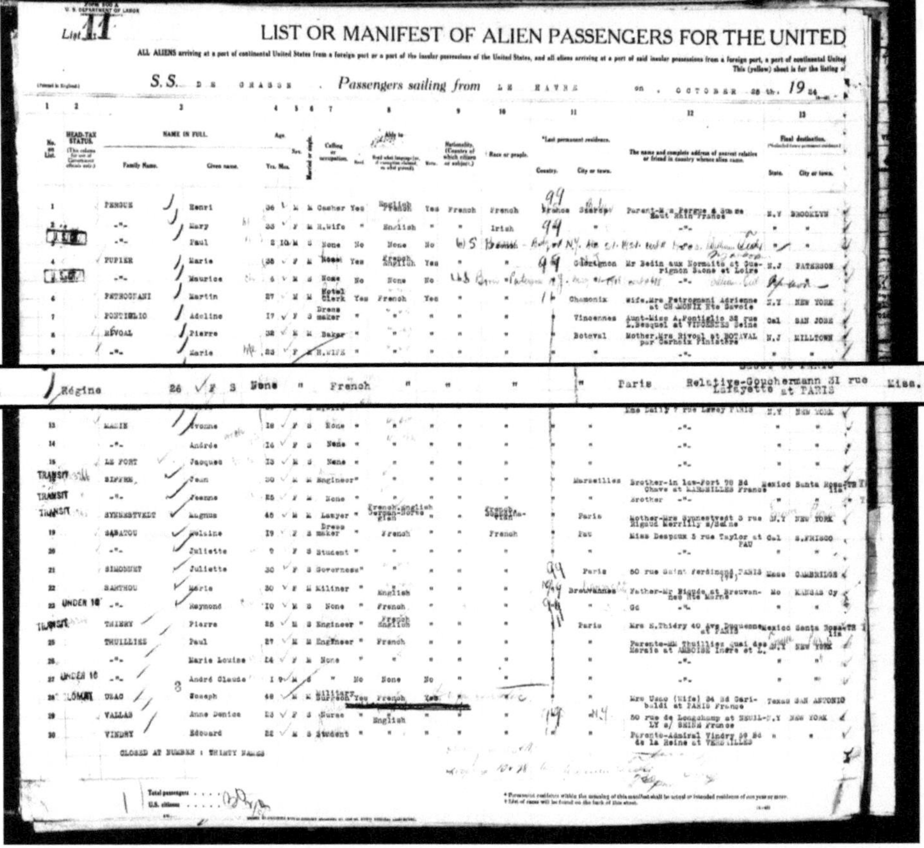

U.S. DEPARTMENT OF LABOR

List 11

LIST OR MANIFEST OF ALIEN PASSENGERS FOR THE UNITED

S.S. DE GRASSE Passengers sailing from LE HAVRE on OCTOBER 25th, 1924

No.	Family name	Given name	Age	Sex	Occupation	City or town	Relative or friend	Final destination
1	FERGUS	Henri	36	M	Cashier		Parent-M. Fergus	N.Y Brooklyn
2	-"-	Mary	33	F	H.wife		-"-	
3	-"-	Paul	5	M	None			
4	PUPIER	Marie	35	F			Mr Bedin aux Normaits	N.J Paterson
5	-"-	Maurice	6	M	None			
6	PATHOGUANI	Martin	27	M	Hotel Clerk	Chamonix	Wife-Mrs Patrogueni Adrienne at Chamonix Hte Savoie	N.Y New York
7	PONTIGLIO	Adeline	17	F	Dress maker	Vincennes	Aunt-Miss A.Pontiglio	Cal San Jose
8	RIVOAL	Pierre	38	M	Baker	Botoval	Mother-Mrs Rivoal at Botoval par Carhaix Finistère	N.J Milltown
9	-"-	Marie	33	F	H.wife		-"-	
	ROSENTHAL	Régine	26	F	None	Paris	Relative-Gouchermann 31 rue Lafayette at PARIS	Miss. MERIDIAN
13	MARIE	Yvonne	18	F	None			N.Y New York
14	-"-	Andrée	16	F	None		-"-	
15	LE FORT	Jacques	13	M	None		-"-	
	SIFFRE	Jean	30	M	Engineer	Marseilles	Brother-in law-Fort	Mexico Santa Rosalia
	-"-	Jeanne	25	F	None		Brother -"-	
	SYNNESTVEDT	Magnus	45	M	Lawyer	Paris	Mother-Mrs Synnestvedt	N.Y New York
19	SABATOU	Solaine	19	F	Dress maker	Pau	Miss Despoux 5 rue Taylor at PAU	Cal S.Frisco
20	-"-	Juliette	9	F	Student		-"-	
21	SIMONNET	Juliette	30	F	Governess	Paris	60 rue Saint Ferdinand PARIS	Mass Cambridge
22	BARTHOU	Marie	30	F	Millner		Father-Mr Bigude	Mo Kansas Cy
23	-"-	Raymond	10	M	None		-"-	
	THIERRY	Pierre	25	M	Engineer	Paris	Mrs E.Thiery 40 ave Duquesne at PARIS	Mexico Santa Rosalia
25	THUILLIER	Paul	27	M	Engineer		Parents	N.Y New York
26	-"-	Marie Louise	24	F	None		-"-	
27	-"-	André Claude	1	M				
28	USAC	Joseph	48	M	Military Surgeon		Mrs Usac (Wife) 34 Bd Garibaldi at PARIS France	Texas San Antonio
29	VALLAS	Anne Denise	23	F	Nurse		50 rue de Longchamp at NEUILLY s/ SEINE France	N.Y New York
30	VINDRY	Edouard	22	M	Student		Parents-Admiral Vindry 59 Bd de la Reine at VERSAILLES	

CLOSED AT NUMBER: THIRTY NAMES

Fig. 9. Présence de Régine Rosenthal sur le paquebot De Grasse de la Compagnie générale transatlantique le 25 octobre 1924 © www.archives.gov/research/genealogy/passports/online-resources.

Germaine - la seconde fille Rosenthal - s'est mariée en 1922 avec Maurice (Morris) Heymann à Bay-Saint-Louis dans le Mississipi dans une résidence en bord de mer. Dans le journal, *The Sea Coast Echo*[60], un encart est réservé à l'annonce du mariage. On précise que la mariée vient de Chantilly et qu'elle était magnifiquement habillée à la mode de Paris. Le mari est un « businessman » reconnu. En 1930, ils habitent au numéro 196 dans « Lafayette Street »[61]. Ils ont deux enfants. Suzanne,

60 Dans le journal, *The Sea Coast Echo* du 16 décembre 1922, p. 3.

61 En 1936, ils déménagent dans une maison que Maurice vient de faire construire par l'architecte A. Hays Town. La consigne donnée par Maurice à l'architecte est clair : construire une maison de style français, pays d'origine de son épouse. L'architecte agrémente donc son projet de balcons, de passages couverts et de nombreuses fenêtres pour permettre à la lumière de pénétrer dans la maison. Et il n'oublie pas de prévoir un spacieux salon pour accueillir le piano à queue de Mme Heymann. La résidence Heymann existe toujours. Elle est aujourd'hui le centre des anciens

l'aînée, a épousé Albert Lévy né en France et a eu un enfant en 1923. Lui aussi est un homme d'affaires. Les deux sœurs ont donc rejoint les États-Unis ensemble et se sont mariées aussitôt arrivées.

Rosa, Dora, Berthe et **Régine** vont habiter ensemble à Lafayette très longtemps. Dans le recensement de la ville en 1930, on retrouve les quatre femmes au numéro 74 Cherry Street **(fig. 10)**. Le registre est très précis : on indique les revenus, les professions, le niveau de scolarité et de maîtrise de la langue, les lieux de travail, les situations familiales (marié, veuf, célibataire, etc). Il est précisé que Régine est professeure de piano au Collège de la ville et que Dora est également « teacher piano » mais en indépendante. On voit bien que la musique reste un marqueur de cette famille.

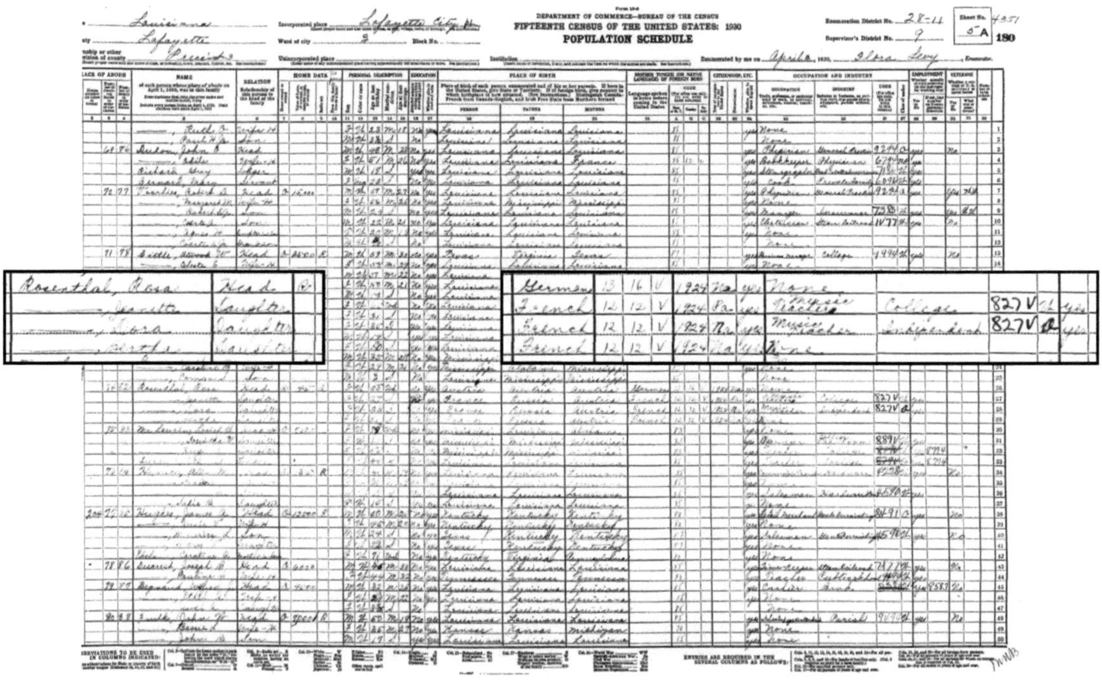

Fig. 10. Recensement de la ville de Lafayette en 1930 © The U.S. National Archives and Records Administration (NARA) www.familysearch.org.
Régine apparaît sous le nom de Jeanette, déformation aux USA de son surnom Ginette.

élèves de l'Université de Louisiane à Lafayette. Le site internet de l'Université précise que la maison est un « bâtiment majestueux [...] maison d'une famille locale éminente ».

Form 2203

U. S. DEPARTMENT OF LABOR
NATURALIZATION SERVICE

TRIPLICATE
[To be given to the person making the Declaration]

No. 84

UNITED STATES OF AMERICA

DECLARATION OF INTENTION

Invalid for all purposes seven years after the date hereof

STATE OF LOUISIANA
PARISH OF LAFAYETTE } ss:

In the 15th Jud'l.District Court of Louisiana,

I, Regine Esther Rosenthal, aged 29 years, occupation Teacher of Music, do declare on oath that my personal description is: Color White complexion Fair, height 5 feet 4 inches, weight 110 pounds, color of hair Black, color of eyes Brown other visible distinctive marks -------

I was born in Chantilly, Oise, France on the 22 day of November, anno Domini 1898; I now reside at Lafayette, Louisiana
(Give number, street, city or town, and State)

I emigrated to the United States of America from France on the vessel S.S. deGrasse
(If the alien arrived otherwise than by vessel, the character of conveyance or name of transportation company should be given)
; my last foreign residence was Paris, France; I am not married; ~~the name of my {wife / husband} is~~ ----------; ~~{she / he} was born at~~ ---------- ~~and now resides at~~ ----------

It is my bona fide intention to renounce forever all allegiance and fidelity to any foreign prince, potentate, state, or sovereignty, and particularly ~~to~~ by name to the prince, potentate, State or sovereignty of which I may be at the time of admission to citizenship ~~of whom I am now~~ a subject; I arrived at the port of New York in the State of New York, on or about the 3rd day of November, anno Domini 1924; I am not an anarchist; I am not a polygamist nor a believer in the practice of polygamy; and it is my intention in good faith to become a citizen of the United States of America and to permanently reside therein: SO HELP ME GOD.

Régine Esther Rosenthal
(Original signature of declarant)

Subscribed and sworn to before me in the office of the Clerk of said Court this 1st day of June, anno Domini 1929

[SEAL]

Felix H. Mouton
Clerk of the 15th Jud'l Dist. Court.

Nº 7703

By Racule E. Mouton, Deputy, Clerk.

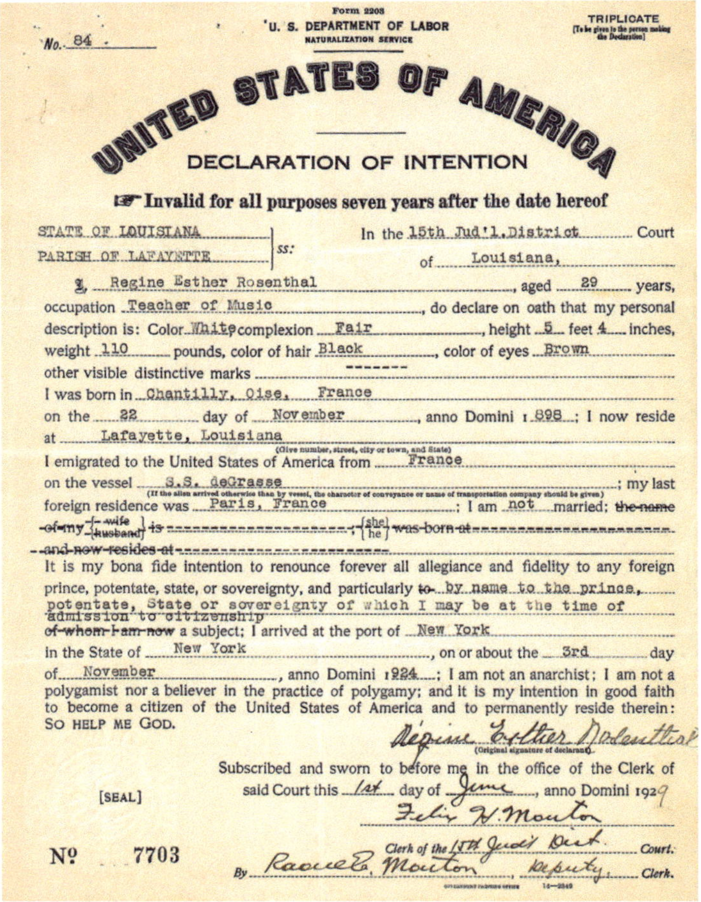

Fig. 11. Acte de naturalisation de Régine © Dossiers de naturalisation des États-Unis, 1840-1957, ancestry.com

Régine appelée « Jeanette » aux États-Unis obtiendra la nationalité au début des années 1930 **(fig. 11)**. Elle connaît une très belle carrière car elle devient professeure de musique à l'université de Lafayette. On a retrouvé des photographies d'elle dans les années 1960 : elle pose ci-après avec ses collègues enseignants **(fig. 12)**. On la voit également en compagnie de sa sœur Germaine **(fig. 13)** lors d'un gala durant lequel Maurice Heymann est récompensé pour ses services rendus à la ville. Ils posent attablés devant la presse locale.

Bertha, la plus jeune des sœurs, a finalement quitté le cocon familial à la fin des années 1930. Elle épouse un rabbin, Sidney Wolf en 1938. Ils perdent leur enfant unique deux jours après sa naissance en 1939. Régine comme sa sœur Dorothée

Fig. 12. Equipe enseignante en 1963 à l'université de la Louisiane. Régine est au premier rang, la 3e personne en partant de la droite © *L'Acadien*, 1962, University of Southwestern Louisiana.

Heymann Family Honored

Special guest of LAGCOE at the Paul Harvey dinner last night were members of the immediate family of the late Maurice Heymann. They included Mrs. Heymann, Mr. and Mrs. Herbert Heymann, Miss Claire Heymann, Miss Ginette Rosenthal, Dr. and Mrs. Isadore Cohn of New Orleans.

A social hour and dinner preceded the address of Paul Harvey, whose speech followed a special tribute to the late Mr. Heymann in the Lafayette Municipal Auditorium.

Co-chairmen of the occasion were Mr. and Mrs. W. A. Patton and Mr. and Mrs. R. D. Domingue. Also serving on the dinner committee were Mr. and Mrs. J. P. Owen Jr., Mr. and Mrs. Kenny Bowen, Mr. and Mrs. W. W. Hawkins, and Mr. George Crouchet.

Seated at the head table with the chairmen were the following: Mr. and Mrs. W. R. Angelle, Mr. and Mrs. J. L. LeBlanc, Mr. and Mrs. Troy Francis, Mayor and Mrs. J. Rayburn Bertrand, Mr. and Mrs. Jesse Luquette, Paul Harvey, James Hayes, Miss Leslie Jean Owen, and Mr. and

ATTEND TRIBUTE DINNER — The family of the late Maurice Heymann were special guests of LAGCOE last evening at the Paul Harvey dinner to Lafayette. Among the family group were Mrs. Heymann, center, her daughter, Mrs. Isadore Cohn of New Orleans, at left, and Mrs. Heymann's

Fig. 13. Germaine et Régine en octobre 1967 © *L'Acadien*, 1967, University of Southwestern Louisiana.

(Dora) restent célibataires. Dora perd la vie en 1940 à l'âge de 33 ans mais elle a eu le temps de voyager. Elle se rend à Cuba en 1932, retourne en France en 1929 et en 1937 avec Bertha[62], puis seule en 1935 et en 1939.

Les liens sont restés solides entre les sœurs et c'est souvent la musique qui les rassemble, comme c'était le cas à Paris. En 1931, les enfants de Germaine jouent du Chopin, du Beethoven, du Mozart, à la *South western Louisiane Institute* avec leur tante Dora[63]. En 1935, les sœurs Régine, Germaine et Bertha ont joué le 14 juillet pour la « fête de l'indépendance française » comme disent les Américains. Pour la société locale des Français de Louisiane, ils ont interprété des grands morceaux de musique classique mais aussi la *Marseillaise*, la *Cocarde* ou la *Madelon*. Ils sont donc bien intégrés dans la société locale et dans les cercles privilégiés de la ville[64]. À la mort de Ginette (Régine) en juillet 1977, paraît un bel article dans le *Daily Advertiser* de la ville. On rappelle ses qualités exceptionnelles de pianiste et le fait

---

62 Photographie privée transmise par un membre de la famille Rosenthal. On y voit les sœurs lors d'un repas à Paris durant l'exposition Universelle de 1937.
63 Le journal *The Daily Advertiser,* 16 novembre 1931.
64 Le journal *The Daily Advertiser*, 15 juillet 1933.

qu'elle a joué au Steinway Hall à New York, au Texas, en Louisiane. Elle a enseigné 25 ans à l'Université de Louisiane.

Toutes les femmes Rosenthal sont enterrées sur le sol américain[65]. Dorothée est décédée en 1940, quatre ans avant sa mère et cinq ans après ses tantes Caroline et Pauline. Berthe, décédée en 1996, est enterrée dans le Texas aux côtés de son époux. Suzanne, morte au Texas, a été inhumée à Lafayette. Quant à Rosa, Dora et Régine, elles reposent ensemble dans le cimetière juif Menachim Aveilim de Lafayette **(fig. 14)**.

Fig. 14. Tombe de Rosa, Dora et Régine, cimetière juif Menachim Aveilim de Lafayette © collection privée.

---

65 Pauline est enterrée dans la ville de la Nouvelle-Orléans. Elle est morte en février 1935. Caroline est enterrée à Biloxi dans le Mississipi. Elle est morte le même mois de la même année. Elle est très connue dans sa ville d'adoption. Elle a un encart dans la presse. Elle est réputée pour sa générosité et ses œuvres charitables. On précise dans sa nécrologie qu'elle est la fille de Samuel Rosenthal, *The Daily Advertiser Lafayette, Louisiane*, 13 février 1935, p 1.

Le parcours de la famille Rosenthal

Annexe

Arbre généalogique simplifié des Rosenthal

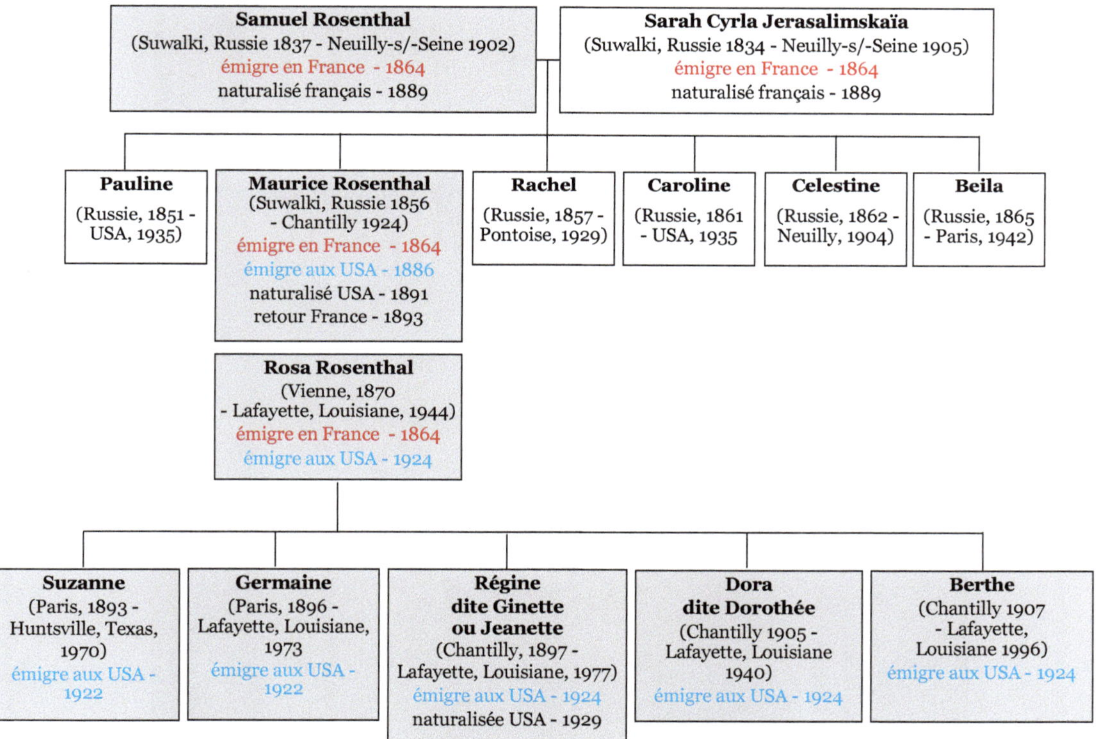

Fig. 1 : Prospections archéologiques, site 1. Au premier plan, talus d'accumulations de moellons de pierres. Au second plan, butte dans une parcelle plate, avec des grandes pierres calcaire taillées, marquant certainement une construction ancienne ruinée. Source : PNROPF.

NOUVELLES INFORMATIONS HISTORIQUES
SUR LA FORÊT DE CHANTILLY,
RÉVÉLÉES PAR LE LIDAR
ET DES PROSPECTIONS ARCHÉOLOGIQUES PÉDESTRES

par François-Xavier BRIDOUX
Attaché de conservation des patrimoines
au Parc naturel régional Oise – Pays de France

d'après le rapport de prospection et le mémoire de soutenance
de Marie-Amélie BORGNE[1], Master 2 de Géographie
à l'Université de Strasbourg, stagiaire au P.N.R. en 2024

Avertissements : cet article est basé sur des recherches en cours. Seule la forêt de Chantilly et la forêt « de Pontarmé » ont fait l'objet d'investigations. Une deuxième saison de prospections est prévue en 2025 sur le reste du Domaine forestier de l'Institut de France à Chantilly. Cette campagne a fait l'objet de l'autorisation de prospection 13543 délivrée par le Service régional de l'Archéologie des Hauts-de-France (S.R.A.). Toute action de prélèvement d'un objet archéologique dans son contexte sans accord préalable des services de l'Etat est considéré comme du pillage archéologique et puni par la loi[2]. Les informations archéologiques contenues dans cet article sont délibérément imprécises, pour des raisons de préservation des sites.

Depuis plusieurs années, dans la forêt du Domaine de Chantilly, les agents forestiers observent qu'un certain nombre d'arbres, qui paraissaient jusqu'alors en bonne santé, perdent leurs feuilles prématurément, se dessèchent et meurent. Ce dépérissement d'une partie importante des arbres du massif est un évènement rapide (à l'échelle de la vie d'un arbre et d'une forêt), brutal et grave, mais ses

---

1 Marie-Amélie BORGNE est titulaire d'une licence d'histoire de l'art-archéologie, et d'un master de Géographie. Elle a eu l'occasion de fouiller sur 6 sites archéologiques différents, du Paléolithique à l'âge du Bronze, du Finistère à la Corse.

2 Code pénal, article *322-3-1* : « La destruction, la dégradation ou la détérioration est punie de sept ans d'emprisonnement et de 100 000 € d'amende lorsqu'elle porte sur le patrimoine archéologique, au sens de l'article *L. 510-1* du code du patrimoine ». L'utilisation de détecteur de métaux est soumis à autorisation (article L. 542-1 du code du Patrimoine).

causes ne sont pas clairement établies. Afin de les découvrir, de les comprendre et d'y remédier, un collectif de recherche appelé « Ensemble, sauvons la forêt de Chantilly » s'est constitué autour de l'Institut de France, propriétaire de cette forêt. Il regroupe des universitaires, des organismes spécialisés[3], des collectivités locales, le Parc naturel régional Oise - Pays de France, des associations et des citoyens. Des fonds ont été obtenus pour mener des recherches scientifiques, dans différentes disciplines, permettant d'approfondir la connaissance des types de sols, des séries de végétation, des caractéristiques majeures de ces arbres (diamètre, hauteur, volume, etc.). Le volet historique n'a pas été oublié et s'est concentré selon deux axes : le dépouillement des archives de l'exploitation forestière passée, conservées au musée Condé[4] ; et l'analyse archéologique complète du sol du massif forestier, par la valorisation des données des vols LIDAR et des prospections pédestres.

Ces survols ont eu lieu en 2022 et 2023, en saison hivernale et en saison estivale, couvrant la totalité du Domaine forestier de Chantilly. Durant l'été 2023, l'O.N.F. a procédé au traitement des données informatiques et à l'interprétation des images LIDAR[5]. Enfin, entre mars et mai 2024, une première campagne de prospections a été réalisée sur le terrain, afin de vérifier ces observations. Menée par Marie-Amélie BORGNE dans le cadre d'un stage de Master 2 au Parc naturel régional, ainsi que par de nombreux spécialistes et bénévoles, cette enquête s'est concentrée sur le centre du massif forestier de Chantilly (forêts de Chantilly et de Pontarmé). La priorité a été donnée à la prospection des potentiels sites archéologiques détectés par le LIDAR, ainsi qu'à la vérification des vestiges déjà répertoriés dans la *Carte archéologique nationale* [6].

Cet article précise l'état de la connaissance locale avant le début des recherches (I[e] partie), le principe de la technologie LIDAR et de son utilisation en archéologie forestière (IIe partie), le cadre et la méthode de ces prospections pédestres (IIIe partie), avant de présenter quelques résultats emblématiques de différentes époques (IVe partie).

---

3 L'Office national des Forêts (O.N.F.), l'Institut National de la Recherche pour l'Agriculture, l'Alimentation et l'Environnement (I.N.R.A.E.), le Conservatoire Botanique National de Bailleul (C.B.N.B.).

4 Objet du mémoire de Marie NERI, *La forêt de Chantilly de 1766 et d'aujourd'hui, quels apports des archives pour reconstituer l'état des peuplements et le comparer avec les forêts actuelles*, sous la dir. SAINT-ANDRE (L.), AgroParis-Tech, 2024.

5 DARDIGNAC (C.) et FERMENT (G.), *Rapport d'interprétation archéologique de données LiDAR et digitalisation de la voierie forestière sur la forêt de Chantilly (Oise, Val d'Oise)*, O.N.F., 2023, 47 p. (consultation réservée aux Services).

6 La *Carte archéologique nationale*, déclinée dans chaque département, recense toutes les découvertes archéologiques, qu'elles soient en prospection organisée, en fouilles programmées ou en découverte fortuite. Réalisée par le S.R.A., elle est confidentielle et réservée aux Services.

Nouvelles informations historiques sur la forêt de Chantilly

ÉTAT DE LA CONNAISSANCE PRÉALABLE

L'histoire connue de la forêt de Chantilly remonte à un peu plus de 900 ans, grâce aux travaux archivistiques de Gustave MACON au début du XXe siècle qui ont permis de reconstituer l'évolution « foncière » des bois.[7] Entre les XIe et XVe siècles, le domaine forestier de Chantilly était relativement restreint et morcelé, contraint par les propriétés voisines des autres seigneurs ecclésiastiques ou laïcs. À la fin du Moyen âge et au début de la Renaissance, les différents propriétaires de la seigneurie s'engagent dans une politique volontariste d'acquisition de nouvelles terres et de délimitation du domaine de plus grande ampleur. Se succéderont les Bouteiller, les Orgemont, les Montmorency, les princes de Condé puis Henri d'Orléans, duc d'Aumale, pour constituer le domaine que nous connaissons actuellement, finalement légué à l'Institut de France en 1884.

Sur le terrain, des découvertes archéologiques sont régulièrement mentionnées, dès le XIXe siècle, et publiées dans les *Comptes-rendus et mémoires de la Société d'histoire et d'archéologie de Senlis*. Il s'agit alors principalement de vestiges attribués aux gallo-romains et de mobilier[8]. La chaussée Brunehaut est également bien connue à cette époque : c'est probablement une voie romaine, reliant Soissons à Beaumont, qui traverse la forêt actuelle entre Senlis et l'extrémité sud-ouest des étangs de Comelle. Des prospections pédestres plus systématiques sont réalisées dans la deuxième moitié du XXe s. : en forêt de Chantilly, dans les années 1960-1980 par Jean-Marc FEMOLANT[9] et Pierre RIGAULT[10], et dans la région de Senlis, en 1996 et 1997, sous la direction de l'archéologue Marc DURAND[11].

Aucune fouille archéologique sérieuse n'a été réalisée en forêt de Chantilly, hormis celle du jeu de l'oie grandeur nature du XVIIIe siècle mais situé dans le parc du château[12]. Toutes les autres sont soit clandestines - ce qui est malheureusement régulièrement signalé - comme la nécropole du Haut Moyen âge près du viaduc de Comelle en 1974, soit très anciennes[13]. À part cela et les prospections pédestres

---

7 MACON (G.), *Le domaine forestier de Chantilly*, 2 tomes (tome 1, 1905, 141 p., t.2, 1906, 157 p.) ; voir aussi son édition critique par MAHIEU (G.), *Cahiers de Chantilly* n° 8, 2015. Sa plus ancienne référence forestière remonte à 1106, avec la (re)fondation du prieuré de Saint-Nicolas d'Acy et sa dotation en bois, Le Domaine…, p. 47.

8 Le terme de « mobilier » regroupe tous les objets archéologiques découverts sur un site, laissés par les hommes au cours des siècles : outils en silex, poteries, objets métalliques, monnaies, charbons, restes de repas…

9 FEMOLANT (J.-M.), *L'archéologie en forêt de Chantilly*, n° C13, 1986, A.S.C.E., 6 p.

10 RIGAULT (P.), *Pages d'histoire du bassin creillois, aperçu des recherches conduites par la Société archéologique, historique et géographique de Creil de 1952 à 1992*, Médiathèque de la Ville de Creil, 2015, 222 p.

11 BEN REDJEB (T.), DUVETTE (L.), QUEREL (P.), « Les campagnes antiques : bilans et perspectives », *Revue archéologique de Picardie*, n° 3-4, pp. 177-222, 2005.

12 BERNARD (J.-L.), DAVID (C.), TRAVERS (C.), « Archéologie et histoire d'une attraction ludique en plein air du XVIIIe siècle. Le jeu de l'oie grandeur nature du Petit Parc de Chantilly », *Archéopages*, n° 37, 2014, pp. 32-39.

13 WOIMANT (G.-P.), *Carte archéologique de la Gaule, L'Oise*, 570 p., 1995, pp. 202, 294 et 371. Les découvertes de Chantilly « au pied de la première pile du viaduc » (p.202), et les deux « nécropoles du Haut Moyen âge », l'une au « viaduc SNCF » (p.294) et l'autre au lieu-dit « bois des Tombes » près de Mongrésin « sur le coteau qui domine la

passées, il n'y avait jusqu'alors aucune vision générale du sol de cette forêt et de ses vestiges sur une vaste étendue. Longtemps espérée mais soudainement arrivée, la couverture LIDAR du massif forestier est finalement venue confirmer, mais aussi renouveler, l'histoire qu'on en connaissait.

L'ARCHÉOLOGIE FORESTIÈRE ET L'INTÉRÊT DU LIDAR

L'intérêt des archéologues pour les recherches en milieu forestier ne s'est manifesté que relativement tardivement, à partir des années 1960[14]. Les premières associations dédiées à la prospection forestière apparaissent dans les années 1980, tandis que quelques manuels et publications sur les méthodes de prospection en mentionnent ses particularités et ses contraintes. En 1985, le colloque « Du pollen au cadastre », organisé à Lille par le Groupe d'Histoire des Forêts Françaises (G.H.F.F.), rassemble plusieurs études portant sur des structures archéologiques fossilisées par le milieu forestier.

Du côté des gestionnaires forestiers tels que l'O.N.F., l'histoire des forêts et la protection de leurs vestiges intéressent de plus en plus, jusqu'à la création d'une cellule archéologique à la toute fin des années 1990. En 2004, un colloque « Forêt, archéologie et environnement »[15], rassemble des chercheurs autour des problématiques liées à l'archéologie sous forêt. Les thèmes traités sont l'évolution du paysage forestier, la caractérisation des occupations anciennes et leur impact sur les dynamiques forestières, ainsi que la protection des sites archéologiques. C'est également à ce moment-là qu'est publiée la première étude sur l'utilisation du LIDAR pour la détection des vestiges archéologiques en forêt[16].

Le milieu forestier a l'immense avantage de pouvoir préserver dans de plus ou moins bonnes conditions des vestiges autrement érodés, arasés par les labours ou détruits par l'étalement urbain. Néanmoins, ce qui constitue un atout pour la préservation des structures peut devenir une contrainte dans le cadre de prospections pédestres. En effet, la végétation rend la lecture et l'interprétation des vestiges difficiles. De plus, les possibilités pour le ramassage du mobilier sont

---

Thève » sont d'ailleurs peut-être un seul et même site ? À noter aussi que les informations de la *CAG60* commencent à dater et n'ont pas été réactualisées.

14 DAVID (S.), *Habitats, réseaux viaires et parcellaires du massif forestier de Fontainebleau de l'Antiquité au début du XVIIIᵉ siècle. Analyses archéologiques et archéogéographiques*, thèse de doctorat d'archéologie, Université Paris 1 Panthéon-Sorbonne, 2023, 354 p.

15 DUPOUEY J.-L. (dir.), DAMBRINE E. (dir.), DARDIGNAC C. (dir.), (et al.), « La mémoire des forêts », *Actes du colloque Forêt, archéologie et environnement*, 14-16 décembre 2004, Paris, éd. O.N.F.

16 SITTLER (B.), HAUGER (K.), *Les apports du laser aéroporté à la documentation de parcellaires anciens fossilisés par la forêt : l'exemple des champs bombés de Rastatt en Pays de Bade*, 2007.

bien plus limitées que dans les champs labourés. Enfin, le réseau racinaire peut perturber la cohérence des structures. C'est là que le LIDAR, avec son signal capable de traverser en partie la canopée, trouve toute son utilité.

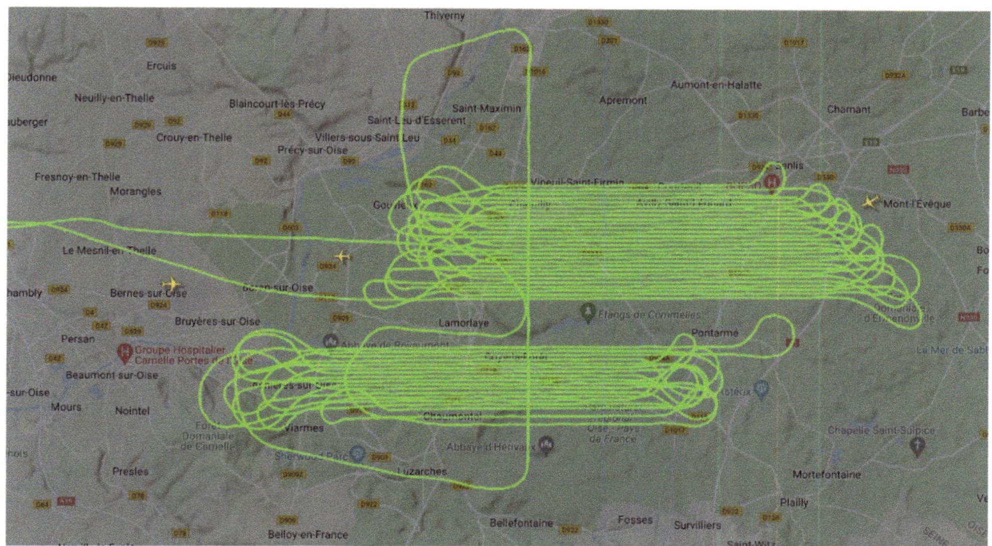

Fig. 2 : Plan de vol de l'avion embarquant le système LIDAR au-dessus de la forêt de Chantilly / Pontarmé et de Coye / bois Bonnet, 21/04/2022. Source : FlightRadar24.

En effet, le LIDAR (Light ou Laser Imaging Detection And Ranging) est une technologie de télédétection qui utilise des faisceaux laser pour mesurer des distances et créer des représentations en trois dimensions précises des environnements[17]. Pour ce faire, un survol à basse altitude de la zone sélectionnée permet au scanner embarqué dans l'avion (ou le drone plus récemment) d'envoyer des impulsions laser **(fig. 2)**. Ces ondes sont réfléchies par le sol ou les autres éléments à sa surface. Un capteur estime ensuite l'intensité et le temps de retour du signal pour un point, et cela des milliards et des milliards de fois. Le LIDAR réalisé sur la forêt de Chantilly est en très haute définition, et scanne 50 points au mètre carré dans les trois axes[18] ! Il se constitue alors ce que l'on appelle « un nuage de points », qui est ensuite analysé, traité, nettoyé et « aplati » pour obtenir le « Modèle Numérique de Terrain » (M.N.T.). Cela nécessite d'effectuer un classement de ces milliards de points par leur nature (végétation, bâtiment, eau…) pour ne garder que les points appartenant à la

---

17 WEHR (A.), LOHR (U.), "Airborne laser scanning – an introduction and overview", *ISPRS Journal of Photogrammetry and Remote Sensing*, vol. 54, n° 2-3, 1999, pp. 68-82.
18 L'I.G.N. ne propose un LIDAR Haute définition « Grand public » qu'avec 10 points au m².

classe « sol »[19]. C'est ce produit final, couramment appelé « image LIDAR » et d'un ton grisé, qui restitue le modelé du sol en trois dimensions **(fig. 3)**.

On voit alors se dessiner tous les reliefs, plus ou moins prononcés, tels que les collines, les coteaux, les vallées... Mais, pour distinguer les traces de l'occupation humaine (habitat, exploitation agricole, extraction...), il est nécessaire de travailler à une échelle bien plus grande. Pour faire ressortir au mieux les microreliefs, parfois d'une dizaine de centimètres de hauteur, il existe différentes techniques de visualisation du M.N.T. La réalisation d'ombrages artificiels est ainsi relativement courante : l'opérateur simule un positionnement au soleil, avec la possibilité de contrôler l'altitude et l'orientation de la source lumineuse. La direction choisie contraste considérablement les formes mises en valeur, avec des ombres qui permettent de faire ressortir des reliefs ou des creux (talus, fossé, trou, etc.), mais peuvent aussi masquer une partie de l'information. C'est pour cela que l'on génère généralement plusieurs ombrages, avec des angles différents.

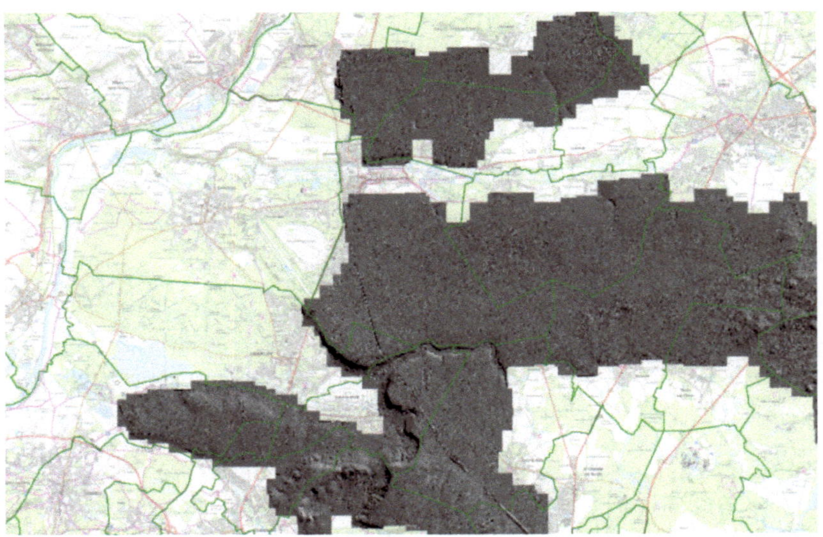

Fig. 3 : Couverture du Domaine de Chantilly par le LIDAR. À cette échelle, on ne remarque que les reliefs de la vallée de la Thève, des étangs de Comelle, du côteau très prononcé du Mont de Pô et des côtes d'Orléans.
© SCAN25 IGN / WebSIG PNROPF.

L'application de cette technique de télédétection en archéologie forestière démarre véritablement en 2003, avec l'étude sur les champs bombés conservés en

---

19 Noter ici que le LIDAR s'arrête au niveau du sol, et ne peut détecter de structure sous la surface. De même, il ne peut faire la différence physique entre une souche d'arbre et une borne en pierre, et les élimine donc toutes sans distinction... À mon grand désespoir !

forêt dans le pays de Bade en Allemagne. À partir de là, les études se multiplient, notamment en France en forêt de Compiègne en 2011, de Chambord en 2015, de Tronçais en 2016, de Fontainebleau en 2017... pour n'en citer que les plus connues. De nombreux travaux sur ce sujet sont également menés par des archéologues de l'O.N.F. : forêt de Saint-Gobain (2015), de la Grande-Chartreuse (2016), de la Montagne de Reims (2018), de Saint-Germain-en-Laye (2019), d'Écouves et des Andaines (2019), d'Haguenau (2021), de Rambouillet (2023)...

À Chantilly, courant 2023, à l'issue des traitements informatiques des données LIDAR, les archéologues Cécile DARDIGNAC et Gauthier FERMENT de l'O.N.F. proposent une première interprétation archéologique des « anomalies topographiques » d'origine humaine (« anthropiques »), rangées de deux façons :

- suivant leur forme géométrique globale, le logiciel de cartographie propose trois catégories : des « points », des « lignes » et des « polygones » (surfaces), permettant de dessiner tous les types de site ;

- puis, suivant leur caractéristique propre (forme précise, taille, hauteur, profil), ces anomalies sont classées en fonction de leur usage supposé : habitation, délimitation, exploitation agricole ou forestière, extraction, installation militaire, communication... ; un code couleur est appliqué à chaque usage pour faciliter la lecture.

En croisant ces deux critères, voici les différents types d'anomalies, en fonction de leur forme, puis de leur usage :

- Les anomalies ponctuelles (inférieures à 12 m de diamètre environ) peuvent ainsi correspondre à d'anciennes « charbonnières »[20], à des « mottes à connins »[21], à des « loges de charbonniers ou de bûcherons »[22] ou à des « trous de bombes ». Les autres à l'usage indéterminé sont classées comme « structure », « butte » ou « dépression » ;

- Les anomalies linéaires se partagent entre « aménagements militaires » (tranchées), « chemins creux », « fossés », « limites de parcellaires » et « talus » ;

- Les anomalies surfaciques, couvrant une certaine étendue, comprennent de potentiels sites archéologiques classés en « anomalie topographique », des « enclos » et des « zones d'extraction ».

---

20 Une charbonnière est un four dans lequel on fabriquait autrefois le charbon de bois, à partir de bois vert. Sur une aire plane, de 5 à 8 m de diamètre, le bois était entassé, recouvert d'une couche de terre, puis carbonisé à l'étouffée pendant « 15 jours à 3 semaines » (DEJONC (E.), CODRON (C.), *La mécanique pratique*, 1904 (*Wikipédia*)
21 Les mottes à connins sont des petites buttes artificielles créées pour attirer et élever des lapins (latin : *cuniculus*). Composées de sable (4/5), de graves et d'un peu d'argile, parfois surmontées de quelques grosses dalles de pierre, elles font une douzaine de mètres de diamètre et ont une hauteur subsistante de 80 cm à un mètre environ. Voir plus loin.
22 Les loges sont de petites cabanes, souvent rondes, d'un diamètre de quelques mètres, faites en matériau naturel et périssable (bois, terre). Elles abritent une à quelques personnes des intempéries. Quelquefois, c'est toute une famille qui y vit, et la loge a alors une forme allongée. Voir plus loin.

Pour simplifier, voici un tableau de synthèse des différents types d'anomalies rencontrées en forêt du Domaine de Chantilly :

Usage / forme	Point	Ligne	Polygone (surface)
Habitation	Loge de charbonnier ou de bûcheron	Mur	Habitation
Délimitation		Parcellaire, talus / fossé de bornage	
Exploitation (agricole, forestière, élevage)	Charbonnière, motte à connins	Enclos	Ferme, maison de garennier
Extraction			Carrière
Protoindustrie	Four verrier		
Militaire	Trou d'homme, trou de bombe	Tranchée	Alvéole de protection
Communication		Voie antique, chemin creux	
Autre ou indéterminé	Butte, structure, dépression (mare)	Fossé (drainage), talus	

Au total, 4 708 éléments ont été digitalisés : 1 533 éléments ponctuels, 2 775 lignes et 400 polygones (surfaces). À chaque fois, une interprétation de l'anomalie topographique a été proposée par les spécialistes de l'O.N.F. d'après l'expérience acquise dans les autres forêts françaises.

La mise à disposition des images LIDAR et de leurs interprétations fin 2023 au Parc naturel régional a permis d'envisager leur utilisation dans le cadre de prospections pédestres **(fig. 4)**.

LES PROSPECTIONS PÉDESTRES

L'organisation de cette première campagne de prospections en forêt du Domaine de Chantilly en 2024 s'est focalisée sur la connaissance du patrimoine archéologique. Pour répondre à cette problématique, il a été décidé de prospecter les entités surfaciques supposées être des occupations humaines (habitation, exploitation), ainsi que les entités ponctuelles enregistrées comme « structures ». Les

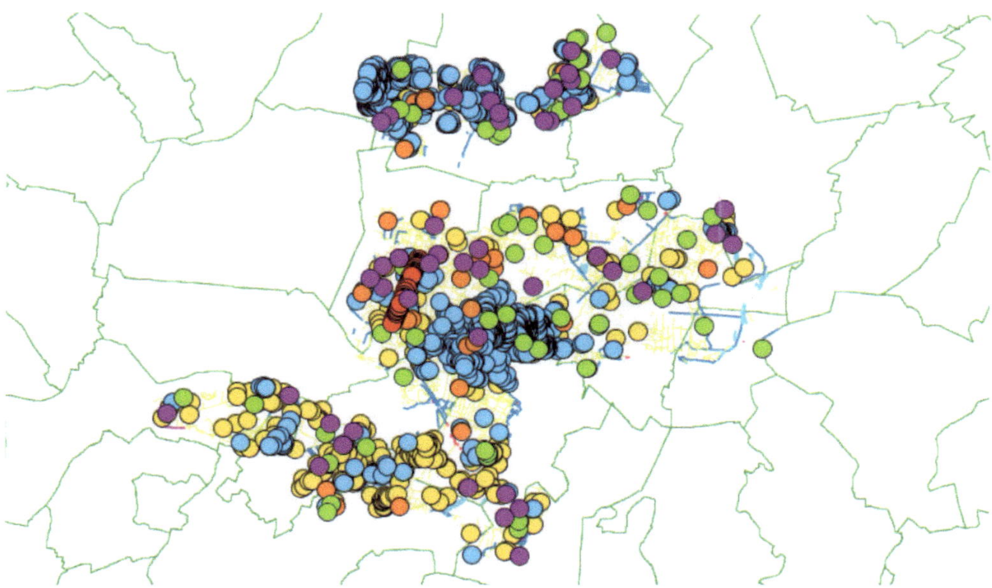

Fig. 4 : Interprétation des anomalies topographiques par C. DARDIGNAC et G. FERMENT, O.N.F. 2023, extraits (tous les points et quelques types de linéaires). Pour des raison de sauvegarde des sites, le code couleur ne peut être indiqué. Par ailleurs, cette interprétation est corrigée au fur et à mesure des observations de terrain.

premières désignent des zones susceptibles de constituer des sites archéologiques, tandis que les secondes correspondent à des structures de plus petite taille, habituellement interprétées comme des loges de bûcherons ou de charbonniers. À cela s'ajoutent les points déjà connus par la carte archéologique, dont la vérification a également semblé nécessaire. En effet, ces enregistrements peuvent être d'une précision variable, et se recoupent partiellement avec les anomalies topographiques identifiées par l'O.N.F.

À défaut de pouvoir couvrir l'ensemble du massif faute de temps, il a été décidé de commencer par la zone centrale, c'est-à-dire les forêts de Chantilly et Pontarmé **(fig. 5)**. Elle est délimitée au nord par les agglomérations de Chantilly, Avilly-Saint-Léonard et Senlis, et au sud par les étangs de Comelle ainsi que le hameau de Mongrésin (commune d'Orry-la-Ville), et les villages de Pontarmé et de Thiers-sur-Thève. La limite ouest correspond aux zones urbaines des communes de Chantilly et Lamorlaye, tandis qu'à l'est c'est l'autoroute A1 qui sépare la forêt de Pontarmé de celle d'Ermenonville.

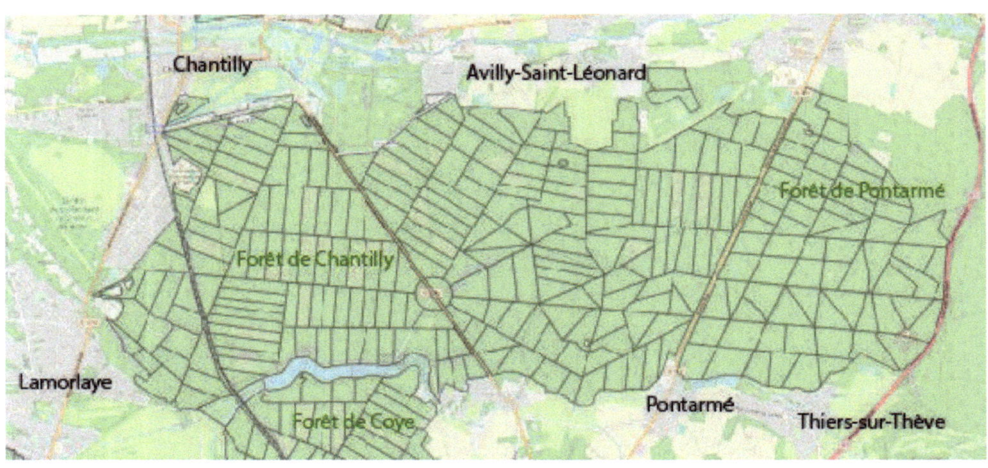

Fig. 5. Situation du massif forestier de Chantilly prospecté. Source : OpenStreet Map, 2024.

Cette campagne 2024 s'est déroulée de la mi-mars à la fin mai. Le choix de concentrer la phase de terrain au début du printemps répondait à la nécessité d'avoir un milieu forestier relativement dégagé pour les recherches. Une végétation trop abondante aurait rendu très difficile l'identification de microreliefs et le ramassage de mobilier. Une équipe de prospecteurs bénévoles, amateurs mais motivés, formés[23] et efficaces, a été constituée à partir des membres de trois associations locales, ayant une bonne connaissance de la forêt et une sensibilité à l'histoire et au patrimoine : le collectif « Ensemble, sauvons la forêt de Chantilly », l'Association pour la sauvegarde des Poteaux des Trois Forêts (A.P.T.F.), ainsi que la Société d'Histoire et d'Archéologie de Senlis (S.H.A.S.). Des archéologues du S.R.A. des Hauts-de-France, du Service Départemental d'Archéologie de l'Oise (S.D.A.O.), des universitaires d'Amiens et des personnels du Domaine se sont également joints à une partie des sorties de terrain.

Cette démarche de vérification d'anomalies préalablement repérées grâce au LIDAR a naturellement conduit à réaliser des prospections dites « sur indices ». Il s'agit de prospections ciblées, où l'on cherche d'abord à retrouver les microreliefs identifiés sur l'image LIDAR. Il est ensuite possible d'en évaluer l'étendue, relever les structures le cas échéant, et ramasser le mobilier en surface. Il est relativement rare que le mobilier archéologique soit trouvé à même le sol. Le plus souvent, ce sont les chablis, taupinières et boutis de sangliers qui le livrent.

Des fiches de prospection sont remplies pour chaque site, permettant une

---

23 Après une réunion de présentation générale le 22/02/24, une après-midi de formation leur a été dispensée le 14/03 par le S.R.A., en salle, puis sur le terrain.

standardisation de la démarche. L'architecture du document a été mise au point par Claire PICHARD, conservatrice au S.R.A. Hauts-de-France, d'après son expérience en forêt de Compiègne.

- Il s'agit tout d'abord de renseigner toutes les informations permettant de localiser le site le plus précisément possible : numéro de parcelle forestière, numéro d'anomalie attribué lors de l'étude archéologique de 2023, nom de commune et de lieu-dit, coordonnées G.P.S. ;

- La nature de la vérification est ensuite indiquée (prospection archéologique ou botanique, sondage à la tarière, utilisation de détecteurs de métaux...), puis si l'anomalie a été repérée et son origine humaine confirmée (« caractère anthropique ») ;

- Vient ensuite l'observation de la structure en elle-même : type, description, dimension et datation. L'anomalie topographique peut être ponctuelle (butte, petite construction, tumulus, charbonnière, trou d'homme, trou de bombe, dépression, four...), linéaire (talus, fossé, chemin), ou correspondre à un ensemble surfacique plus large (habitat, occupation agropastorale, zone d'artisanat, agglomération, zone funéraire, carrière, zone à vocation militaire...) ;

- Il s'agit ensuite de décrire les vestiges le plus précisément possible (organisation spatiale, matériaux, etc.) et de noter leurs dimensions. Il est d'autant plus important de prendre des mesures sur site que certains éléments ponctuels observés ne sont pas forcément très lisibles sur le LIDAR. Néanmoins, la plupart du temps, le M.N.T. nous permet, en amont, d'obtenir des profils topographiques très précis, ainsi que les dimensions globales de l'anomalie ;

- Ensuite, il faut renseigner le type de végétation (« peuplement »), ainsi que toute anomalie botanique observée (qui permet souvent de conforter les soupçons d'occupation humaine) ;

- Si nécessaire, les relevés peuvent s'accompagner d'un croquis et de photographies. Notons que l'absence de repères précis et l'abondance de végétation ont tendance à écraser les hauteurs et les perspectives, d'où la nécessité de placer des mires et/ou des personnes pour avoir des références sur l'image ;

- À tout cela s'ajoutent finalement les renseignements relatifs au mobilier ramassé en prospection : catégorie, matériau, description, datation, localisation, nombre de sachets ramassés, lavage, photographie, étude spécifique...

    Cette fiche doit être complétée régulièrement après la phase de terrain, afin de suivre les différentes étapes post-prospection (datation céramique, datation carbone 14, prospection botanique à différentes saisons, etc.).

Quand le site est très vaste ou les microreliefs trop discrets, il peut être nécessaire de réaliser des prospections plus systématiques et extensives. Celles-ci permettent d'arpenter la parcelle régulièrement, les prospecteurs avançant en ligne, sans discriminer de zones *a priori*. L'écartement entre chaque personne dépend du type de peuplement forestier : plus la végétation est dense, plus l'écart entre les prospecteurs doit être faible. Tout le monde doit essayer d'avancer au même rythme, dans une direction déterminée au préalable. Chaque prospecteur est muni d'un bâton, avec une marque fluorescente à son extrémité pour être facilement retrouvé. Si une structure est détectée, cela permet de marquer la position le temps d'aller chercher le responsable de la prospection. Cette méthode peut se heurter aux contraintes du milieu forestier, où une progression linéaire n'est pas toujours aisée. En effet, la végétation dense de type roncier peut considérablement contraindre le parcours du prospecteur. Ce dernier peut également manquer de repères pour maintenir le cap, contrairement à des contextes de labours où il suffit de suivre le sillon. C'est pour toutes ces raisons que cette approche n'a été utilisée que très ponctuellement.

En complément des prospections pédestres, des prospections botaniques ont également été menées par Rémi FRANÇOIS, du Conservatoire botanique national de Bailleul, plus tardivement, en mai et en juillet. Cela a permis de relever plus précisément certaines anomalies de végétation sur des sites archéologiques confirmés.

Au total, le nombre de points qui ont été contrôlés en 2024 se distribuent de la façon suivante : 49 anomalies topographiques d'occupation humaine supposée ; 19 structures ; 22 points de la *Carte archéologique nationale* (dont 14 qui semblent se recouper avec des anomalies LIDAR). À cela s'ajoutent quelques sites repérés sur la commune d'Orry-la-Ville, sélectionnés pour leur proximité avec la Maison du Parc naturel régional (bonne accessibilité pour la formation des bénévoles) : trois anomalies topographiques, dont une déjà connue de la *Carte archéologique*. Cela représente donc un total de 78 sites à contrôler. En parallèle, des études sur les charbonnières du massif ont été initiées par Jérôme BURIDANT (Université de Picardie Jules-Verne, laboratoire de recherche Edysan). Par ce biais, la nature de 13 autres structures ponctuelles a pu être confirmée.

Révélé par le LIDAR comme un livre ouvert, chaque site évoque une histoire particulière. Voici maintenant quelques exemples, d'époques et d'usages différents, qui confirment des faits historiques déjà connus, d'autres supposés, ou d'autres encore totalement nouveaux.

ÉVOLUTION DU TERRITOIRE À TRAVERS QUELQUES EXEMPLES

Même si l'érosion naturelle et l'exploitation sylvicole malmènent le sol forestier, il reste une formidable « éponge » des évènements et usages anciens de la forêt, qui se sont accumulés, superposés ou télescopés. L'objectif est maintenant de les retrouver, de les identifier, de les trier et de les expliquer.

C'est ce qu'a tenté de faire la trentaine de prospecteurs spécialistes et amateurs lors de cette campagne de terrain de 2024. Durant près de 3 mois, à raison de deux après-midis par semaine, de 4 à 8 bénévoles ont accompagné la stagiaire Marie-Amélie BORGNE à la recherche des traces subsistantes des sites repérés sur le LIDAR. Dissimulés par la terre, l'humus et la mousse, émergeant à peine du sol, des tas de pierres alignées, quelques dizaines de morceaux de poteries et de tessons de céramique architecturales (TCA), des rognons de métal et autres vétilles sont les derniers vestiges de constructions ruinées par la végétation, absorbées par la terre. Ils sont les ultimes témoins d'activités oubliées, d'évènements passés, de vies disparues.

Du mobilier archéologique, méticuleusement récolté, a été découvert sur 38 de ces sites. Mais les quantités retrouvées sont très variables, d'un objet à quelques-uns, voire quelques dizaines de tessons maximum par site - qui s'étendent parfois sur un hectare. Sur ce total, 35 sites ont livré des tessons de céramique, 30 des TCA, neuf des éléments métalliques, trois des bouts de verre, deux des silex, un des fragments de coquillages. Les 40 autres sites n'ont rien révélé.

Une occupation gallo-romaine

Des tessons de céramique ont été analysés par un céramologue du S.R.A., qui a proposé des datations possibles à partir de leurs caractéristiques propres. En effet, chaque époque a utilisé des formes, des décors et des coloris différents suivant la mode de son temps, ce qui permet maintenant de les associer à telle ou telle période historique. En Chantilly, les premières traces confirmées remontent à l'Antiquité, avec une forte proportion de sites gallo-romains : le mobilier récolté semble rattacher une majorité de sites explorés (29 sur 78) aux IIe et IIIe s. après J.-C.

Ces céramiques **(fig. 6)** et TCA **(fig. 7)** ont été récoltées sur des sites potentiellement détectés par le LIDAR. Parfois, ces sites n'ont guère de forme régulière, simples bombements dans un paysage plat. Parfois leur image LIDAR est plus évidente, et permet même de repérer une certaine organisation. Cette vue du site 2 **(fig. 9)** constitue un exemple exceptionnellement clair et rare du type de vestiges qui ont pu être prospectés. Deux petites structures maçonnées rectangulaires s'insèrent au milieu d'une zone délimitée par des talus. Un creusement au nord-ouest associé à des amas de moellons de grès et de calcaire complète l'ensemble. La présence d'une pièce à l'effigie de l'empereur Galba (68-69 ap. J.-C.) fournit également un élément de chronologie supplémentaire **(fig. 8)**.

Fig. 6 : Exemples de céramiques gallo-romaines des IIe et IIIe s. retrouvées en prospection. Chaque photo présente un site différent réparti sur l'ensemble du massif. Source Marie-Amélie BORGNE.

Fig. 7 : Exemples de TCA gallo-romaines. On en trouve de toutes les tailles, plutôt des morceaux de tuiles, dont les rebords ont mieux résisté au temps. Source Marie-Amélie BORGNE.

Fig. 8 : Mobilier métallique du site 2 : monnaie, clou. Source Marie-Amélie BORGNE.

Attention ! Cette pièce est <u>la seule retrouvée lors de cette saison</u> de prospection. En forêt de Chantilly, le pillage archéologique est important et les deux sites présentés ici ont été déjà complètement retournés par les pilleurs. <u>Le pillage tue la connaissance historique de nos territoires</u>. Pour rappel, la prospection avec détecteur de métaux est interdite, quel que soit le lieu, même dans une propriété privée, quand bien même « autorisée » par son propriétaire et pour un usage « ludique ». Les prospecteurs agréés sont autorisés à prospecter par le S.R.A., munis de leur autorisation et toujours accompagnés de responsables des services.

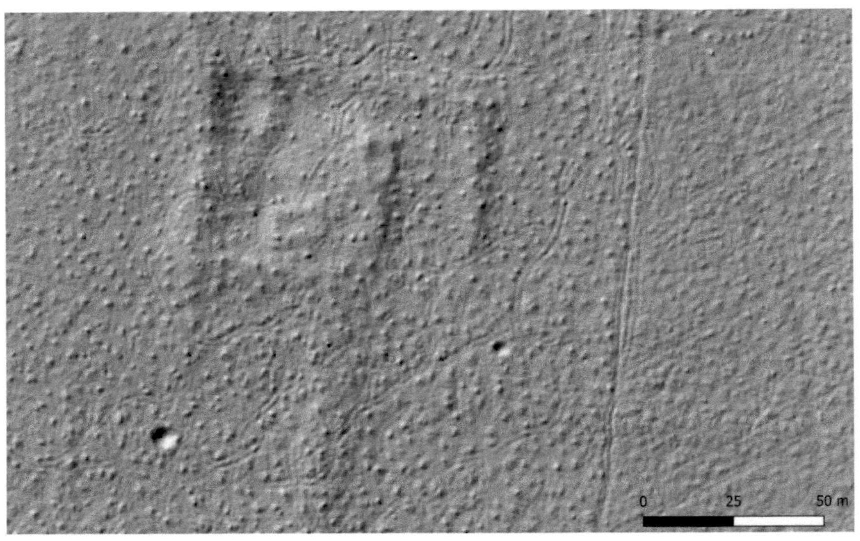

Fig. 9. Image LIDAR du site 2, ombrage à 315°. Le granulé est produit par tous les pieds ou souches d'arbres. Les deux ronds nets sont des trous de bombe de la Seconde Guerre mondiale.

De façon quelque peu schématique, la plupart des sites gallo-romains prospectés peuvent être divisés en deux catégories :

- d'un côté, des restes de constructions associant des amas de moellons conséquents (très souvent majoritairement calcaires, avec quelques grès) à des fragments de tuiles et d'importantes zones de creusement ;

- de l'autre, des sites peut-être plutôt à vocation agro-pastorale, structurés par d'imposants talus et présentant régulièrement des concentrations anormales de plantes eutrophes[24].

---

24 Plante dont le développement est favorisé par la présence anormalement élevée d'azote ou de phosphore, produit par l'occupation humaine et particulièrement lors de la concentration de bétail. Par ex. la grande ortie, le lierre terrestre, l'armoise, la bardane, etc.

Tous ces vestiges semblent par ailleurs s'intégrer dans le réseau de longs tracés rectilignes en bosse, qui s'étendent sur plusieurs dizaines voire centaines de mètres, formant des cadres orthogonaux délimitant des parcelles. Par la finesse de ses mesures et la qualité de ses représentations, le LIDAR a en effet mis au jour un parcellaire ancien fossilisé, totalement inconnu jusqu'à présent **(fig. 10)**. Sur le terrain, il est bien difficile de les repérer, tant ils sont ténus dans le paysage (de quelques centimètres à une vingtaine de haut maximum). Pourtant, il est bien réel et couvre une grande partie de la superficie de la forêt. On ignore la constitution de ces limites à l'époque : muret, tas de pierres retirées de parcelles, talus de terre seul ou surmonté de haies ? On ne peut pas plus déterminer pour l'instant l'usage des parcelles, destinées à l'élevage ou à l'agriculture.

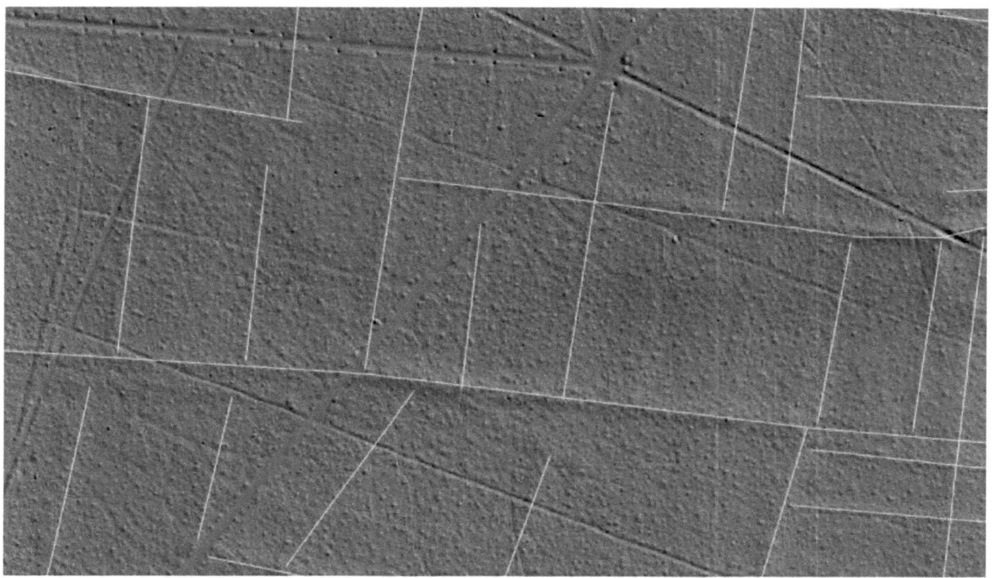

Fig. 10 : Image LIDAR. Exemple de parcellaire en forêt de Chantilly.

Bien que cela nécessiterait une étude à part entière, Marie-Amélie BORGNE a d'ores et déjà observé une continuité et une cohérence des formes[25]. Bien sûr, il faut garder à l'esprit qu'une trame parcellaire, aujourd'hui apparemment homogène, ne signifie pas forcément une création simultanée de l'ensemble des linéaires ni un

---

25 BORGNE (M.-A.), *Détection et spatialisation des sites archéologiques dans le massif forestier de Chantilly : apports du Lidar, confrontation au terrain et aux autres données cartographiques*, Mémoire de Master 2, Géographie, Aménagement, Environnement et Développement, Université de Strasbourg, 2024, 173p., pp.24-26

fonctionnement uniforme à une période précise. Cependant, l'étude des orientations des segments de parcellaire souligne tout de même une forte densité et une homogénéité des trames dans les secteurs de la forêt où se concentrent la majorité des vestiges gallo-romains. De même, l'étude de leurs orientations prédominantes, majoritairement N-S/E-O et se croisant à angles droits, suggère une formation logique et régulière. Le site 1 (voir ci-dessous et photo d'introduction) illustre assez bien cette organisation spatiale.

À droite et à gauche de l'image se trouvent deux zones portant des traces d'aménagements : buttes quadrangulaires axées et constituées de moellons de pierre (dont certains clairement taillés), creusements, concentration anormale de plantes eutrophes **(fig. 11)**. Si ces structures étaient déjà connues des prospections antérieures, le LIDAR permet de comprendre l'organisation générale, à plus grande échelle. Elles s'intègrent en effet dans un ensemble de linéaires rectilignes et réguliers, dont un qui traverse le site d'ouest en est, ou encore un autre orienté nord-sud dans la partie droite de l'image, pour ne nommer que les plus visibles.

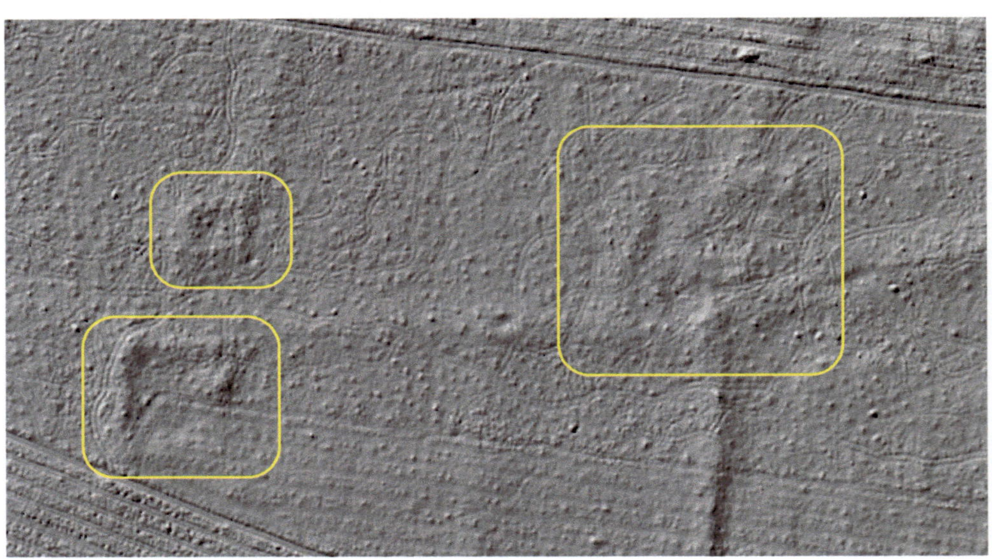

Fig. 11. Image LIDAR du site 1, ombrage à 315°. En haut et en bas, les trames régulières sont causées par l'exploitation forestière contemporaine, qui peut être une source d'inquiétude pour la sauvegarde de vestiges anciens d'importance.

Le LIDAR a également permis de retrouver le tracé originel des voies de communication anciennes, en particulier de la chaussée Brunehaut, qui traverse la forêt actuelle de part en part, du N-E au S-O **(fig. 12)**. Cette voie antique a été très

empruntée pendant des siècles. Mais, au fil du temps, entre les dégradations et les réparations, les utilisateurs ont parfois préféré se décaler vers d'autres terrains plus praticables. Son parcours a donc évolué, et, sur quelques portions, ne passe plus de nos jours par son itinéraire primitif. Or, elle était bien rectiligne, depuis la sortie de Senlis jusqu'au nord du viaduc des étangs de Comelle, où elle descend ensuite en pente douce vers l'ancienne allée des peupliers, face au château de Coye.

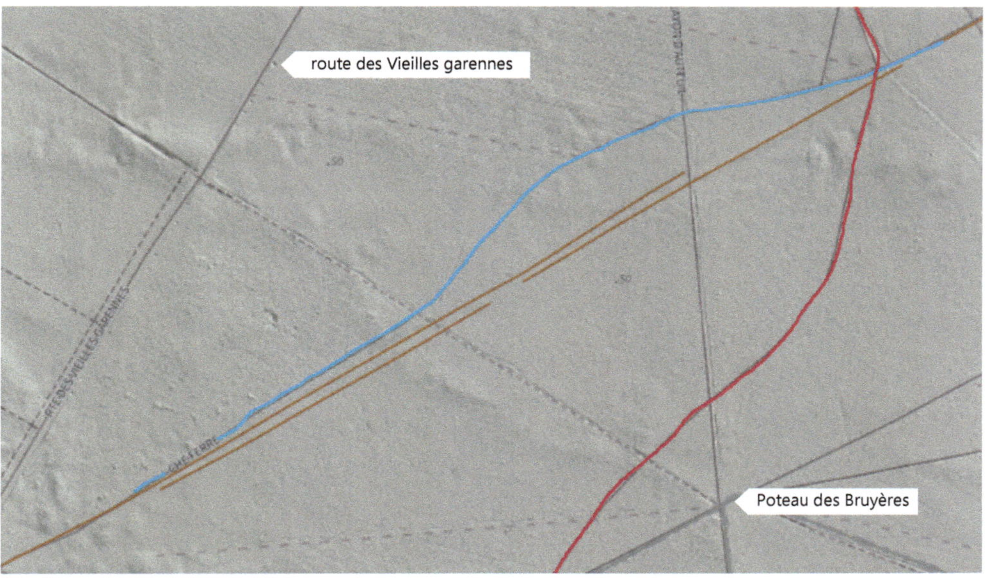

Fig. 12 : Exemple de tracé ancien (en orange foncé) et actuel (en bleu) de la chaussée Brunehaut, dans le secteur des Bruyères. L'autre tracé sinueux N/S (en rouge) est un ancien chemin, disparu, qui menait de Saint-Léonard à la grange de Comelle. Vue LIDAR, fond de plan IGN et interprétation O.N.F.

Un four verrier (fin du Moyen âge / début de l'époque moderne)

Pour la période médiévale, les connaissances historiques relativement abondantes n'ont, pour cette campagne annuelle, pas trouvé de traduction archéologique sur le terrain. Le seul site prospecté ayant fonctionné à la toute fin de cette époque, ou au tout début de la suivante, semble être un four verrier. Le LIDAR ne fait pas tout : il n'a indiqué aucune anomalie spécifique à cette activité à cet endroit, mais c'est ici le toponyme, l'expérience des chercheurs et les conditions locales qui ont fortement incité à prospecter la zone. C'est en effet un secteur de bois, de sables fins, de fougères et de sources, tous les éléments dont les artisans ont besoin : ils

doivent en effet laver le matériau de base pour obtenir une silice pure, l'associer à la cendre de fougère (potasse) et chauffer le tout pour le faire fondre en verre. Sur place, dans un fouillis végétal, ont été trouvés des TCA, de probables éléments de creuset, ainsi que des scories de verre **(fig. 13)**. La datation de la céramique récoltée court entre le bas Moyen âge et le XVIIIe siècle, ce qui paraît cohérent avec les quelques données historiques à notre disposition. En effet, la première mention du toponyme est attestée dans un document de 1511, alors qu'auparavant, le lieu se nommait « Fontenelle »[26].

Fig. 13. Scories de verre et TCA issues du site verrier. Source : Marie-Amélie BORGNE.

---

26 MACON (G.), *Le Domaine…*, t.2, p. 82. Voir également PELOYE (J.), *Carrefours, routes et chemins dans les forêts de Halatte, Ermenonville et Chantilly*, 207 p., 2007, p. 187-188.

Un territoire de chasse : le cas de l'élevage extensif et de la chasse au petit gibier

Plusieurs aménagements et bâtiments, connus par des cartes anciennes et la documentation historique, ainsi que certains types de structures identifiées sur le terrain permettent de compléter l'histoire cynégétique de cette forêt. En effet, on y chasse beaucoup à courre, mais aussi au petit gibier. Différents propriétaires laïcs et ecclésiastiques, outre leurs « muettes »[27], possèdent aussi des « faisanderies »[28] ou des garennes, équipées de mottes à connins (ou connils)[29]. Leur localisation n'est pas aléatoire, mais répond à une certaine organisation de l'espace, suivant le type de sol, de végétation, ou des facilités d'accès.

Le LIDAR et les prospections pédestres ont ainsi révélé cet épisode important des activités de chasse : l'élevage et la chasse aux lapins. Au nord de la forêt, un secteur de bruyères a été âprement disputé au nom de cette passion dévorante. Initialement propriété des moines du prieuré de Saint-Nicolas d'Acy et du chapitre Notre-Dame de Senlis, une bande de ces landes a été accaparée par les seigneurs de Chantilly[30]. Depuis le XIIIe siècle existait déjà une grande garenne entre le château de Chantilly et Avilly, « moult fort peuplée » de lapins en 1397 par exemple[31]. Mais les seigneurs cantiliens cherchent toujours à aller les chasser plus loin, vers les bruyères centrales. Pierre II d'Orgemont y fait enclore des terrains qui ne lui appartiennent pas, se permettant de « hayer, buissonner, espiner, ficher broches, houer, fossoyer » pour asseoir son droit de garenne. Son fils Pierre III fait ensuite creuser un premier fossé au-delà du chemin du Héquet[32], rebouché postérieurement. Enfin, son petit-neveu Anne de Montmorency (1492-1567) fait de même, mais encore plus à l'Est **(fig. 14)**. Malgré les protestations du prieuré, il considère que « tout ce qui a esté enclos es fossés de la garenne de Chantilly est des appartenances et appendances d'icelle garenne, même la touffe de Longbouel ». Le lieu est facile d'accès depuis le château, et - surtout - son terrain sablonneux est particulièrement bien adapté pour l'élevage de lapins.

---

27 Pour rappel, il existe la « Muette de Chantilly » non loin de Senlis (propriété des seigneurs de Chantilly), la « Muette de l'évêché de Senlis » en forêt de Pontarmé, mais aussi la « Muette du Lys », dans la forêt éponyme. Voir aussi BRIDOUX (F-X.), Les poteaux forestiers…, *Cahiers de Chantilly* n°12, 2019, note 25.

28 La maison de la « Vignette » ou « des Vignettes », près de Pontarmé, est qualifiée de « Faisanderie » sur le *Plan de la forest de Chantilly, fait pour le service de ceux qui chassent en la dite forest levée sur les lieux*, par Henri SENGRE, 1683, A.M.C., CP-A-0115.

29 Voir note 21.

30 BRIDOUX (F-X.), Les bornes armoriées en forêt de Chantilly, une vaste opération de cadastrage par le connétable de France Anne de Montmorency, exemple du bois du prieuré de Saint-Nicolas d'Acy (1537), *Cahiers de Chantilly*, n°13, 2020, pp 82-124, pp.84-87.

31 MACON (G.), *Le Domaine…*, t.1, pp. 51-52.

32 Ce chemin important partait du chêne d'Avilly et se dirigeait selon un axe S-E vers le centre de la forêt, vers le « Héquet » et le « terrier des houx », deux buttes sablonneuses qui ont dû être de grandes zones de chasse.

Fig. 14. Le talus (photo 2008), transformé ensuite en chaussée appelée « chemin des Vaches » (carte DELAVIGNE, 1744), partant d'Avilly et se dirigeant vers le Héquet. Son tracé, bien visible entre le jeu d'arc d'Avilly et le poteau de l'Entonnoir, est ensuite plus difficile à suivre de ce dernier à la chaussée Brunehaut. Source : PNROPF.

Après 1537[33], Anne de Montmorency fait aménager ce secteur conquis, surveillé par deux « garenniers », installés sur place dans une maison en pierre. Le mobilier archéologique récolté semble cohérent avec les informations historiques à disposition (céramique ci-contre datée des XVe-XVIIIe s.).

Au nord et au sud de cette maison, au moins trois buttes pourraient tout à fait correspondre à d'anciennes mottes à connins. Totalement inconnues et dévoilées par les

---

33 Car les aménagements suivant ne figurent pas sur le *plan des bruyères d'Avilly* de la mi-1537, A.M.C. CP-C-0084.

images LIDAR, elles se présentent sous une forme circulaire, font un diamètre d'environ 15 à 20 mètres, une hauteur d'environ 80 cm de nos jours, et sont réparties régulièrement dans la garenne entre le nord et le sud **(fig. 15)**.

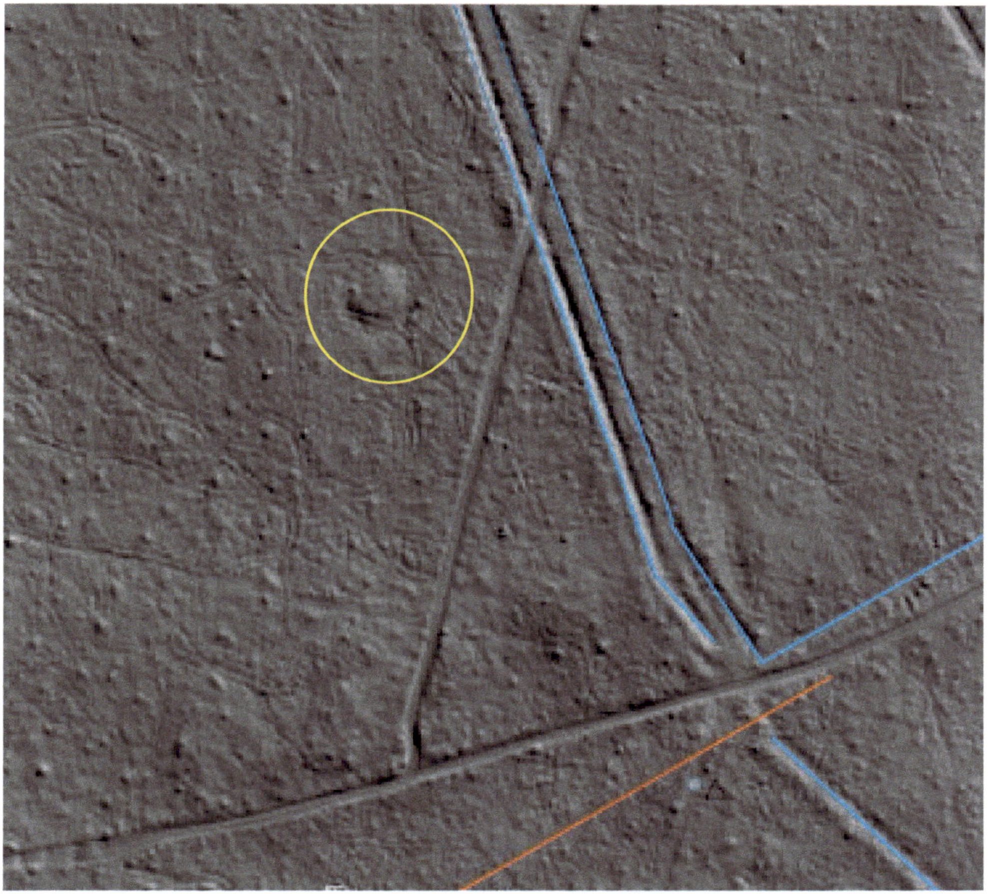

Fig. 15. Image LIDAR, intersection entre la chaussée Brunehaut (linéaire orangé E-O) et le fossé/talus édifié par Anne de Montmorency (linéaire bleu N-S), transformé ensuite en route en 1556, lui permettant d'aller du château à la chaussée, à ses nouvelles « justices » et au château de Pontarmé, qu'il vient d'acquérir 34. Cerclé : motte à connins.

---

34 MACON (G.), *Le Domaine…*, t.1, 1905, p. 112 : en « 1556, le connétable ordonna l'ouverture d'une route de Chantilly à Pontarmé; le 11 décembre 1556, Madeleine de Savoie, duchesse de Montmorency, fait payer « huit 25 [=200] livres tournois aux ouvriers qui besognent au défrichement de la route que fait faire Monseigneur depuis Chantilly jusques à Pontarmé. »

Ces tertres artificiels créés pour favoriser l'installation des lapins sont parfois difficiles à caractériser formellement d'un point de vue archéologique[35]. Néanmoins, ici, la présence attestée de garennes dans les cartes anciennes et les archives appuie cette hypothèse. De plus, leurs importantes dimensions et l'absence de charbons permettent d'écarter la charbonnière des interprétations possibles (aussi rondes, mais plutôt de 7 à 8 m de diamètre et planes, voir plus bas). Plusieurs ont été repérés sur l'ensemble de la forêt de Chantilly et une étude complète sur le sujet serait nécessaire **(fig. 16 et 17)**.

Fig. 16. Photo latérale d'une motte. Source : PNROPF

---

35 ZADORA-RIO (E.), Parcs à gibier et garennes à lapins : contribution à une étude archéologique des territoires de chasse dans le paysage médiéval, *Hommes et Terres du Nord*, 1986, n°2-3, pp. 133-139. GERMOND (G.), CHAMPÊME (L.-M.), FERNADEZ (L.), Le problème archéologique des garennes, *Archéologie médiévale*, n°18, 1988, pp. 239-254.

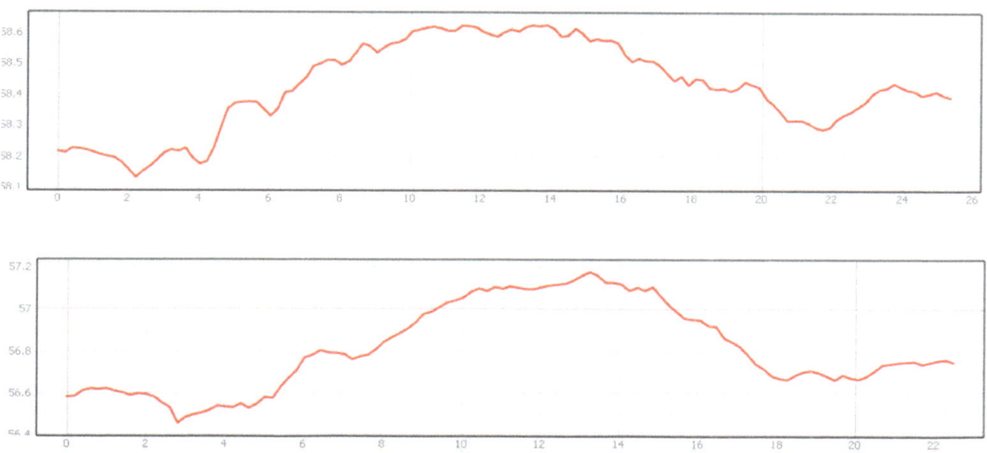

Fig. 17. Profils LIDAR Est-Ouest de 2 potentielles mottes à connins. Echelle en mètre.

Malgré ces installations importantes, cette garenne n'a peut-être pas duré dans le temps : dès 1683, on parle déjà de « vieille garenne » sur la carte d'Henri SENGRE et de « masure de la Vieille Garenne » en 1744 sur la carte de Nicolas DELAVIGNE.

Le LIDAR a aussi dévoilé les reliquats ténus d'une autre installation de chasse spécifique, située dans une autre zone giboyeuse, aussi lorgnée par les seigneurs de Chantilly : le Héquet (68 m d'altitude) et le terrier aux Houx (71 m). Mais ces deux buttes isolées, sablonneuses et dégagées sont vraiment éloignées de tout, au beau milieu de la forêt, à mi-chemin entre Chantilly et Pontarmé. Malgré la politique agressive d'appropriation des seigneurs cantiliens, il faut attendre l'année 1556 pour que le connétable de Montmorency mette la main dessus, par l'achat de la seigneurie de Pontarmé, et par la construction de la route reliant ses deux fiefs.

Bien que ne surplombant les environs que de 10 à 15 m, ces proéminences dans un paysage relativement plat étaient repérées et réputées, dès la carte de 1480. La butte du Héquet est équipée, à partir d'une époque inconnue, d'aménagements particuliers, visibles sur les cartes de la 1e moitié du XVIIIe siècle **(fig. 18 et 19)** :

- il s'agit d'un côté de deux allées parallèles à la Vieille route et d'une patte d'oie les recroisant, et dont le centre part d'en haut, appelé le « Souillard »[36]. Il y est même précisé que ce sont de « petites routes dans les bruieres pour faciliter la chasse » ;

- il y a de l'autre côté une clôture qui englobe toute la parcelle contenant la 2e butte, qualifiée « aux mauvaises bettes (sic) » (le Terrier aux Houx), ainsi décrite « nouvel enceinte de Bouvée pour la conservation des bois contre les bettes fauves » (sic). La clôture enferme ces bêtes, évitant qu'elles ne divaguent dans les parcelles forestières voisines.

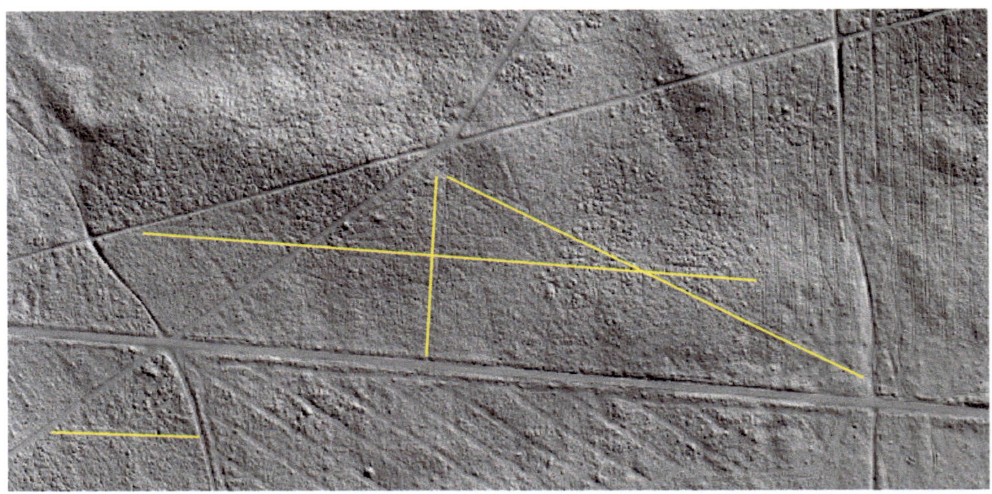

Fig. 18. Image LIDAR, ombrage à 225°. butte du Héquet. Tracés jaunes décalés vers le bas ou la gauche pour voir les traces laissées par l'usage cynégétique. D'autre part, le point de départ ancien est plus au sud d'une trentaine de mètres que le carrefour actuel.

---

36 BOURGAULT, MATIS, *Carte géneralle de la Capitainerie royalle d'Hallatte, de ses environs et de la seigneurie de Chantilly avec ses dépendances, année 1711*, faite par Bourgault et Matis, arpenteurs ordinaires du Roy en 1710 et 1711. Voir aussi le *Plan du Bois Bourdon Thiers et château paroisse et château de Pontharmé*, A.M.C. CP-C-0122, daté par R. BECHET entre 1710 et 1718. L'installation perdure en 1744 sur la carte de DELAVIGNE. MACON relève également un bois appelé « les clappiez », MACON (G.), *Le Domaine…*, p.94.

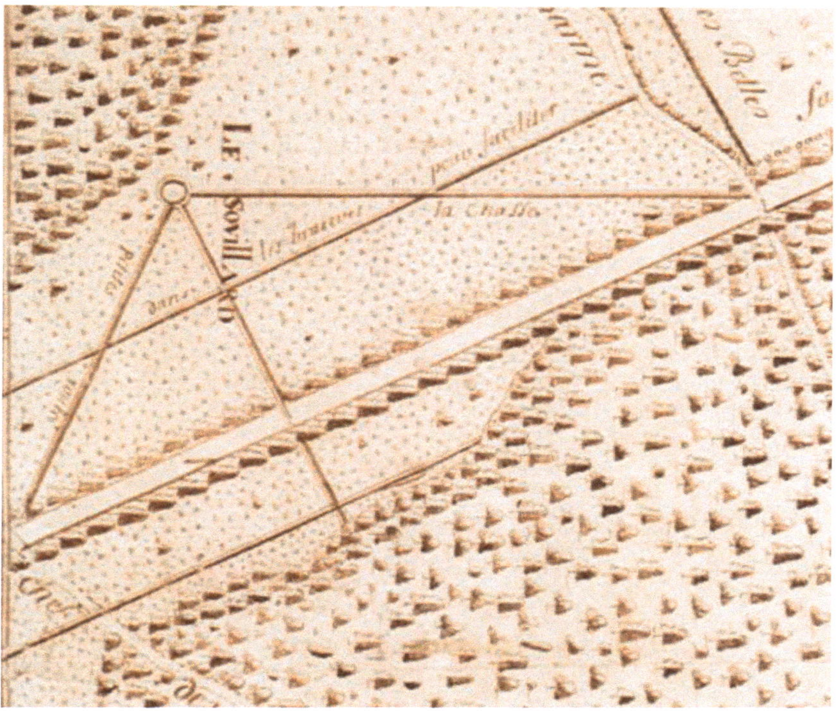

Fig. 19. Plan du Bois Bourdon…, extrait (A.M.C. CP-C-0122).

Non loin, le toponyme de « Fu madame », autrefois écrit « L'afut madame »[37], ainsi que la présence d'une « faisanderie » à la Vignette à 800 mètres pourrait bien laisser supposer une importante zone de tir aménagée, certainement dévolue au petit gibier.

La production de charbon

Outre les activités déjà évoquées, les forêts du secteur ont été fortement exploitées pour produire du charbon, plus calorifère, plus lent à consumer, plus facile à transporter que des bûches. Ce charbon a été produit par des charbonnières, tas de bois édifiés sur un sol plan, recouvert de terre, et mis à brûler à l'étouffée pendant des jours.

---

37 *Plan d'Intendance* de Pontarmé, 1789, A.D. 60 1-CP-261/1. Voir aussi PELOYE (J.), *Carrefours…*, t. 1, p. 99.

Très peu visibles dans le paysage forestier, ce sont pourtant pas moins de 286 charbonnières qui ont été révélées par le système LIDAR et l'expérience des archéologues de l'O.N.F. **(fig. 20)**. Elles sont réparties sur l'ensemble du Domaine, avec une nette concentration sur sa partie sud (forêt de Coye). Elles se présentent comme des structures circulaires (plus rarement allongées) d'un diamètre variant entre 5 et 12 m (en moyenne 7 à 8 m). Leurs vestiges forment une sorte de plateforme bombée, parfois entourée d'un léger fossé.

Ces charbonnières sont comparables à celles trouvées dans d'autres massifs forestiers. Un programme de recherche a débuté avec l'université d'Amiens Picardie-Jules Verne. Le professeur Jérôme BURIDANT, du laboratoire Edysan, cherche à mieux caractériser ces sites. Treize d'entre eux ont été vérifiés, mesurés, et des prélèvements effectués. Il s'agit maintenant de découvrir quels types de bois étaient carbonisés, et à quelles périodes.

Fig. 20. Image LIDAR. 6 charbonnières, 2 petites dans le cercle de gauche, 2 moyennes dans l'ovale de droite, 2 grandes dans les cercles du bas.

Un autre type de structure a également été identifié sur le LIDAR. D'une dizaine de mètres de long au maximum, elle est de forme rectangulaire à ovoïde. Sur le terrain, elle se caractérise par une absence de pierres ou de mobilier, avec très souvent une dépression sommitale. Une ouverture est parfois observable sur l'un des côtés. Le rapport archéologique de l'O.N.F. propose d'interpréter ces structures comme d'anciennes loges de charbonniers ou de bûcherons, en comparaison avec d'autres forêts comme celle de la Montagne de Reims ou celle d'Écouves **(fig. 21 et 22)**.

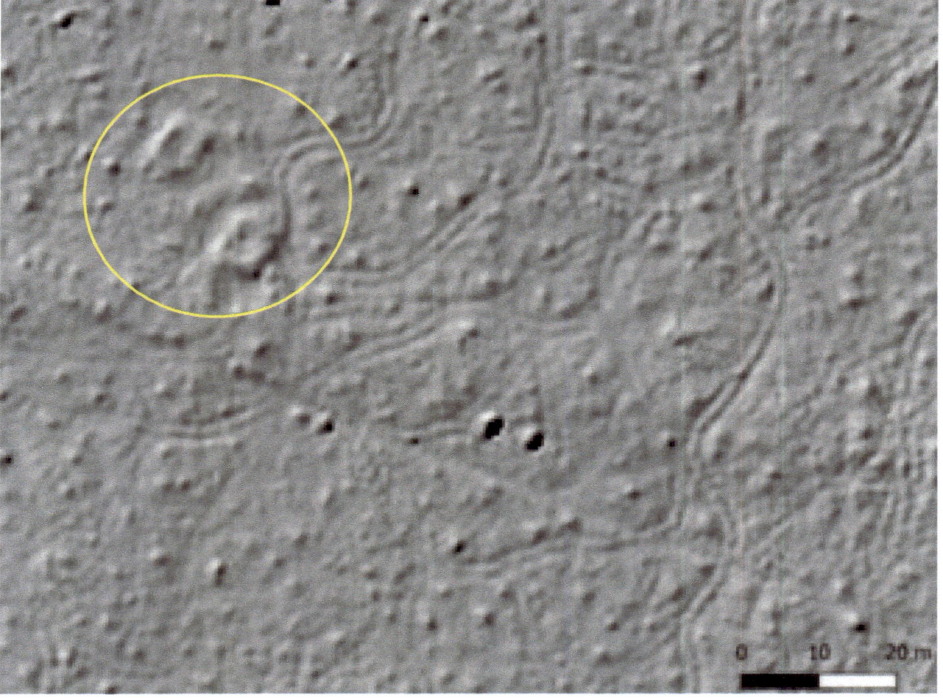

Fig. 21. Image LIDAR, ombrage à 315°. Des petites structures interprétées comme des loges de charbonniers ou de bûcherons.

Fig. 22. Carte postale de loge de charbonnier en forêt de Coye, vers 1900. DR

Une ligne de chemin de fer inachevée (début XXᵉ siècle)

Au début du XXᵉ siècle, une nouvelle ligne de chemin de fer a été imaginée entre le nord de Paris et le sud de Compiègne, d'Aulnay-sous-Bois à Rivecourt. Intercalée entre la ligne de Saint-Denis à Creil (1859) et celle de la Plaine-Saint-Denis à Soissons via Crépy (1862), elle devait soulager ces deux itinéraires, permettant au réseau de la Compagnie des Chemins de Fer du Nord de relier plus efficacement la capitale aux territoires industrialisés du Nord de la France. Concédée en 1901, déclarée d'utilité publique en 1906, les travaux ne commencent réellement qu'en 1913. Malheureusement, ils sont rapidement abandonnés par le déclenchement de la Première Guerre mondiale, et ne reprirent finalement jamais.

Cependant, son tracé avait été arpenté, dessiné, cadastré[38], les terrains achetés, et les ouvrages d'art commencés. Son tracé devait notamment traverser la forêt de Chantilly de part en part, du Nord au Sud, depuis Avilly-Saint-Léonard jusqu'à Thiers-sur-Thève ! De cette époque subsistent plusieurs ouvrages et des terrassements importants **(fig. 23 à 26)**.

---

38 Ce cadastre est d'ailleurs resté fossilisé depuis cette époque.

Depuis la RD1017, du Nord au Sud, on peut encore voir :

-   Au niveau de la route, une clairière, qui accueillit un long moment une pelleteuse géante à godets, laquelle transmit son nom d'« excavateur » au lieu-dit ;

-   Une rampe en tranchée pour la ligne et un passage supérieur pour le public, sur la route du Héquet (écrit « Héguet » de façon erronée sur la carte IGN actuelle) ; des murs de soutènement étaient certainement prévus car il reste des amas considérables de pierres taillées, déversées en vrac au nord du passage, et visibles sur le LIDAR (aspect granuleux) ;

-   Puis une rampe ferroviaire en talus et un passage inférieur pour le public au niveau de la Vieille route (2 culées de pont en pierre de taille) ;

-   Un pont en brique, passage en hauteur pour les trains et inférieur pour le public ;

-   Enfin, à la lisière forestière entre les villages de Thiers et Pontarmé, un pont enjambant la Thève, étroit mais long.

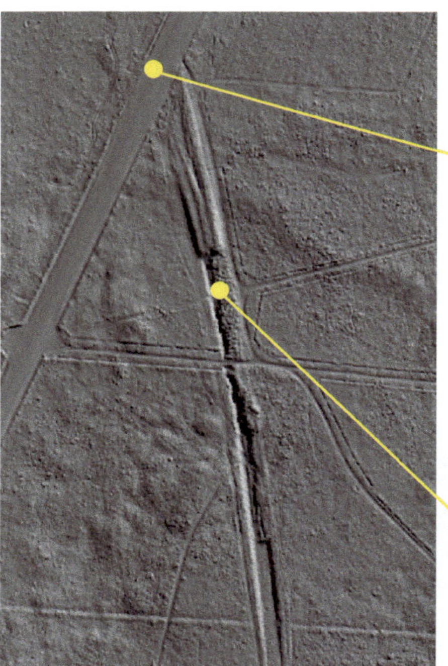

Croisement de la route et de la ligne, lieu-dit « l'excavateur », carte postale années 1920

Fig. 23 : Image LIDAR de la tranchée ferroviaire et du passage supérieur pour le public, route du Héquet, parcelles 183 / 207 / 208 : photographie des amas de pierre de taille.

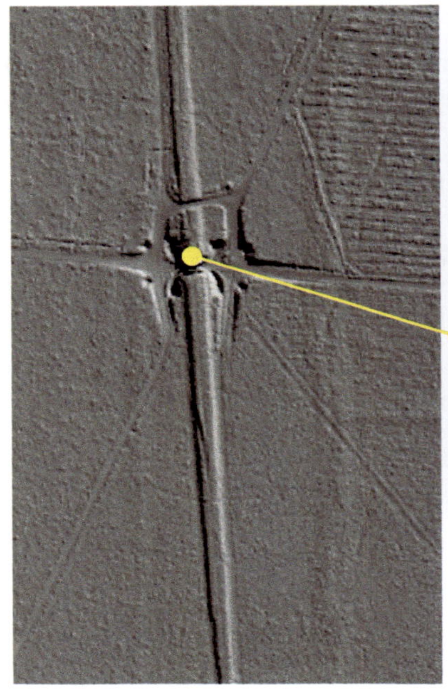

Fig. 24 : Image LIDAR du talus, photographie du passage inférieur
sur la Vieille route, parcelles 206 / 207 / 208 / 235 / 236

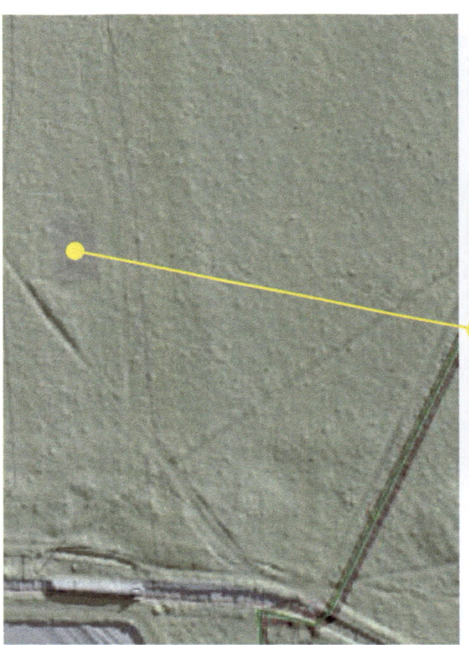

Fig. 25 : Image LIDAR et cadastre superposé,
parcelle 250 ; pont supérieur (état 2007)

Fig. 26 : Image LIDAR du pont sur la Thève
(commune de Pontarmé), en lisière de forêt de Chantilly

Malgré plusieurs relances du projet au cours des années 1920, la ligne est finalement déclassée en 1942.

L'histoire contemporaine ne s'arrête pas là, et de nombreuses traces de conflits mondiaux jalonnent aussi le massif forestier. Quelques tranchées ont été repérées ici et là. Du côté de la Table de Mongrésin, de nombreux merlons de protection et d'innombrables trous de bombes parsèment les parcelles. Ces vestiges vont faire l'objet d'une étude approfondie par des deux chercheurs spécialisés, un anglais et un canadien, avec lesquels un partenariat a été conclu. Elle fera l'objet d'une prochaine publication.

CONCLUSION

Cette première campagne de prospections pédestres a permis de couvrir une grande partie des sites archéologiques potentiels du massif forestier de Chantilly. Sur les 78 zones devant être contrôlées, deux points de la *Carte archéologique nationale*, deux anomalies topographiques ainsi que sept petites structures de type loge repérés par les archéologues de l'O.N.F. n'ont pas pu être vérifiés à temps, avant

la pousse de la végétation. Malgré ces manques, les premiers résultats renforcent une impression déjà bien exprimée par la *Carte archéologique* : celle de l'abondance des vestiges gallo-romains, en comparaison avec les autres périodes. Les images LIDAR montrent en outre leur apparente intégration dans un réseau parcellaire inconnu et miraculeusement conservé. Cette campagne de prospections pédestres 2024 a également permis d'observer un certain nombre de constructions liées à la gestion et aux usages de la forêt médiévale et moderne : maison des garenniers, mottes à connins, muettes, charbonnières, loges... La répartition spatiale de tous les sites semble hétérogène, avec une plus forte concentration à l'ouest et au nord du massif. Au contraire, ils se font plus rares au sud-est, zone marquée par l'importance des dunes de sable.

Une deuxième session sera nécessaire pour prospecter le reste des forêts du Domaine : la forêt de Coye et le bois Bonnet au sud de la Thève, le bois de la Coharde, de la Basse-Pommeraie et du Lieutenant au nord de la Nonette. Derechef, dans le froid hivernal et le frisquet printemps, des bénévoles et des spécialistes vont arpenter les parcelles forestières, guidés par un nouveau stagiaire et par la « foi du charbonnier » : il faut en effet y croire, quand, au beau milieu de la forêt, en plein cœur des parcelles, entre les ronces et les fougères, l'on vous affirme qu'ici, sous vos pieds, existait autrefois une maison, et qu'il faut en trouver les vestiges et les limites !

Cette tâche difficile est pourtant nécessaire, car l'interprétation des images LIDAR ne suffit pas pour confirmer la présence d'un site. C'est le recoupement d'un faisceau d'indices (TCA, céramique, verre, moellons, végétation, objets métalliques, cartes anciennes, toponymies, archives et imagerie LIDAR !) qui permet de confirmer la présence d'une occupation humaine, et de comprendre l'histoire passée de cette forêt. *In fine*, ces confirmations doivent permettre au S.R.A. des Hauts-de-France, en lien avec l'O.N.F., de formuler des propositions de protection des vestiges archéologiques vis-à-vis de l'exploitation forestière et des pillages, selon une méthodologie déjà développée dans d'autres forêts. Et aux chercheurs qui s'inquiètent de l'évolution récente de la forêt, de comprendre les usages et les évènements passés depuis près de 2000 ans, et d'anticiper son futur.

Cet article est aussi l'occasion de passer un message à toute personne ayant découvert fortuitement un objet ancien en forêt, pour qu'il le signale au S.R.A., à des spécialistes, au P.N.R., aux associations partenaires... Ne jetez pas les vieilles reliques familiales ! Photographiez les tessons, les monnaies, les objets, montrez-les, déposez-les, même de façon anonyme.

ANNEXE

Modèle de fiche de prospection

Fiche·prospection·13543.xxx.01¶

¶
NUMERO·D'OPERATION°·:·13543¶
NUMERO·DE·PARCELLE°·:·xxx.01¶
NUMERO·D'ANOMALIE·(si·existe)°·:·xxx¶

¶
DATE°·:·¶
¶
AUTEUR°·:·¶
¶
Localisation°·:·¶

Commune°·:·¶ Lieu-dit°·:·¶ Parcelle·forestière°·:·¤	Système·de·localisation·utilisé¶ •·→·carte·IGN¶ •·→·vue·Lidar¶ •·→·GPS¤

• ¶
• Coordonnées·GPS¶
• -(indiquer·système·utilisé°·:·WGS·/·RGF93…)·¶
• -indiquer·appareil·utilisé°·:·GPS·/téléphone·¶
• -indiquer·n°·d'enregistrement·(si·enregistré)·¶
• ¶
Image·ou·plan·utilisé·pour·la·prospection°·:··¶
¶
Connaissance·du·site²·:·¶

Nature·de·la·vérification°·:·¶ ¶ ¶ ¤	Anomalie·repérée°·:·oui·/·non¶ ¶ Anomalie·validée°·:·oui·/·non¶ ¤

¶
Description¹·:·¶

Type·de-structure¤	Linéaire·/·ponctuelle·/·surfacique¶ structure·en·creux·/·structure·en·élévation¶ pas·de·structure·visible·mais·épandage·de·mobilier¤
Description¤	¶ ¶ ¶ ¶ ¶ ¤
Dimension¤	¶ ¶ ¤
Datation¤	¶ ¶ ¤
Peuplement¤	¶ ¶ ¤

¶

Croquis°·:·(mentionner·concentrations·de·mobilier·et·prélèvements)¤	Photographies°:¤
	OUI·(CP)¶
	NON¶
	numéros°:·¶

Mobilier°:¶

Catégorie¤	céramique,·construction,·faune,·objet·métallique,·verre,·lithique,·numismatique,·tabletterie,·autre°:¤
Matériau¤	TCA,·lapidaire,·moellons,·céramique,·verre,·monnaie,·alliages·ferreux·ou·cuivreux,·minéral,·silex,·corne,·coquillage,·ossement,·scories,·autre°:¤
Identification·/·description¤	¶
Datation¤	¤
Localisation¤	Sur·la·structure·/·A·proximité·········points·GPS°:¤

Matériaux·ramassés°(nombre·de·sachets)°:·1¶

Photographie·(sur·site)¤	Lavage¤	Étude·(dessin)¤	Etude·(photographie)¤
OUI/NON¤	OUI¤	¤	¤

donné·pour·étude°:·OUI·/·NON·-°?°:¶

Prélèvements°:·OUI·/·NON¶

Nature°:¶
Volume°:¶
Localisation°:¶ sur·plan°:·oui/non¶ pts·GPS°:·oui/non¤

étudié°:·OUI·/·NON·-°?°:¶

Collection

des *Cahiers de Chantilly*

La rubrique « Collection » présente des documents rares, originaux, parfois drôles ou émouvants, issus de collections privées ou publiques, reproduits in extenso, parfois transcrits et accompagnés d'une courte notice.

Fig. 1. Gsell-Laurent, *Projet de vitrail pour l'église de Chantilly (commandé par le duc d'Aumale)*, encre, gouache et aquarelle, 29 cm x 13,3 cm © Paris Musées - Musée Carnavalet.

LES VITRAUX DÉTRUITS DE GASPARD GSELL
DANS L'ÉGLISE NOTRE-DAME DE L'ASSOMPTION
À CHANTILLY

Par Sarah GILLOIS

Le musée Carnavalet à Paris[1] conserve dans ses collections d'arts graphiques un fonds consacré à la maison des maîtres-verriers Gsell-Laurent. Parmi les centaines de dessins, gouaches et aquarelles, projets de vitraux pour des églises françaises, figurent quatre planches destinées à l'église Notre-Dame de Chantilly. Elles représentent quatre vitraux installés dans les années 1860 dans les baies des parties basses du chœur et dans la première travée des bas-côtés est et ouest. Ces dessins sont aujourd'hui les seules traces iconographiques connues de ces vitraux soufflés en 1944 et désormais disparus.

L'ÉGLISE NOTRE-DAME DE L'ASSOMPTION, TROIS SIÈCLES DE VITRAUX

Construite entre 1687 et 1691 sur des plans de Jules Hardouin-Mansart puis agrandie à partir de 1724, l'église Notre-Dame de l'Assomption est un édifice à l'architecture classique parfaitement conservée. Après la transformation du monument en Temple de la Raison entre 1793 et 1802 et les destructions de la Terreur, les décors et aménagements intérieurs furent repris au XIXᵉ siècle offrant, là aussi, une belle unité stylistique. Les vitraux au contraire présentent une diversité de styles représentative de la vie du monument et de l'évolution de l'art du vitrail en France du XVIIIᵉ au XXᵉ siècle.

À la fin du XVIIᵉ et au tout début du XVIIIᵉ siècle, époque de construction de l'église, le goût est aux verres blancs. Les baies sont donc équipées de vitraux dits « à bornes couchées » légèrement polychromes dans les teintes bleutées ou vertes. Ils permettent de faire entrer largement la lumière. Aujourd'hui, on les retrouve dans les parties hautes de la nef ainsi que dans la chapelle Sainte-Anne, au-dessus de la sacristie et dans l'ancienne chapelle des fonts baptismaux. La plus grande partie a été restituée après la Seconde Guerre mondiale et lors de la dernière campagne de restauration réalisée en 2018-2021.

---

1 Le musée Carnavalet - Histoire de Paris est le musée municipal parisien consacré à l'histoire de Paris des origines de la ville à nos jours. Il est situé 23 rue de Sévigné dans le 3ᵉ arrondissement.

Au XIXe siècle, les baies du chœur et de la partie basse de la nef sont munies de nouveaux vitraux dans le style de l'époque : des « verrières tableaux » représentant des scènes des Évangiles et de la vie des saints.

Claude Dugas, dans la brochure *Chantilly : l'église Notre Dame* de la série des *Petites monographies cantiliennes* de l'ASCE[2], décrit ces verrières.
Dans la partie haute du chœur, sont installés :
- dans l'axe, une crucifixion (1882). Ce vitrail provient des ateliers Champigneulle de Bar-le-Duc et représente le Christ en Croix entouré des Trois Maries ;
- à droite, saint Vincent de Paul (1891). Issu de l'atelier Roussel de Beauvais, le vitrail représente le saint entouré par les Filles de la Charité, ordre dont il est le fondateur en 1633 et qui donnera naissance aux sœurs de Saint-Vincent-de-Paul. C'est cette confrérie qui, des années 1730 aux années 1960, s'occupa des personnes âgées, des malades, des enfants et des femmes enceintes au sein de l'hôpital de Chantilly dit Fondation Condé ;
- à gauche, saint Jean-Baptiste de la Salle (comme son pendant, issu de l'atelier Roussel de Beauvais en 1891). Il est le fondateur des Frères des écoles chrétiennes qui, de 1851 à 1886, ont tenu l'école des garçons à Chantilly.
Dans les bas-côtés, quatre vitraux représentent :
- les saints protecteurs et les cathédrales de Beauvais, Noyon et Senlis (1886) par Levêque, peintre-verrier à Beauvais ;
- le Rosaire, des ateliers Koch à Beauvais (1897) ;
- la mort de saint Louis (offert par le duc d'Aumale en 1882), composé par Daumet et exécuté par Bardon, maître verrier parisien ;
- la vie de saint Louis (1903) ;
- deux vitraux ornementaux de l'atelier Gsell-Laurent (1864) occupaient les verrières de la travée la plus proche du chœur.
Et enfin, dans la partie basse du chœur deux vitraux évoquent :
- l'un, la donation de l'église de Chantilly par le prince de Condé à l'évêque de Senlis,
- et l'autre, l'Assomption. Ces deux derniers datent de 1864 et provenaient de la maison Gsell-Laurent à Paris. Le premier est un don du duc d'Aumale, l'autre fut financé par la confrérie Notre-Dame des Suffrages[3].

De cet ensemble de onze vitraux, seuls subsistent les trois de la partie haute du chœur. Les huit autres ont été détruits dans la nuit du 9 au 10 août à 3 h du matin lors des bombardements de la Libération[4] et remplacés dans

---

2 Association de Sauvegarde de Chantilly et de son Environnement.
3 Les confréries Notre-Dame des Suffrages sont des assemblées de laïcs se donnant pour mission de garantir à leurs membres des messes et des prières après leur mort, afin que, purifiés de tout péché et de toute séquelle du péché, ils puissent vivre en plénitude avec Dieu.
4 Rapport de Georges Fossiez, administrateur du Domaine de Chantilly, « Institut de France, Domaine de Chantilly, 1944, Résumé des dommages subis dans le Domaine de Chantilly à la siute de bombardements aériens », archives du musée Condé, 2-WA-004, p. 3 : « La plupart des vitraux de l'église sont détruits ».

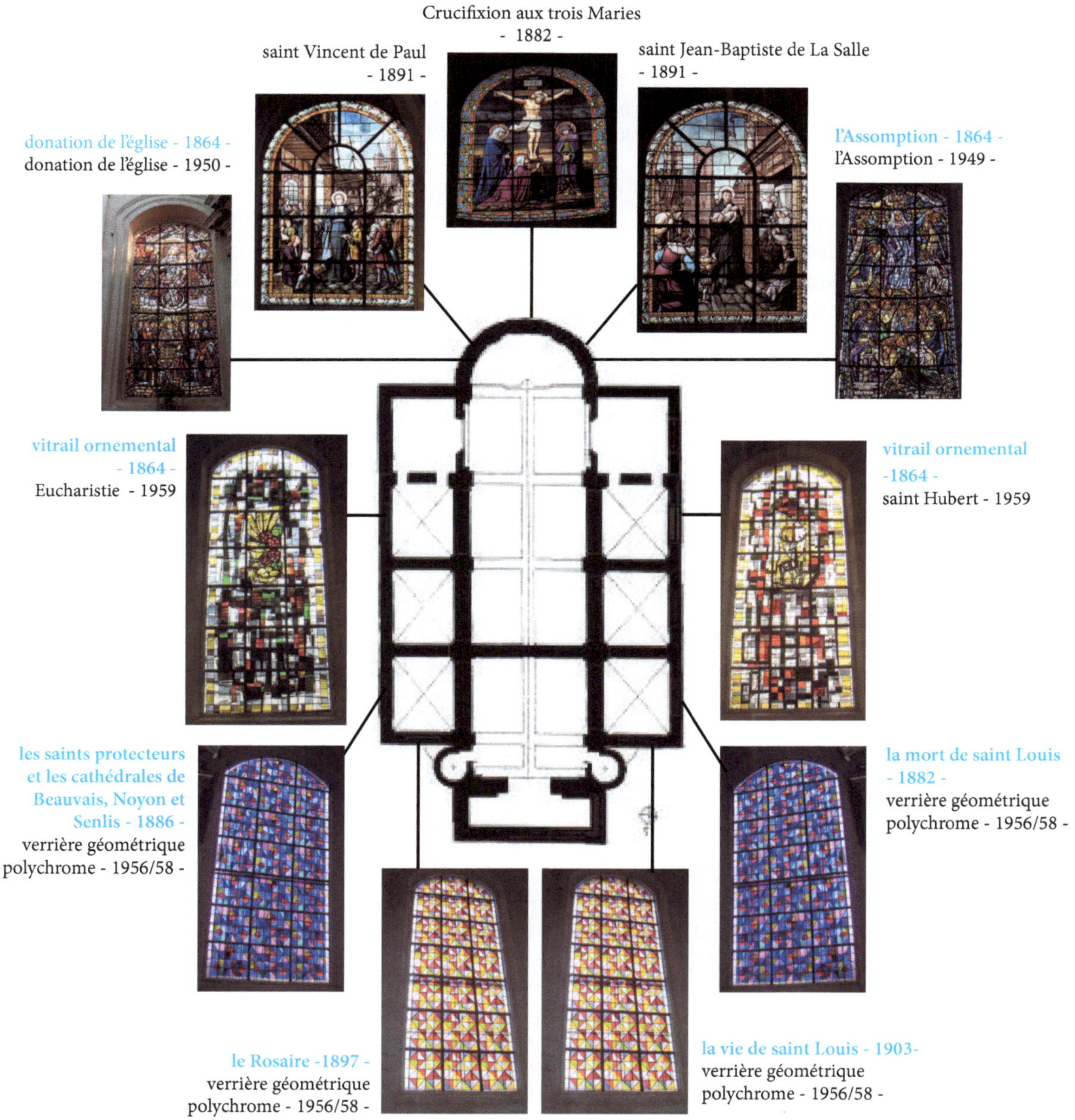

Collection

Fig. 2. Évolution des vitraux de l'église Notre-Dame de l'Assomption.
En noir : vitraux actuellement en place, en bleu : les vitraux disparus.

les années 1940-1950 par des créations contemporaines. **(fig. 2)** Si Claude Dugas a trouvé des descriptions sommaires de ces vitraux fantômes, nous ne conservons au niveau local aucune représentation iconographique. Les archives municipales sont muettes. Les archives du diocèse ont brûlé en 1944. Quant au musée Condé, de premières investigations en 1948[5], renouvelées récemment, n'ont rien donné.

Des recherches ont donc été initiées dans les fonds des différents maîtres verriers. C'est le fonds d'atelier de la maison Gsell-Laurent, donné au musée Carnavalet en 2000 par Madame Gsell-Bascou et mis en ligne sur le site du musée, qui livre les premiers éléments. Quatre dessins préparatoires nous permettent enfin de visualiser les verrières de la partie basse du chœur et de la première travée de la nef.

LA MAISON GSELL-LAURENT

Johann Caspar Julius Gsell[6] est né en Suisse en 1814[7]. Après une formation à l'École des Beaux-arts de Genève, il rejoint Paris au début des années 1830 et complète sa formation auprès des peintres Ingres et Delaroche. Peintre d'histoire fresquiste et cartonnier de vitraux, il commence sa carrière dans les années 1840 à l'atelier de peinture de la verrerie de Choisy-le-Roi où il se fait remarquer : deux de ses œuvres sont présentées à l'Exposition des produits de l'industrie française en 1844 à Paris. En 1847, il entre dans l'atelier du peintre verrier Émile Laurent (1802-1863). La même année, l'atelier prend le nom de « Laurent, Gsell et compagnie » puis « Laurent et Gsell » et enfin « Gsell-Laurent » dans les années 1860[8].

Gaspard Gsell (version francisée de son nom à partir de 1847) bénéficie de nombreuses commandes tant en création qu'en restauration pour les églises parisiennes[9] mais aussi en province[10]. Il bénéficie du grand regain d'intérêt pour le vitrail coloré. Après le XVIIIe siècle et son goût pour les fenêtres claires, les scènes bibliques et de la vie des saints envahissent à nouveaux les églises. Artistes, chimistes, verriers expérimentent et développent diverses techniques pour faire revivre la peinture sur verre.

---

5 La mairie travaille alors au remplacement des vitraux détruits en 1944 et cherche des vues des verrières du XIXe siècle. Un courrier du 18 juin 1948 adressé par Henri Malo, conservateur adjoint du musée Condé, au maire de Chantilly indique qu'il « ne possède aucune représentation iconographique des vitraux détruits pendant la guerre ». Archives municipales de Chantilly, 4H73.

6 Biographie complète de l'artiste consultable sur Allgemeines Künstlerlexikon (AKL).

7 Il meurt en 1904 à Meudon.

8 En 1859, Gaspard Gsell a épousé Caroline Adèle Laurent, la fille de son associé. À la mort de celui-ci, il semble prendre la direction de l'atelier.

9 Églises Saint-Gervais-Saint-Protais, Sainte-Clotilde, Saint-Eustache, Saint-Etienne du Mont, Saint-Jacques-Saint-Christophe de La Villette, Saint-Vincent-de-Paul, chapelle du Palais de l'Élysée...

10 Églises de Bon-Secours et Saint-Godard à Rouen, Saint-Louis de Versailles, Saint-Martin de l'Isle-Adam...

L'atelier Gsell-Laurent est l'un des plus actifs de la capitale. Gaspard Gsell est connu pour la qualité de son dessin et ses grands vitraux historicistes de style néoclassique.

LES QUATRE VITRAUX DE CHANTILLY

Le premier dessin **(fig. 1)** représente, dans sa partie basse, la donation de l'église de Chantilly à l'évêque de Senlis par le prince de Condé et, en partie haute, une Vierge en majesté. Il associe dans une même verrière un moment de l'histoire locale, la fondation de la paroisse, à une scène religieuse.

En 1684, Louis II de Bourbon Condé (1622-1686), décide de faire ériger une église dans le hameau de Quinquempoix qui jouxte le château. À l'époque, Chantilly est un domaine doté de plusieurs chapelles mais sans église. Il fait inscrire dans son testament : « Je desire aussy qu'il soit basty et fondé une paroisse à Chantilly au lieu que je l'ay cy devant désigné [en bordure de la Pelouse, face à l'hôtel de Beauvais] et qu'il soit donné pour cela la somme qui sera nécessaire ». Le Grand Condé meurt à Fontainebleau en 1686 avant que ce projet ne voie le jour. C'est donc son fils, Henri-Jules de Bourbon-Condé (1643-1709), qui exécute ses dernières volontés et fait ériger le monument à partir de 1687. En 1691, l'église est achevée. Elle est consacrée en 1692. C'est un moment fondamental dans l'histoire de Chantilly puisqu'avec la construction de cet édifice, naît une paroisse et donc aujourd'hui l'existence même de la ville de Chantilly.

Gsell représente ici les protagonistes de cette histoire : à gauche l'évêque de Senlis, reconnaissable à sa mitre et sa crosse, accueille dans un geste de la main le don du prince de Condé. Pour créer la paroisse de Chantilly il a fallu démanteler celle de Gouvieux. L'évêque accueille donc ici une paroisse prise sur le diocèse de son voisin, l'évêque de Beauvais. À droite est figuré le Prince. Entre eux, un page présente une maquette de l'église. Ici l'artiste est coupable d'anachronisme car il représente l'église après son agrandissement de 1724, avec bas-côté et nouvelle façade. Au second plan, des membres de la famille princière et des courtisans observent la scène. En arrière-plan, l'artiste représente de manière grisée le château de Chantilly tel que représenté sur les gravures du XVIIe siècle.

Dans la partie supérieure, une Vierge à l'enfant trône sur les nuées. Au-dessus de sa tête, deux anges déroulent un phylactère portant la mention *Mater Dei*.

Si on se fie à la mention en haut du dessin « église de Chantilly, vitraux commandés par monsieur le duc d'Aumale », il semble que le choix de cette iconographie soit due à ce dernier. Bien qu'en exil en Angleterre depuis 1848, Henri d'Orléans reste très attaché à la France, à son histoire et à son domaine de Chantilly.

Depuis sa résidence d'Orléans House, près de Twickenham, dès 1849, il se plonge dans l'étude des archives héritées des Condé et en 1852, il entreprend la rédaction d'une histoire des princes de Condé. Il y consacrera plus de 50 années de sa vie. Au même moment, il demande à son architecte, Grisart, d'ériger un grand monument dans l'église Notre-Dame à Chantilly pour abriter les cœurs momifiés des princes de Condé.[11] Ce vitrail est-il un nouvel hommage du Duc à ses prédécesseurs et à leurs bienfaits à l'égard des habitants de la ville ? Les archives de la fabrique de l'église Notre-Dame[12] indiquent dans le livre de compte de l'année 1864, en mai : « *Reçu de Monseigneur le duc d'Aumale (somme remise à Monsieur le Curé par M. Collin) pour la verrière du choeur de l'église (le Grand Condé), 2000 francs* », en septembre : « *Laurent et Gsell, Prix de deux vitraux du choeur, donation par le Grand Condé et Assomption de la Vierge, 5700 francs* ». La facture de la maison Laurent et Gsell **(fig. 3)** précise le prix du vitrail de la donation : 2850 francs. La fabrique et ses autres bienfaiteurs ont complété le don du duc d'Aumale.

Le deuxième dessin **(fig. 4)**, destiné à la verrière de l'autre côté du maître-autel (à l'ouest) représente une *Assomption* et un *Couronnement de la Vierge*, en rapport direct avec le nom de l'édifice. L'iconographie est ici assez classique : dans la partie basse les apôtres sont réunis autour du tombeau vide où poussent des lys, symbole marial. En partie haute, la Vierge « est enlevée au ciel », corps et âme, et couronnée par Dieu et le Christ. Gsell joue ici avec les couleurs bleu et rouge répondant ainsi au vitrail de la *Donation*. Un troisième dessin **(fig. 5)** donne un détail supplémentaire sur la bordure du vitrail de *l'Assomption*, orné d'un ruban et d'une branche entrelacés dans les tons gris-bleu sur un fond rouge.

Malheureusement, ces cartons préparatoires ne permettent pas de connaître le choix des verres et des couleurs définitives, ni l'apparence finale des verrières avec les jeux de lumière.

Le quatrième dessin **(fig. 6)** donne à voir les décors des deux vitraux de la première travée de la nef. Il s'agit de verrières purement décoratives, composées de motifs floraux et de rinceaux stylisés dans la même gamme de couleurs que les deux premiers. L'artiste reprend ici de manière simplifiée le répertoire décoratif du XVIIe siècle, date de construction de l'édifice.

---

11 Les cœurs ont rejoint en 1883 la chapelle du château. Le cénotaphe, lui, est toujours visible dans l'église paroissiale.
12 Une partie des archives de la fabrique, retrouvée dans l'église à l'occasion de travaux de restauration, a été déposée en mairie de Chantilly depuis 2019. On y trouve les livres de compte de la fabrique pour l'année 1864.

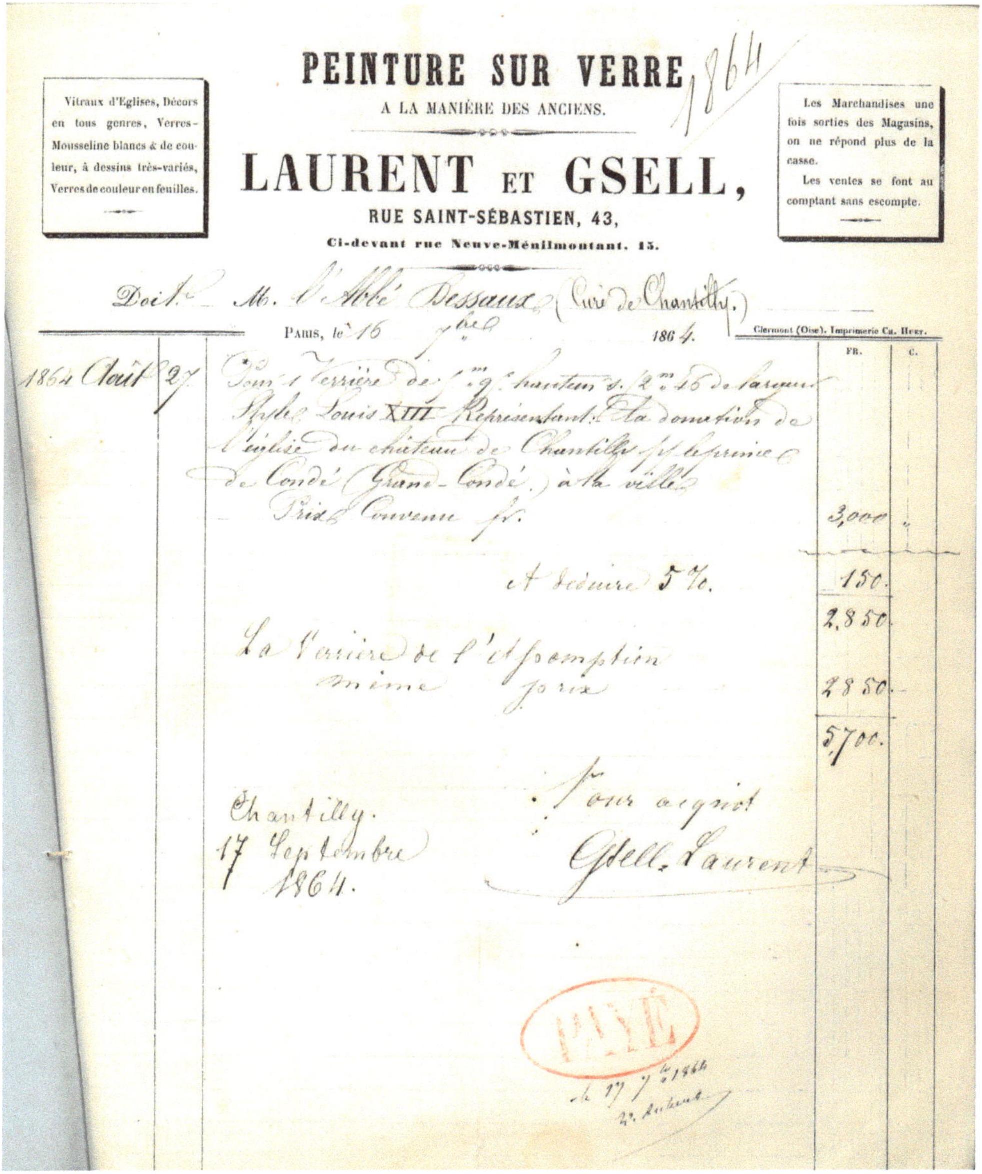

PEINTURE SUR VERRE
1864

A LA MANIÈRE DES ANCIENS.

LAURENT ET GSELL,

RUE SAINT-SÉBASTIEN, 43,

Ci-devant rue Neuve-Ménilmontant. 15.

Vitraux d'Eglises, Décors en tous genres, Verres-Mousseline blancs & de couleur, à dessins très-variés, Verres de couleur en feuilles.

Les Marchandises une fois sorties des Magasins, on ne répond plus de la casse.

Les ventes se font au comptant sans escompte.

Doit M. l'Abbé Bessaux (Curé de Chantilly.)

PARIS, le 16 7bre 1864.

Clermont (Oise). Imprimerie Ch. Heur.

				FR.	C.
1864 Août 27	Pour 1 Verrière de 1m 9c hauteur s. 2m 16 de largeur Style Louis XIII Représentant la donation de l'église du château de Chantilly f.t le prince de Condé (Grand-Condé), à la ville. Prix convenu fr.			3.000	
	À déduire 5 %			150	
				2.850	
	La Verrière de l'Assomption même prix			2.850	
				5.700	

Chantilly.
17 Septembre
1864

Pour acquit
Gsell Laurent

PAYÉ
le 17 7bre 1864

Fig. 3. Facture de la maison Laurent et Gsell pour les deux vitraux de 1864, archives de la fabrique de l'église Notre-Dame pour l'année 1864, déposées en mairie de Chantilly.

Fig. 4. Gsell-Laurent, *Projet de vitrail pour Chantilly : Assomption de la Vierge*, Crayon et aquarelle, 30,5 cm x 13 cm © Paris Musées – Musée Carnavalet.

Fig. 5. Gsell-Laurent, *Projet de vitrail pour Chantilly : Assomption et Couronnement de la Vierge*, crayon, gouache et aquarelle, 30,4 cm x 12,9 cm © Paris Musées – Musée Carnavalet.

Fig. 6. Gsell-Laurent,
*Projet de vitrail pour
Chantilly : ornements*,
crayon et aquarelle,
22,3 cm x 12 cm
© Paris Musées – Musée
Carnavalet.

RÉINTERPRÉTATION CONTEMPORAINE

Après guerre, la ville de Chantilly utilise les sommes allouées au titre des dommages de guerre pour remplacer ces quatre vitraux détruits. Elle fait appel à trois grands noms de l'art du vitrail des années 1940-1950 :

- Théodore Hanssen (Belgique, 1885 - Roanne, 1957) peintre, cartonnier et décorateur belge. On lui doit de nombreux vitraux pour les églises restaurées ou reconstruites après la Seconde Guerre mondiale. Il participe au grand élan de recherches iconographiques, stylistiques et techniques de cette période, notamment au sein du « Mouvement de l'Art Sacré ».

- Francis Chigot (Limoges, 1879-1960)[13] maître verrier actif de 1907 à 1960. Grand technicien du verre, Chigot s'illustre aussi bien dans la restauration des verrières anciennes que dans la mise en verre des dessins des cartonniers de son époque et insuffle ainsi toute sa technicité dans les grands chantiers de la Reconstruction.

- Jacques Le Chevallier (Fontenay-aux-Roses 1896-1987) peintre cartonnier et maître-verrier. Tout comme Hansen, Le Chevallier est un artiste incontournable dans l'art du vitrail à partir des années 1920. Membre de la Société des artistes décorateurs, membre fondateur de l'Union des artistes modernes (UAM), il est aussi directeur des Ateliers d'art sacré à partir de 1950.

Pour les parties basses du chœur, la commande de la mairie et de la paroisse est claire et non négociable : les vitraux doivent impérativement reprendre le programme iconographique des deux précédents[14] : *Assomption* à droite et *Donation de l'église* à gauche. Pour cela, la mairie adresse à Hanssen et Chigot, qui collaborent sur ce projet, un descriptif des deux verrières de Gsell obtenu auprès d'Henri Malo, conservateur adjoint au musée Condé de 1931 à 1948 **(fig. 7)**. Malgré des recherches poussées dans les archives du château, Malo ne retrouve ni dessin, ni photo des verrières de Gsell pour orienter le travail des artistes[15]. Pourtant ceux-ci parviennent à réaliser des compositions modernes, reprenant tous les éléments de l'iconographie du XIXe, dans une explosion de couleurs chaudes pour la donation et de bleu et vert pour l'*Assomption* **(fig.8)**. Les vitraux sont consacrés le 15 août 1949. Si Chigot écrit « mon projet est assez sage, ni pompier, ni trop moderne », ces deux premières verrières constituent toutefois une irruption remarquée de l'art moderne dans l'église de Chantilly.

---

13 LANDRIES (F.), TANDEAU de MARSAC (M.), *Ce que maître-verrier veut dire, Françis Chigot, 1879-1960*. Éditions Mon Limousin, 2022.
14 Échange de courriers entre la mairie et Francis Chigot, 1948, Archives municipales de Chantilly, 4H73.
15 Échange de courriers en juin-juillet 1948 entre la mairie de Chantilly et le conservateur adjoint des collections du musée Condé au sujet de l'iconographie des vitraux du XIXe siècle, Archives municipales de Chantilly, 4H73.

INSTITUT DE FRANCE
MUSÉE CONDÉ
CHANTILLY
(OISE)

Adresser la correspondance
à M. le Conservateur-adjoint

17 juin 1948

Monsieur le Maire,

Je pense bien trouver une reproduction figurative des vitraux qui vous intéressent. En attendant, en voici la description :

« Les deux vitraux les plus anciens exécutés en collaboration par deux artistes Laurent et Gselle, à droite et à gauche de l'autel principal, représentaient l'un, la donation de l'église par monsieur le Prince qui y est représenté l'offrant à l'évêque de Senlis, le château formant l'horizon, et la Vierge immaculée dominant cette scène où beaucoup de personnages de grandeur nature se pressent autour du Prince et du prélat ; l'autre figure une assomption au ciel de Notre-Dame, les douze apôtres rangés autour de son tombeau vide. »

Dès que j'aurai l'image, si elle existe dans notre bibliothèque, je m'empresserai de vous en faire part.

Veuillez agréer, Monsieur le Maire, l'assurance de mes sentiments les plus distingués et dévoués.

Henri Malo

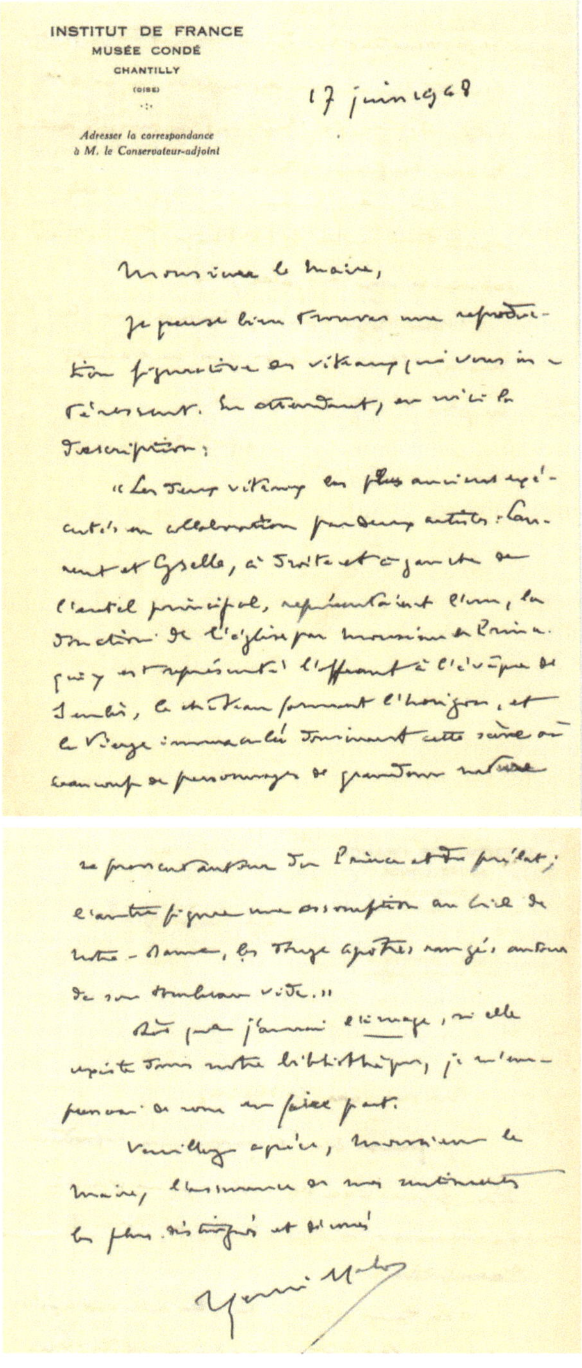

Fig. 7. Lettre d'Henri Malo, conservateur adjoint des collections du musée Condé, au maire de Chantilly le 17 juin 1948, décrivant les deux verrières Gsell-Laurent de la partie basse du chœur © ville de Chantilly, 4H73.

Monsieur le Maire,
Je pense bien trouver une reproduction figurative des vitraux qui vous intéressent.
En attendant, en voici la description :
« Les deux vitraux les plus anciens exécutés en collaboration par deux artistes Laurent et Gselle [sic], à droite et à gauche de l'autel principal, représentaient l'un, la donation de l'église par monsieur le Prince qui est représenté l'offrant à l'évêque de Senlis, le château formant l'horizon et la Vierge immaculée dominant cette scène où beaucoup de personnages de grandeur nature se pressent autour du Prince et du prélat ; l'autre figure une assomption au ciel de Notre-Dame, les douze apôtres rangés autour de son tombeau vide.
Dès que j'aurai l'image, si elle existe dans notre bibliothèque, je m'empresserai de vous en faire part.
Veuillez agréer, Monsieur le Maire l'assurance de mes sentiments les plus distingués et dévoués.
Henri Malo

Fig. 8. Hanssen et Chigot, vitrail de la *Donation de l'église* et vitrail de l'*Assomption de la Vierge*, 1949 © ville de Chantilly.

Fig. 9. Jacques Le Chevallier, vitrail de *saint Hubert* et vitrail de l'*Eucharistie*, 1959 © ville de Chantilly.

Dix ans plus tard, en 1959, ce sont les deux autres vitraux Gsell, ceux des bas-côtés aux décors floraux, qui sont remplacés par deux grandes verrières de Jacques Le Chevallier **(fig. 9)**. Cette fois, une plus grande liberté est laissée à l'artiste. Le vitrail de saint Hubert, représentant un cerf portant la Croix au milieu de ses bois, rappelle l'autel du même nom dans le bas-côté ouest et les tableaux de Louis de Boullogne racontant la vie du Saint. À l'est, Le Chevallier crée une composition autour des symboles eucharistiques : raisins, blé, pains et calice.

CONCLUSION

Une étude poussée sur les vitraux disparus de Notre-Dame de Chantilly est à mener afin de retrouver des traces iconographiques mais aussi les commanditaires, les ateliers qui les ont créés et le contexte local de ces commandes. Cette présentation rapide des vitraux de Gaspard Gsell, qui laisse encore de nombreuses questions sans réponse, donnera peut-être envie à des historiens de pousser plus loin l'investigation.

ERRATUM
ET COMPLÉMENTS À PROPOS DE L'ARTICLE
« LES SIRES DE LAMORLAYE DU XVe SIÈCLE AU XVIIIe SIECLE »

Nicolas BILOT/Morgan HINARD

Depuis la parution de notre dernier article, dans le numéro 12 des *Cahiers de Chantilly*, certains éléments liés à la famille Seroux ont été corrigés par M. Philippe Bezard, membre de l'Association Lamorlaye Histoire Mémoire Accueil (ALMA). Nous le remercions ici et précisons les points en question.

p. 33 : François Seroux était marié à Jeanne Fortier et non à Jeanne Forville. Elle meurt le 19 novembre 1708, à l'âge « d'environ 65 ans ». Son acte de décès est inscrit dans les registres paroissiaux de l'église paroissiale Sainte-Geneviève de Senlis.

p. 33 : François Seroux n'est pas décédé le 27 octobre 1710 à Lamorlaye, mais le jour précédent, le 26, à Senlis. Son acte de décès est également inscrit dans les registres paroissiaux de l'église Sainte-Geneviève.

p. 35 : La femme de Louis Seroux, Geneviève Cousin, n'est pas inhumée le 3 novembre 1757 dans l'église paroissiale de Lamorlaye comme nous l'avons écrit. Il s'agit d'une coquille et cette date est celle du décès de son époux. Elle décède le 10 décembre à Senlis et est inhumée le lendemain à Lamorlaye.

p. 33 : La question de la date d'anoblissement de la famille Seroux n'est pas tranchée. Nous avons écrit que François Seroux a été anobli en avril 1698. M. Bezard ne conteste pas cette date mais soulève le fait qu'Eugène Müller signale un anoblissement de « la famille Seroux de Commodelle » en 1720, sans citer sa source... Nous sommes donc contraints de prendre l'information pour ce qu'elle est : une assertion. Toujours est-il que les deux dates ne sont pas incompatibles. M. Bezard pense qu'il s'agit de deux branches différentes de la même famille. Il est également possible que la noblesse conférée à François en 1698 ne soit pas transmissible initialement et que l'acte de 1720 l'étende finalement à ses descendants. Notre sujet d'étude portait sur la seigneurie de Lamorlaye et non sur la famille Seroux elle-même, nous ne sommes donc pas allés plus avant sur ce point spécifique. En l'absence de publication d'une étude généalogique complète et référencée, il est impossible d'expliquer avec certitude l'existence de ces deux dates.

Cahiers de Chantilly - 2024

Les Cahiers de Chantilly sont en vente
au Centre culturel Marguerite Dembreville, 34, rue d'Aumale - 60500 Chantilly

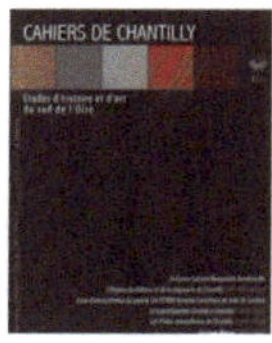  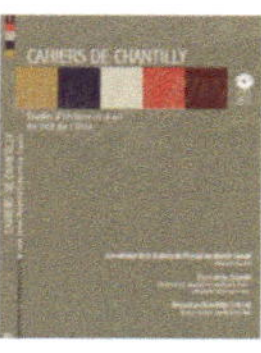    

N° 1 - 2008
• *Le Centre culturel Marguerite Dembreville*, Margaret Mahieu
• *L'Origine du château et de la seigneurie de Chantilly (XIIe - XIIIe s.), contribution à l'histoire de Montmélian et de Lamorlaye*, Gérard Mahieu
• *Le Poète et la Nymphe : essai d'interprétation du poème* Salpetria Nympha Cantilliaca *de Jean Santeul*, Catherine Jarige
• *Le Grand Quartier Général à Chantilly (1914-1917) vu par Jean de Pierrefeu*, Bernard Chambon
• *Les P'tites camoufleuses de Chantilly : notice sur l'atelier de camouflage de l'armée française en 1917-18 à Chantilly*, Gérard Mahieu
• *Hommage du Département d'Histoire Locale à Gustave Macon (1865- 1930)*
Ce numéro est épuisé mais téléchargeable gratuitement sur www.cahiersdechantilly.com

N° 2 - 2009
• *Une terre cistercienne, le Lys, commune de Lamorlaye (Oise) : contribution à l'histoire du premier temporel de l'abbaye de Royaumont*, Gérard Mahieu avec la collaboration de Catherine Jarige. Préface de Francis Maréchal, directeur général de la Fondation Royaumont. **Numéro épuisé.**

N° 3 - 2010
• *Les vitraux de la Galerie de Psyché au musée Condé*, Françoise Marengo
• *L'art de la fronde. L'évolution du comportement nobiliaire en France : l'exemple des Condé (1610-1667)*, Caroline Bitsch
• *Nerval à Chantilly (1854) : derniers souvenirs, dernière promenade*, Philippe Lamps

N° 4 - 2011
• *Le notaire de Chantilly ou de l'influence, de Léon Gozlan (1836), chef-d'oeuvre méconnu ou navet littéraire ?* Philippe Lamps
• *Le prince de Joinville et le retour des cendres*, Alain Begyn
• *Chantilly : étude historique (900-1858)*, Al. Rousseau-Leroy (1859). Réédition 2011, préface de Gérard Mahieu

N° 5 - 2012
• *La vigne et le vin à Gouvieux (Oise) au Moyen Âge (jusqu'en 1337)*, Gérard Mahieu
• *Les hôpitaux de l'Ancien Régime : l'exemple de la Charité de Senlis (1670-1792)*, Gérard Pagniez
• *Monuments aux morts, histoire et mémoire depuis les années 1870*, Caroline Bitsch et ses élèves

N° 12 - 2019

- *Les sires de Lamorlaye du XVe au XVIIIe siècle*, Nicolas Bilot et Morgan Hinard
- *Les poteaux forestiers des forêts de Chantilly, Ermenonville, Halatte et bois annexes*, François-Xavier Bridoux
- *Christophe Potter et l'alchimie des couleurs*, Patrice Valfré
- *Meunier tu dors, ton moulin, ton moulin… va pas fort*, Yves Bück
- *Marcel Boulenger et la querelle de l'orthographe*, Philippe Lamps
- *André Jouette (1914-2006), un grammairien cantilien*, Interview d'Annie Charpentier-Jouette par Françoise Marengo
- Collection *: L'impératrice Sissi, ses sœurs et ses chevaux à Chantilly*, Yves Bück

N° 13 - 2020

- *Pasticcio confinato*, Philippe Lamps et Yves Bück
- *Un cœur de ville historique et monumental à (re)découvrir : archéologie du château de Lamorlaye et de ses dépendances*, Nicolas Bilot, Maxime Chartier et Marie Raimond
- *Les bornes armoriées en forêt de Chantilly, Une vaste opération de cadastrage par Anne de Montmorency : exemple du bois du prieuré de Saint-Nicolas d'Acy*, François-Xavier Bridoux
- *Un Montmorency à Chantilly-sur-Nonette peut en cacher un autre à Précy-sur-Oise*, Yves Bück
- *Pour en finir avec les Montmorency-Luxembourg, seigneurs de Précy-sur-Oise et d'ailleurs*, Yves Bück
- *La cristallerie secrète de Christophe Potter à Chantilly*, Patrice Valfré
- *Une image de Chantilly de la période révolutionnaire au Premier Empire*, Patrice Valfré
- Collection *: La guerre de 1870 et les Orléans*, Alain Begyn

N° 14 - 2021

- *Hommage à Gérard Pagniez*, Philippe Lamps
- *23 avril 1671, fête magique à Chantilly. Un mort ! Affaire classée ?* Yves Bück
- *6 août 1722, course pas banale, sous le haut patronage du duc de Bourbon*, Yves Bück
- *Il y a 150 ans, en octobre 1871, l'occupation de Chantilly par les Prussiens prenait fin*, Alain Bégyn
- *Comment être réactionnaire, Marcel Boulenger, Lettres de Chantilly (1907), Nouvelles lettres de Chantilly (1922)*, Philippe Lamps
- Collection *: Péguy à Chantilly (2 septembre 1914)*, Bernard Chambon

N° 15 - 2022

- *Le Grand Canal, ses vassaux et la Grande Écluse, l'héritage empoisonné du Grand Condé ou « l'enfer » du décor*, Yves Bück
- *Le musée Condé et le Domaine de Chantilly durant la Seconde Guerre mondiale*, Nicole Garnier
- *Spoliation et aryanisation des « biens juifs » à Lamorlaye au cours de la Seconde Guerre mondiale*, Sylvine Cros, Anne Dezobry et Lucienne Jean
- Collection : *La rentrée du duc d'Aumale : une caricature de Claude Guillaumin, dit Pépin, dans le journal satirique* Le Grelot *du 17 mars 1889*, Sarah Gillois

N° 16 - 2023

- *Les bornes armoriées déplacées de la forêt de Chantilly*, François-Xavier Bridoux
- *Petite histoire des Chantilly aux États-Unis d'Amérique : Chantilly-on-the-Potomac, Chantilly Farm, Chantilly City et Chantilly Airport*, Laurent Ferri
- *Un fight à Apremont en 1888, regards croisés de la presse internationale sur un combat de boxe illégal*, Mathilde Marguerit-Houte
- *1899, fin de siècle pas banale à Chantilly, la voiture électrique c'est parti ?* Yves Bück
- *Collection : 1798, la Pelouse de Chantilly dans la tourmente révolutionnaire*, Michèle Schaeffer

Directrice de la publication : Elodie Cousin Angeles
directrice du Centre culturel de Chantilly

Responsables d'édition : Sarah Gillois et Lucienne Jean

Fondateurs : Margaret et Gérard (✝) Mahieu

Comité de rédaction du numéro 17 :
Alain Begyn, Nicolas Bilot, Jean-Charles Bocquillon,
François-Xavier Bridoux, Yves Bück, Bernard Chambon, Sylvine Cros, Nicole Garnier,
Sarah Gillois, Isabelle Jacobée, Lucienne Jean,
Margaret Mahieu, Mathilde Marguerit-Houte, Françoise Marengo,
Michèle Schaeffer.

Composition, maquette, mise en page :
Département d'histoire locale du Centre culturel Marguerite Dembreville de Chantilly

Édition : BoD · Books on Demand GmbH, In de Tarpen 42,
22848 Norderstedt (Allemagne)
Impression : Libri Plureos GmbH, Friedensallee 273, 22763 Hamburg (Allemagne)

ISBN : 978-2-3225-3966-6
Dépôt légal : décembre 2024